O Ofício do Compositor
Hoje

COLEÇÃO SIGNOS/MÚSICA

DIRIGIDA POR
livio tragtenberg
gilberto mendes
augusto de campos
lauro machado coelho

EDIÇÃO DE TEXTO
yuri cerqueira dos anjos

REVISÃO DE PROVAS
marcio honorio de godoy

PROJETO GRÁFICO
lúcio gomes machado

PRODUÇÃO
ricardo w. neves, luiz henrique soares,
sergio kon e raquel fernandes abranches

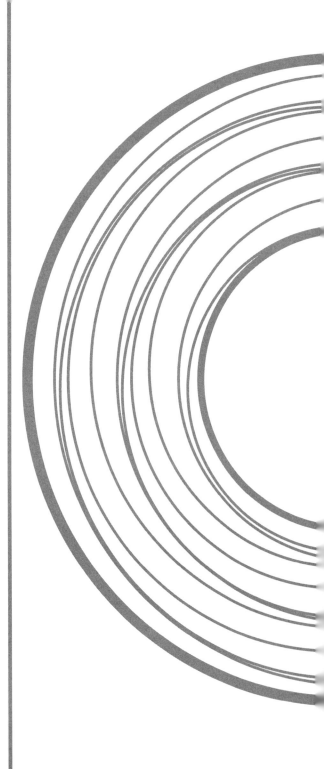

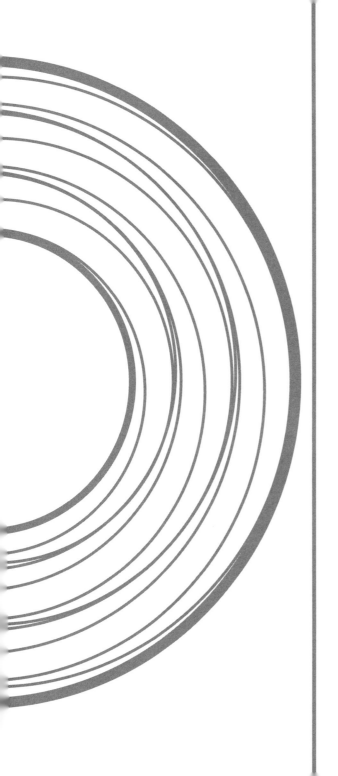

O OFÍCIO DO COMPOSITOR HOJE

LIVIO TRAGTENBERG
(org.)

PERSPECTIVA

CIP-Brasil. Catalogação-na-Fonte
Sindicato Nacional dos Editores de Livros, RJ

O27

O ofício do compositor hoje / Livio Tragtenberg (org.). -
São Paulo: Perspectiva, 2012.
   (Signos música; 14)

   ISBN 978-85-273-0947-9

   1. Composição (Música). I. Tragtenberg, Livio, 1961-.
II. Série.

12-1683.   CDD: 781.3
                      CDU: 781.6

19.03.12   27.03.12   034014

Direitos reservados para a língua portuguesa à

EDITORA PERSPECTIVA S.A.

Av. Brig. Luís Antônio, 3025
01401-000 – São Paulo – SP – Brasil
Telefax: (011) 3885-8388
www.editoraperspectiva.com.br

2012

Sumário

NOTA DO ORGANIZADOR 9

PROLEGÔMENOS, AO MENOS… – *Livio Tragtenberg* 11

O MACROCOSMO DO COMPOSITOR BRASILEIRO:
DA ATUAÇÃO PROFISSIONAL ÀS CONCEPÇÕES ESTÉTICAS –
Carlos Eduardo Amaral 27

O COMPOSITOR E SEU OFÍCIO: VARIAÇÕES SOBRE ALGUNS
TEMAS DE SARTRE – *Eduardo Seincman* 63

JCIO OOOO DHOO CSI TFI OMPR E –
Emanuel Dimas de Melo Pimenta 75

SENHA E CONTRASSENHA – *Flo Menezes* 91

EU COMPONHO. LOGO, SOU UM PEQUENO DEUS:
CRIO E TRANSFORMO – *Jorge Antunes* 103

DO MUNDO DO HOMEM A UM HOMEM SEM MUNDO –
Ibaney Chasin 141

ENSAIO SOBRE A EXPANSÃO DE ATIVIDADES DERIVADAS
OU RELACIONADAS À COMPOSIÇÃO MUSICAL –
José Augusto Mannis 199

ITINERÁRIO DE ORFEU – MÚSICA E EXPERIÊNCIA –
Marco Scarassatti 209

O COMPOSITOR DE HOJE, VISTO ONTEM – *Rodolfo Caesar* 243

NÃO SE FAZ MAIS MÚSICA COMO ANTIGAMENTE –
Sérgio Pinto 267

ESCUTAS E REESCRITAS – *Silvio Ferraz* 285

TOM ZÉ E O ATO DE CRIAÇÃO – *Silvio Gallo* 307

A ARTE E O OFÍCIO – *Tim Rescala* 349

Autores 357

Nota do Organizador

Uma das motivações principais quando concebi este volume era permitir ao leitor que a pluralidade da cena da composição musical atual pudesse estar representada em suas diferentes vertentes.

Para isso, convidei compositores, músicos e pesquisadores com abordagens às vezes contrárias, às vezes complementares entre si, do tema do Ofício do Compositor Hoje.

O elenco de colaboradores reflete, então, a busca pelo debate, pela não conclusão ou fechamento de ponto de vista – e de escuta – a partir de dogmas ou mesmo de visões estéticas e ideológicas, busca essa que assume inclusive feição concreta e gráfica na forma da apresentação de seus textos.

Agradeço imensamente a eles pela disposição com que aceitaram o repto e se lançaram ao trabalho, criando textos inéditos que certamente refletem o momento presente da condição criativa.

Estendo os agradecimentos à editora Perspectiva e a sua equipe que prontamente aceitaram o desafio, uma vez que nesses dias tumultuosos (recordando o livro de Pierre van Paassen) é preciso uma verdadeira engenharia para viabilizar uma empreitada com tantos e tão especiais colaboradores.

Livio Tragtenberg

Prolegômenos, ao Menos…

Livio Tragtenberg

Para Augusto de Campos, em seus 80 anos!

Pensar sobre a condição do compositor nos dias de hoje nos lança numa aventura complexa e extensa que, inevitavelmente, inclui a história e o tempo como elementos essenciais dessa empreitada. Assim, uma análise histórica e retrospectiva se coloca – sob o olhar um tanto irônico de uma Esfinge imóvel, que observa e sabe das dificuldades que essa análise implica – como o substrato para a abordagem da linguagem musical, da estética, e mesmo das práticas envolvidas na criação musical.

Se considerarmos as mutações sofridas pelo trabalho – sim, *trabalho,* porque não ? – do compositor nas diferentes sociedades, vamos encontrar diferenças nos ritmos com que essas transformações aconteceram e que correspondem às dinâmicas dessas sociedades. O compositor na música japonesa dos últimos pelo menos setecentos anos desempenhava um papel imensamente menor que na tradição da Europa ocidental no mesmo período. Tradições musicais que se baseiam na repetição e afirmação de um *codex*, de um *corpus* de textos musicais, transmitidos ou não através da escrita codificada, oferecem ao compositor um papel, de certa forma, secundário na vida musical. O intérprete, vocal ou instrumental, se torna, então, o ator principal de uma vida musical que encontra-se *encaixada* nas práticas simbólicas da sociedade ou de grupos sociais significativos.

A própria noção de compositor, como concebida no Ocidente nos últimos dois mil anos, abarca um largo espectro de personagens criativas e sociais, que caminha na direção de uma cristalização de um modelo, de uma *dramatis persona* que, entre outras coisas, assumiu para si o papel de renovadora da linguagem musical e motor primordial de uma estrutura institucional que se convencionou chamar de música erudita ou, popularmente, clássica, de uma forma mais popular.

Nas tradições musicais não ocidentais, ou ainda, não europeias, como nas diferentes culturas indígenas das Américas, por exemplo, acoplam-se elementos de diferentes ordens simbólicas nas práticas musicais, onde as divisões no modo de criação e produção musical não conhecem as figuras estratificadas do compositor, intérprete e público.

A construção da *dramatis personae* do compositor na Europa passou pela construção das próprias instituições ligadas à música. Elas se situavam, ora sobre a esfera de poder da Igreja católica, ora como apêndice nas cortes monárquicas. Dessa forma, o compositor era um contratado com as funções bastante determinadas: entreter a corte ou animar os serviços litúrgicos.

A personalidade musical do compositor era um fator fora de questão para o contratante desde que ele praticasse o chamado estilo da época para os fins determinados. Na medida em que se desviava desse estilo, os problemas começavam. Por aí, seria praticamente impossível haver uma evolução na linguagem musical, que tenderia à decadência e à redundância. No entanto, não foi o que se viu.

Paradoxalmente, os compositores que fizeram a passagem da *Ars Antiqua* para a *Ars Nova* até o Barroco, um período de intensa evolução no vocabulário e técnicas musicais, eram ligados à música sacra, além do mais, porque era praticamente o único campo de trabalho estabelecido na Europa entre os séculos 15 e 18.

"Por dez anos da minha vida trabalhei dentro de um ambiente comprometido mais com o passado do que com o futuro. Rebelar-se contra a história é permanecer dentro dela. Nós não estávamos preocupados com os processos históricos. Estávamos preocupados com o som em si. E o som não conhece a sua história".[1]

Essa constatação do compositor norte-americano Morton Feldman expressa uma postura bastante radical em relação a uma certa tradição, que podemos chamar de "gramática", na música ocidental. É certo que o compositor ocidental, a

---

1 Morton Feldman, *Give My Regards to Eighth Street*, Cambridge: Exact Books, 2000, p. 22.

partir da segunda metade do século 20, buscou um grau zero na relação com a tradição musical, libertando o som dos conteúdos extra-acústicos que foram se apegando a ele como conteudísticos e gramáticos e que foram apartando cada vez mais os compositores de sua natureza acústica, fenomenológica. Assim, o esperado grau zero, ao contrário do que se desejava, não foi alcançado, antes, estabeleceu mais uma etapa no longo processo da tradição ocidental de idealização e estetização na linguagem musical. Novas regras e antirregras, sistemas e antissistemas foram criados e desenvolvidos; adotados, contestados, divinizados, demonizados. Gurus, mestres, discípulos… O mesmo movimento que se verificou em, pelo menos, trezentos anos de história. Apenas mais uma etapa. E, dentro de uma perspectiva histórica, uma etapa que, para surpresa geral, foi facilmente ultrapassada, ou seja, os novos sectarismos e dogmatismos ruíram rapidamente, implodindo na maioria das vezes, a partir de seus próprios criadores e idealizadores. É claro que sempre vão haver aqueles que se apegam às ideias como funcionários públicos prestes a receber a aposentadoria. Vão ser notados, talvez, daqui a alguns anos, como aqueles compositores um tanto excêntricos que criaram maneirismos pessoais um pouco à margem dos acontecimentos, como Kaikhorsu Sorabji, entre outros.

Que o som não conheça a sua história, como observou Feldman, é fato, mas que o compositor não conheça a sua história, é no mínimo uma impossibilidade. Por mais ou menos consciente que ele seja de seu contexto social, político e musical, o compositor é um ser histórico como qualquer outro humano vivente, não sendo impermeável ao mundo que o envolve.

"começou a contar para Cage sobre os muitos desenvolvimentos, inovações e os enormes progressos que realizou para a música. Cage caminhou até a janela, e olhando através dos bosques, disse finalmente: ' Eu simplesmente não consigo acreditar que eu sou melhor do que qualquer coisa lá fora'."[2]

Assim, a posição do compositor se problematizou na medida em que precisou disputar um espaço social e mesmo uma posição, um *status*. À medida que se desenvolveram as instituições laicas na prática musical e que uma população urbana passou a empregar o seu tempo livre frequentando teatros, salas de concerto, cafés, a criação musical e sua execução começaram a ter um valor de trabalho, portanto, remunerado.

O compositor, que via de regra tocava um instrumento, pôde então ampliar o seu espaço de atuação.

Esse quadro se desenvolveu, mas, em essência, permaneceu praticamente inalterado até o início do século 20, atravessando o final do século 18, o romantismo, o início da era moderna. As possibilidades profissionais de um Richard Strauss pouco diferiam das de um Carl Maria von Weber ou das de um Puccini. Na verdade, o campo se ampliou quando os meios de reprodução e difusão ultrapassaram a escala da reprodução mecânica para a escala eletrônica; a música gerou os primeiros produtos duros, fixos, o disco e o cinema

---

2 Idem, p. 28.

sonoro. A partir daí o compositor pôde desempenhar funções correlatas como orquestrador de trilha para cinema, vinculado a emissoras de rádio, diretor musical de shows de entretenimento, de teatro musical, arranjador para gravações de disco etc. No entanto, refém de seu nomadismo solitário, o compositor ainda desempenhava funções que dependiam de outras instâncias e da boa vontade – leia-se *interesses* – de produtores e empresários da indústria cultural.

Um mal necessário, o compositor. A partir dele, toda uma cadeia se abastece e gerando capital e trabalho do qual ele pouco participa; o mal necessário…

Vivo, a exceção de alguns muito poucos, raramente consegue tirar o sustento do seu ofício (torna-se professor e outros); morto, bem **morto** … já não importa mais mesmo …

Essa sensação de estar sobrando – acompanhado sempre com um olhar de desconfiança – não se resume apenas a um determinado campo ou gênero da composição como a música experimental ou popular, mas parece, antes de mais nada, que se trata de uma condição.

O mesmo olhar desconfiado com que um bispo enxergava aquele tipo pouco crédulo, mas habilitado, que compunha o material musical para o ofício da missa, se enxerga nos olhos dos produtores das grandes corporações dos meios de comunicação que gerenciam a indústria musical, ou mesmo as instituições culturais – sejam privadas ou estatais – que também se servem da matéria-prima desse mal necessário, o compositor.

Um camaleão que precisa se camuflar para encontrar um espaço social que lhe garanta a sobrevivência, material ou criativa. No entanto, longe de uma visão pessimista, essas observações são lastreadas por uma visão retrospectiva da trajetória desse enjeitado, o compositor.

Ao mesmo tempo que se tem hoje um campo mais amplo para sua atuação, o perfil dessa personagem mais e mais se amplia inserindo áreas, atividades e habilidades antes tomadas como meramente técnicas na manipulação de sons. Justamente esse horizonte mais largo embute um esvaziamento de sua configuração romântica e moderna, cada era com os seus heróis: Beethoven e Webern – o que, de longe, não considero uma coisa negativa… O que se desenha é um criador/elaborador de conteúdos sonoros que se encaixa nos diferentes formatos e usos do áudio e da música em contextos multimídia, como Internet, cinema digital, programas de TV, sonorização de vídeos, audiovisuais etc.

Uma outra questão que se coloca é como conciliar aspectos que parecem irreconciliáveis, como invenção e criação com sobrevivência. Nem todos conseguem adotar a fórmula "advogado/artista" que, no passado, abrigou tantos escritores especialmente. Existe a academia, onde cada vez mais o criador encontra espaço como professor. Inclusive os cursos de artes vendem essa mercadoria: o artista professor. Um paradoxo porque a universidade ao mesmo tempo é um dos únicos espaços na sociedade moderna onde o compositor pode se inserir ainda que camuflado de professor.

Digo isso, sem **nenhum** "anti" *a priori*, mas *a posteriori*. Apesar de meu querido amigo Gilberto Mendes me tirar **um sarro**, uma vez que sucumbi uma época ao ensino de música na universidade; eu, "o **autodidata** e antiacadêmico…" (*vanitas vanitatum*), mas a minha passagem por essa engenhoca mais do que reforçou a **convicção** de que o ensino de música deve acontecer em bases totalmente diferentes daquele orfeão **do conservatório** europeu do século 19, travestido de laboratório de música eletroacústica, praticado nas universidades **em geral** e a granel.

A questão **não** está no *hardware* – até porque cada vez menos os criadores têm acesso a essa tecnologia, e mesmo **porque e**la, em si, é desinteressante no processo criativo –; o foco é o *software*. E o que **entendo** por *software*?

Seria a **síntese** luminosa, potente e arrebatadora que nos leva a criar alguma relação e a direcionar nossa formulações **e gestos** em relação ao que nossa mente colecionou, experienciou até o momento. É, sobretudo, **uma** ferramenta de **iluminação** em direção ao desconhecido, ao não criado, ao não habituado e habitual.

Um dos pontos que diferenciam o nosso momento, **em se** pensando nos últimos trinta anos, **é o** estabelecimento cada vez mais simplificado de uma tecnologia que busca oferecer aquelas capacidades **que antes** se conquistavam e que faziam parte do domínio do *métier* do compositor para um **público** leigo.

Assim, **o ato** da composição cada vez mais se torna, em escala industrial, um ato de coordenação de elementos pré-dados **em**

Processos mais ou menos fechados, em que o usuário – note-se que se trata de uma linguagem que pertence cada vez mais ao campo das relações econômicas de fruição que de produção –, com a manipulação de algumas coordenadas básicas, conquista e alcança, através de um número restrito de ferramentas, resultados que são reconhecidos como "música" pela grande massa que consome um certo elenco de gêneros musicais restrito a alguns ritmos da música popular.

Algo a lamentar? Não. Esse ambiente é apenas mais um dos processos resultantes das pesquisas da própria vanguarda histórica na música, na poesia e nas artes de uma forma geral.

A poesia concreta não propunha um design da linguagem, uma postura antirromântica de criação e fruição da criação artística, incorporar a poética da subjetividade na concretude da linguagem?

Era uma visão extremamente antecipadora dessa disseminação dos processos que, por fim, a linguagem digital, e os equipamentos resultantes, propiciam·hoje em dia a um número nunca antes imaginado de pessoas.

As viúvas da arte (que em outra oportunidade batizei de "viúvas de Viena") se apegam a categorias, processos e "direitos conquistados" com relação ao universo jurídico que respalda uma personagem social reconhecida como "o artista" que, simplesmente, foi obsoletada pelos fatos e acontecimentos socioculturais dos últimos trinta anos.

Se, na época da minha adolescência (nos anos de 1970), meu ideal de compositor era uma figura como Stockhausen (apesar de, intimamente, me identificar muito mais com uma figura como Charles Ives, um heterodoxo, e ele mesmo um antimodelo em relação ao próprio Stockhausen) – ícone de invenção, seriedade e integridade artística – hoje, o que se pode é reconhecer alguns gestos em diferentes compositores que, num momento ou no outro, vislumbraram uma picada por onde se poderia caminhar para além da "terra fértil". Por que então, naquela época, importar – quase que literariamente – questões e dilemas que pertenciam basicamente a um universo cultural austro-germânico e europeu, mantendo-se cego em relação ao que acontecia à sua volta?

(Seria uma forma, provinciana, de sofrer as mesmas dores do primeiro mundo, da Europa? Qualificação pela dor?)

Coloco essa questão, um tanto requentada, longe de querer retomar antigas polaridades como colônia-metrópole, primeiro mundo-terceiro mundo ou questões como o nacional-cosmopolita… Mas esse tipo de cegueira foi um recurso dos mal-informados, dos covardes ou simplesmente dos acadêmicos (com o perdão da palavra) e diluidores da inventividade. "Em música, quando você faz alguma coisa nova, alguma coisa original, você é um amador. Seus imitadores – esses são os profissionais"[3], observa Morton Feldman. Nesses últimos anos, tudo tem uma aparência de tão diferente, tão novo e original, mas sabemos, são novas faces de um

---

3 *Morton Feldman Says: Selected Interviews and Lectures 1964-1987*, London: Hyphen, 2006, p. 52.

mesmo rosto. Os catastrofismos se mostraram injusti-ficados com relação às mudanças em geral, e em particular nos últimos anos, com relação às evoluções dos meios tec-nológicos, que se integram no curso normal da tradição, que é o da mudança constante.

Ex Officio
Quando imaginei que seria interessante abordar a con-dição do compositor nos dias de hoje, não sabia o quanto Seria difícil a tarefa, uma vez que ao invés de estudiosos e pes-quisadores, me interessava era o que pensavam os com-positores, ou seja, aqueles que vivem o dia a dia da profissão e da "situação" compositor. Que se pudesse levantar um painel de abordagens que contemplasse a diversidade da fauna. Assim, estão reunidos neste volume aproximações do tema sob diferentes pontos de vista e de escuta. Essa diversidade reflete um amplo espectro de visões, inclusive sobre o que é ser um compositor hoje. Em si, essa questão já dá pano pra manga, justifica um volume inteiro, o dilema hamletiano. Mas, como colocou Sousândrade no Canto primeiro de *O Guesa*, ainda no século 19 :

> " – ser e não ser. – Adeuses eu descrevo:
> Adeuses, co'a gentil philosophia,
> Com toda ametaphysica inspirada
> De Platão o divino; que em poesia
> Possa caber n'esta soidão sagrada."[4]

---

4 Joaquim de Sousândrade, *O Guesa*, São Luís: Sioge, 1979, p. 5.

Poder transitar por modelos, fôrmas e formas, estereótipos, como quem troca de roupas, sem que isso importe em qualquer julgamento de valor, tanto negativo como positivo. Afinal, a ideia de pureza foi quem gerou as grandes tragédias humanas do século 20. Portanto, ao abraçar a heterogeneidade não se está abrindo mão de nenhum desses valores (que por vezes são palavras vazias dependendo da boca que as profere, e quase sempre se trata disso...) reconhecidos como elevados, como a ética e a coerência, afinal, como já notou o físico-crítico de arte Mário Schemberg, ao ser indagado sobre categorias socio políticas e a respeito do engajamento político na artes, fulminou: "democracia não tem nada a ver com arte!" Quando nos lembramos de que, como disse Stravínski, "eu não crio, roubo dos outros", estamos num terreno onde conceitos e pré-conceitos importados sofrem na, maioria das vezes, de impertinência conceitual e são um campo fértil para que sejam manipulados ao gosto do freguês.

Na academia, por exemplo, nos últimos trinta anos, a pesquisa musicológica buscou referenciais em outras áreas do conhecimento como os das ciências exatas, naturais, da física e da matemática, para buscar novos paradigmas tanto de análise como de formulação criativa. Em parte, quando essas informações não são incorporadas através de um **conversor analógico** aparelhado e, sobretudo, sensível, mostram-se empobrecedoras na formulação e aplicação dos processos envolvidos e, por consequência, dos resultados obtidos. Apresentam-se como esquemas, processos e técnicas em que um "hermetismo buscado", muitas das vezes, é uma cortina de fumaça para um vazio, ou antes, um vácuo conceitual e de aplicabilidade prática, mais do que formulação realmente vital dos materiais envolvidos.

Assim, a "mudança de paradigmas" tão propalada nos últimos trinta anos envolveu, e envolve ainda, uma grande confusão conceitual; essa é uma situação que diz mais a respeito da mudança no eixo autor-receptor, mediado pelos *media*. Não se trata apenas de mudanças tecnológicas, mas de uma revisão nas funções e usos envolvidos na criação musical. Novas escalas de produção e de consumo colocam em xeque posturas, processos e procedimentos.

A ideia do conversor, ao mesmo no momento, me vem à cabeça como uma ferramenta útil na apreensão e percepção dos dias de hoje. Menos que um filtro, ou um utensílio de julgamento de qualquer espécie, esse conversor é, sobretudo, um cone conceitual que lança os dados em forma retrospectiva, dando-lhes perspectiva histórica, a fim de posicioná-lo num eixo de percepção amplo. É operando por coordenação que, penso, o compositor na atualidade consegue dialogar com as tradições e assim buscar um espaço para colocar os seus "signos em rotação" como queria Octavio Paz.

Ao se tornar um "artesão eclético", o criador musical abandona as velhas roupas do imperador/compositor, quer dizer, abandona aquele jaleco, fardão e *status quo*, que a música erudita ocidental – em especial a europeia – construiu ao longo de mais de trezentos nos. Esse abandono não é fácil, e muito menos desejável por aqueles que se aferram a uma situação e não querem ver que a caravana passa e o cães ladram…

No entanto, esse abandono não é realmente um abandono, mas, antes, uma consciência das coisas e dos tempos. Portanto, nada mais dentro da chamada tradição. O que os diferentes pontos de vista presentes neste volume mostram por si mesmos é essa sobreposição de tempos e percepções da figura e do papel do compositor. Num contexto eletrônico e digital, cabem sobreposições e mesmo antagonismos insolúveis. Como, aliás, se verificou ao longo da história da humanidade.

"Toda vez que me levanto de manhã estou fazendo uma revolução. Estou fazendo uma revolução também contra a história quando decido escrever um certo tipo de música, ou estou fazendo uma revolução inclusive contra minha própria história"[5].

Como dizia Ezra Pound, "sem esperança, nem temor", a riqueza do presente nos convida a uma desconstrução de modelos etc. Mas, sobretudo, uma desconstrução de mentalidades. Cá, em nosso modesto universo da criação sonora, isso tudo reverbera e deve ressoar num eco múltiplo, em que sobreposição não signifique anulação, e justaposição não signifique juízos de valor.

---

5 M. Feldman, *Morton Feldman Says…*, p. 60.

O Gabinete do Dr. Estranho

"O público se acotovela em volta da jaula-estúdio da instalação 'O Gabinete do Dr. Estranho', de Livio Tragtenberg, no Viaduto do Chá, centro de São Paulo, na Virada Cultural, 2011."

O Gabinete do Dr. Estranho

"Dr. Estranho, através de um microfone aberto, recria as intervenções feitas pelo público instantaneamente, estabelecendo um diálogo com os passantes."

O Gabinete do Dr. Estranho

"O compositor, um animal em extinção no zoológico das belas artes e na sociedade contemporânea."

(fotos de Wellington Tibério)

O Macrocosmo do Compositor Brasileiro: Da Atuação Profissional às Concepções Estéticas

Carlos Eduardo Amaral

Introdução

A somatória dos artigos desta coletânea procura dar conta de todos os aspectos referentes à atividade dos compositores de música clássica (erudita, de concerto, de arte, ou como se queira chamar) no Brasil hoje, especialmente no que tange às práticas de fomento, produção, circulação e consumo dessa atividade e às problematizações de ordem estética. Daí que, para se pesquisar no âmbito daquelas práticas, seria preciso se valer, a princípio, da devida metodologia para mapear focos, extrair dados, identificar relações e traçar estatísticas, e então se refletir sobre os resultados levantados a fim de se propor soluções ou otimizações. Já no âmbito das problematizações estéticas, as soluções e aperfeiçoamentos vêm em primeiro plano para só depois poderem ser quantificadas, pois partem inalienavelmente do compositor em seu diálogo intelectual e sensível com as convenções e limitações técnicas e estilísticas de que ele dispõe para então se traduzirem em obras; e mesmo assim, quantitativamente, só temos como mensurar – ou talvez fosse o caso de dizer "só temos como intuir" – essas obras através de tendências e contratendências de múltiplas manifestações, já que é difícil de visualizar ou abstrair em que situações elas ofereceriam algum sentido estatístico[1].

Tendo em mente esse conceito, o da obra musical (e de arte, por extensão) como produto complexo do espírito humano e de inviável possibilidade de servir de objeto de interpretações de ordem estética quando tomada de forma instrumental (digo, manipulável), e que ele preserva a expressão do pensamento musical do compositor e impede a obra de ser anulada por outras abordagens, ocorreu-me indagar como o compositor se comporta frente aos aspectos do primeiro âmbito colocado aqui, isto é, como o compositor lida com os problemas que dizem respeito à criação e difusão de sua obra – e, ao falar em lidar, quero dizer não interpretar dados estatísticos e, sim, portar-se como agente empírico ante problemas reais. Através dessa exigência por testemunhos, natural na atividade jornalística, tem-se sempre a chance de valorizar a opinião individual em meio à tentação de desintegrá-la entre números e análises de um quadro social mais complexo, embora em contrapartida ela não interesse por si só para a estatística. Justamente por ser difícil uma voz isolada resumir por via empírica todas as facetas desejáveis de um dado contexto, faz-se preciso uma pequena amostragem caso se queira um *résumé* mais consistente ou uma parcela rica de relatos sobre tal contexto; por isso, no momento em que decidi abarcar algo trivial e abrangente à primeira vista, a atividade de compositor erudito no Brasil de hoje, pensei em fazer dos testemunhos dos compositores que iria entrevistar o diferencial da presente abordagem.

Quanto aos entrevistados, fixei o número em cinco porque, devido ao extenso questionário que preparei, três seria pouco e sete muito para se trabalhar com as respostas que esperava receber, e decidi escrever para alguns daqueles com quem tenho mais contato

---

1 Claro que seria possível demonstrar como uma determinada amostragem de obras poderia ser tomada de forma estatística. Um exemplo fácil: contabilizar quantas obras um compositor concebeu em uma dada década e classificá-las (para instrumento solo, para conjunto de câmara, para coral etc.). O que pretendi deixar claro nesse ponto é que não há como se iniciar qualquer reflexão de ordem estética a partir de dados estatísticos.

em função de minha profissão: Eli-Eri Moura, Marlos Nobre, Harry Crowl, Jorge Antunes e Amaral Vieira. Pesou para minha escolha a vivência, a trajetória profissional proeminente e as linhas estéticas bem definidas e diferenciadas de cada um deles. Gostaria de ter consultado outros como Ernani Aguiar, Edino Krieger, Almeida Prado ou Gilberto Mendes, mas não houve oportunidades anteriores que me impelissem a entrevistá-los (para uma matéria, uma pesquisa etc.) e assim estabelecer laços com eles. E optei por não entrevistar nomes novos da música clássica nacional porque me interessava a opinião de compositores mais antigos sobre a produção atual – não pelo mero julgamento em si, mas pela detecção de problemas de formação ou de cultura musical.

Dividi o questionário criado para a entrevista em cinco temas principais, que, se nos atentarmos às respostas recebidas, acabam-se interligando organicamente e revelando ao mesmo tempo o microcosmo de cada compositor entrevistado e um macrocosmo do assunto em estudo, e também desta coletânea inteira. As perguntas versaram sobre concepção de obras; atuação profissional; referências, estilística e técnica; posicionamentos estéticos sobre a música do século xx; e posicionamento sobre a qualidade estética da produção atual. Tudo isso teve o intuito de englobar questões tão diversas como: rotina de trabalho e seu envolvimento com a ideia musical, atendimento a comissionamentos, processo de estruturação de uma obra, domínio de *softwares* de edição musical, composição como fonte principal de renda, relacionamento com editoras, transmissão de conhecimento, influências composicionais e identificação dessas influências em sua própria obra, preocupações de forma e conteúdo, obras representativas, preferências de gênero composicional, relação com a música acusmática e de vanguarda, importantes contribuições composicionais do século xx, novas gerações de compositores e projeção internacional via prêmios de composição.

Concepção de Obras

Considerando que o ato de compor é essencial ao músico criador, quis saber em primeiro lugar que tipos de ideias musicais determinam esse ato: se são as que nascem da própria necessidade criativa interior do músico, ou aquelas despertadas por algum acontecimento ou fato externo de qualquer natureza; e se haveria alguma mudança no processo criativo ou na rotina de trabalho nos casos em que houvesse comissionamento, já que passam a existir exigências formais a serem atendidas, como instrumentação, duração e prazo de entrega. Nesses quesitos, os compositores, por mais diversos nas respostas, deixaram entrever que o imperativo interior – algo como um impulso musical puro, inerente à atividade mental do compositor – pode ser motivado por fatores externos ou não, movendo um processo dialético incessante da linguagem musical consigo mesma ou com elementos naturais e sociais. Revela-se aí o germe da natureza entre a música absoluta e a música programática, sem o menor privilégio ou demérito para uma e para outra.

Amaral Vieira chama a atenção ainda para "fatores aleatórios e até mesmo paradoxais em jogo". O compositor explica:

O impulso criativo pode se manifestar tanto em um momento de relaxamento, de tranquilidade, como também dentro de um aeroporto horrivelmente barulhento e movimentado... Quando a criação não está vinculada a uma encomenda formal, esse processo costuma ser bem diversificado e sem parâmetros fixos. Costumo ser bastante reativo às solicitações de intérpretes e conjuntos, mas raramente disponho de tempo suficiente para atender aos numerosos pedidos (nesse caso, trata-se de "encomendas afetivas").

O mesmo se dá com Eli-Eri Moura, que relata ser alimentado por um fluxo ininterrupto que fornece o germe de todas as suas ideias musicais:

Sinto-me num constante processo de criação. É como se escutasse/criasse música (não sei até que ponto é uma coisa ou outra) o tempo todo –

música que vem do nada, de sensações, de leituras, de escutar outras músicas etc. Ela me vem até mesmo quando estou dormindo, nos sonhos – tenho algumas peças que são resultado de sonhos! Vou anotando e guardando algumas delas, resultando numa espécie de acervo de ideias.

Marlos Nobre, por sua vez, ressalta um outro elemento de estímulo às ideias musicais, que eventualmente surge antes delas ou junto com elas: o atendimento a um objetivo.

Grande parte de minhas obras foi escrita sem ter sido encomendada. Mas gostaria de acrescentar que, apesar de não responderem a nenhuma encomenda, mesmo as minhas primeiras obras foram escritas quase sempre tendo como estímulo uma meta, uma necessidade imediata. Por exemplo, o meu opus 1, a primeira obra que guardei no meu catálogo, foi o *Concertino para Piano e Cordas*, que escrevi especialmente para o 1º Concurso Nacional de Composição no Rio "Música e Músicos do Brasil", no qual foi premiado com uma menção honrosa. Mas a ideia musical, esta é sempre consequência não de uma encomenda necessariamente, nem de um concurso, mas de uma elaboração contínua mental.

O compositor pernambucano, particularmente, mantém uma rotina de trabalho metódica, independente de qualquer encomenda em andamento:

Desde muito cedo me habituei a me sentar na minha mesa de trabalho, diariamente, das 7 às 12 da manhã, e obrigatoriamente escrever algo. Nem sempre utilizo o material, mas sempre escrevo. Entretanto há realmente fatos externos que me provocaram a criação, como por exemplo a leitura de um artigo sobre a morte de um cacique Yanomami, que me levou a escrever uma peça para coro, tenor e violão. Mas curiosamente, mesmo essa peça de 1980 foi também uma encomenda. Assim posso dizer que meu processo de composição é um ato contínuo, constante, obsessivo, que me mantém "ligado" no ato criador. Eu improviso muito, também, seja ao piano ou mentalmente, cada vez mais mentalmente. E acumulo um grande baú de ideias e de obras que vão sendo criadas à medida que as coloco na "pauta".

Harry Crowl e Jorge Antunes, cada qual a seu modo, sintetizam como elementos externos podem servir à música, seja de forma concreta, factual, seja auxiliando em processos abstratos musicais. Harry Crowl explica:

Muitas vezes, a ideia vem de um elemento puramente musical, como um intervalo entre duas notas ou o timbre de um instrumento. Mas, com frequência, formo pequenos motivos a partir de nomes ou palavras sugeridos por alguma situação específica. Também, imagens da natureza, de obras de arte ou arquitetônicas, ou mesmo imagens literárias ou poéticas me fazem transpor para o universo sonoro relações abstratas de correspondência entre esses objetos e a música.

Jorge Antunes acrescenta: "Quase sempre sou motivado por algum agente, elemento, fato ou fenômeno externo a mim: palavra, frase, título, som, texto, poema, acontecimento social ou político, fato histórico, cores, lugares, paisagens etc."

Sobre as obras comissionadas especificamente, Amaral Vieira faz algumas observações pertinentes no que diz respeito à sua rotina de trabalho:

Obras comissionadas preveem invariavelmente uma data de entrega e, já nesse sentido, é muito importante fazer um planejamento minucioso do processo de trabalho. Gosto de fazer (para uso próprio, é claro) uma avaliação preliminar, que contempla o prazo disponível que tenho para a criação, a duração prevista da obra, as especificidades do trabalho e demais compromissos já assumidos para aquele determinado período. Para mim, isso é muito importante, pois a composição representa uma das muitas atividades que exerço dentro do universo musical. Mas é preciso levar em consideração que as obras comissionadas podem e devem ser trabalhadas de modo muito objetivo e com grande disciplina. Já há pré-requisitos definidos no ato de uma encomenda.

Há um componente básico da rotina de trabalho do compositor que, na última década, foi bastante influenciado por uma exigência dos comissionamentos ou dos editais de concursos e seleções: a forma de materialização das ideias musicais. Enquanto a prática hegemônica entre os compositores era simplesmente escrever a partitura a lápis ou à caneta e entregar os originais ou cópias fotográficas para o comissionador ou comissão julgadora, hoje existe uma exigência – senão expressa, ao menos consensual – do uso de *softwares* de edição musical, até mesmo para facilitar a edição das partes, sem se requisitar o trabalho de um copista. Por essa razão, foi conveniente indagar aos compositores se eles usavam tais *softwares*.

Jorge Antunes declarou que continua a escrever à mão até hoje e que, quando necessário, contrata um editorador, enquanto Harry Crowl explicou ter escrito suas partituras manualmente até 2006, quando mudou sua prática: "Tinha papéis específicos, grafites especiais, borrachas com texturas diferentes etc. Mas não havia mais como evitar o uso dos *softwares* de notação musical. Eles facilitam enormemente a extração de partes, deixam o trabalho mais claro e bem acabado". Já Marlos Nobre e Amaral Vieira enfatizam os aspectos de cunho pessoal da escrita à mão, que ficam anulados com a editoração, para se manterem fiéis ao lápis – inclusive em virtude de suas atividades como intérpretes, que implicam em estudar a personalidade de outros compositores através dos manuscritos deixados por eles.

Diz Amaral Vieira:

Na realidade, não tenho qualquer restrição ao uso dos *softwares* de editoração musical, que considero ferramentas muito úteis. No entanto, acredito que jamais uma cópia editorada poderá se comparar ao manuscrito autógrafo do compositor. A escrita original de um compositor contém pistas importantes sobre a sua personalidade musical e, nesse sentido, é incomparavelmente mais interessante e reveladora do que a melhor edição existente. Quando tive a oportunidade de ter em mãos uma edição fac-símile da *Sonata nº 6* do compositor russo Alexander Scriabin, ganhei uma compreensão muito mais completa e profunda dessa obra enigmática. As notas são obviamente as mesmas de uma partitura editada, mas a caligrafia refinada e nervosa de Scriabin é muito sugestiva da sua individualidade e fornece pistas interpretativas significativas. Escrevo e copio as minhas obras à mão, mas estou aos poucos editorando as obras mais requisitadas – tenho a boa sorte de ter uma esposa[2] que sabe utilizar os recursos do Finale com perfeição.

Marlos Nobre corrobora o compositor paulista e dá um exemplo do seu próprio catálogo:

> Todas as minhas obras são escritas à mão, sempre. Não existe nenhum sistema editorial de computador que substitua a rapidez do pensamento que se expressa na rapidez da escritura manual. Naturalmente isso é algo que os jovens de hoje, sobretudo, abominam. Nas minhas aulas em Yale e na Juilliard nunca aceitei examinar as partituras dos alunos que já vinham em Finale ou Sibelius. Eu lhes dizia: "Quero ver sua mão e sua escritura". No meu caso sinto a necessidade de manter minha mão alerta e até mesmo o raspar do lápis e da caneta, aquele ruído particular, me é inspirador de certa maneira. Além do que, por exemplo, eu escrevi meu recente *Concerto para Percussão e Orquestra n. 2* em dois meses. Meu copista fez a digitalização em Finale em três meses, e mesmo assim com uma enormidade de erros que minha escritura original não tem.

Há compositores que rascunham um esquema geral da obra antes de começarem a escrevê-la, configurando uma ou mais etapas paralelas do ato criativo – que servem tanto para a organização de ideias, por parte do compositor, quanto para a compreensão da estruturação ou da linguagem musical adotada, por parte dos estudiosos. Jorge Antunes, por exemplo, divide o processo de criação de uma obra em quatro etapas: criação, esboço, escritura e partiturização. Em depoimento dado para um ensaio monográfico[3], o compositor carioca, radicado em Brasília, detalha como essas etapas se caracterizam e se desenvolvem da ideia primeira da obra até o acabamento:

---

2 Amaral Vieira é casado com a pianista Yara Ferraz.

3 C. E. Amaral, *Ativismo Sinfônico: O Protesto Político nas Obras Orquestrais de Jorge Antunes*, Recife: 2009. Trabalho contemplado pela Funarte no Programa de Bolsas de Estímulo à Produção Crítica em Artes – Categoria Música – Região Nordeste – Ano 2008.

Costumo dizer que componho em alguns minutos e levo semanas ou meses para escrever a tal composição [...]. A etapa de *criação*[4] tem curta duração. Tudo começa com uma ideia oriunda de um estímulo [...]. Até esse ponto, tudo é muito rápido. Em seguida vêm os processos longos, demorados. Munido de papel e lápis começo a fazer "um retrato falado" [o *esboço*], no papel, daquela minha composição mental. Em forma de desenhos, gráficos, esquemas, signos, usando a horizontal para o parâmetro tempo, coloco no papel toda a estrutura da obra. Dou letras às diferentes seções, períodos, frases, membros de frase. A partir daí, tudo passa a ser simples trabalho braçal: escrever a música. É a etapa a que chamo de *escritura*. Em seguida vem a *partiturização*, etapa em que alinho os pentagramas, às vezes na ordem tradicional dos instrumentos da orquestra, outras vezes com nova ordem, interessado na espacialização dos sons no palco. Na partiturização, aperfeiçoo a notação musical e as instruções para facilitar o trabalho dos músicos e do regente, e escrevo a partitura final.

Eli-Eri Moura também confere importância crucial à estruturação preliminar da obra em gestação e nomeia todos os elementos e parâmetros que entram em jogo nessa etapa preliminar da escrita musical:

Sim. Na verdade, a maior parte do tempo de composição é destinada à determinação num grande gráfico (uma espécie de "planta baixa" da peça) dos vários aspectos composicionais (já de forma detalhada): desenho formal, desenho do fluxo de energia, processos composicionais envolvendo o discurso musical, organização das alturas, durações das seções e proporções, os contrapontos das diversas camadas hierárquicas da substância musical (linhas, texturas etc.) [...] [Depois de escrita a peça] O último estágio composicional é a editoração em *software* de notação – usualmente, o Finale (às vezes, o Sibelius).

Amaral Vieira não chega a colocar no papel um esquema, mas decide diversos aspectos formais da obra a ser composta, antes de rascunhar as notas:

---

4 Todos os grifos são dos compositores, excetos quando os itálicos indicarem nomes de obras ou palavras estrangeiras.

Raramente [estruturo as obras no papel]. Procuro fazer um planejamento mental da estrutura da composição que pretendo criar, mas evito transformar esse processo em uma planta de engenharia… Tomo várias decisões antes de escrever a primeira nota da composição – isso implica na escolha de instrumento(s), na divisão da obra em movimentos (ou não), no caráter e expressão que me parecem os mais adequados, entre várias outras questões – mas não julgo necessário fazer um "diagrama" escrito para isso. Creio que é muito importante pensar e refletir antes de começar formalmente uma nova composição, mas não ao ponto de bloquear preliminarmente os gestos espontâneos e intuitivos que surgem durante o ato da criação.

Harry Crowl confirma que na maioria das vezes estrutura as obras antes de escrevê-las, enquanto Marlos Nobre diz que esse fator depende da obra e, sobretudo, de sua dimensão e da energia de pensamento demandada:

Escrever uma peça curta para piano, como foi o caso de *Nazarethiana* ou o *Frevo n. 1* é algo totalmente diferente de escrever obras de duração superior a 15, 20, 30 minutos. No primeiro caso, aquelas peças eu as escrevi como resultado imediato de uma espécie de "iluminação interior", ou inspiração imediata, como quiser chamar. Foram escritas em questão de horas. Nessas obras curtas (nas quais incluo também os três primeiros *Ciclos Nordestinos* e a mais recente série de *Desafios* e de *Poemas*), eu absolutamente não tomo notas antes, elas fluíram tal como estão escritas hoje.

O compositor pernambucano complementa seu depoimento, falando sobre a estruturação de obras de maior porte:

A partir de obras como *Variações Rítmicas* e *Ukrinmakrinkrin* eu passo por períodos diferentes na concepção estrutural. O primeiro passo é sempre a imaginação sonora da obra. Eu parto sempre disso, e geralmente o faço sem o auxílio de qualquer instrumento, nem piano nem nada, é tudo mental. E isso eu faço geralmente caminhando em lugares como grandes jardins e parques tranquilos. Ao voltar para meu estúdio eu anoto no papel o maior número das ideias. A estrutura que estas obras vão tomar nunca é preconcebida: eu me acostumei a sentir que *a própria ideia toma corpo naturalmente*. Neste sentido aprendi muito cedo a diferença fundamental entre a verdadeira *forma* em oposição à *"fôrma"*. A *forma* é a grande concepção original que o material sonoro provoca, única e intransferível.

Marlos Nobre destrincha essa contraposição entre a forma como favorecedora da ideia musical e a forma como bitolagem formal irrefletida – um ponto que cabe dentro do que foi aprofundado mais adiante no questionário, nas perguntas acerca de posicionamentos estéticos e da produção composicional atual:

Naturalmente há os processos formais que a tradição nos traz e que de certa maneira nos ajudam a encontrar nossa *forma*. Mas o compositor que segue estritamente uma forma tradicional (e, meu Deus, quantos não o fazem ainda hoje!) não cria uma verdadeira forma, mas uma *fôrma*, um arremedo de *forma* alheio à ideia e à concepção sonora que deveria ser original. Assim eu sempre aconselho meus alunos a que nunca partam de conceitos formais pré-estabelecidos, pois isso resulta sempre em um pastiche, um cacoete acadêmico que somente traz danos irreparáveis a qualquer concepção musical válida.

Atuação Profissional

Em outro extenso questionário aplicado a cerca de uma dúzia de ex-alunos de um curso de iniciação à música clássica que ministrei no Recife, questionário no qual visava recolher depoimentos para minha dissertação de mestrado, uma das vinte e duas perguntas lançadas procurava saber qual o compositor mais representativo da música clássica brasileira, na opinião deles – não especifiquei se atualmente ou não. A resposta mais recorrente foi, escusado dizer, Villa-Lobos, mas tão recorrente quanto "Não sei" (significando dois pensamentos distintos: "Não tenho opinião formada" e "Não conheço compositores brasileiros"); em terceiro lugar, bem abaixo, ficou Marlos Nobre, compositor conterrâneo e conhecido do público recifense; outros três ou quatro nomes tiveram apenas uma menção cada um, por parte de alunos de maior cultura musical. Junte-se esses dados às respostas recebidas quando perguntei aos ex-alunos quais seus compositores e obras prediletos: quase todos citaram obras e compositores *standard* (barrocos, clássicos e românticos, mais os "impressionistas" Ravel e Debussy), ou seja, aqueles que são tocados à exaustão nas salas de concerto e puxam as vendas de qualquer coleção de música clássica lançada em bancas.

Esse segundo questionário, entre outros diagnósticos passíveis de inferência, confirma um quadro geral notório: o ouvido do público majoritário de música clássica ainda parece estar desacomodado à música do século XX; e no Brasil há o agravante de o público ouvir e conhecer muito pouco os compositores compatriotas, algo que seria inadmissível ao público especializado dos Estados Unidos e da Europa. É sintomático, por exemplo, que a mais bem vendida coleção de CDs de música clássica em larga escala – Joias da Música, da revista *Caras*, 1994 – não trazia uma única gravação de uma obra nacional.

Sabe-se que o pagamento de direitos autorais a compositores vivos é um dos fatores que afugentam os produtores fonográficos responsáveis por projetos de larga escala, mas anterior ao contexto do mercado fonográfico encontra-se o do mercado editorial. Mais propriamente falando: para as orquestras ampliarem repertório, quando o decidem fazê-lo, elas naturalmente recorrem às editoras para adquirir partituras; e aí se situa um problema crucial para os compositores brasileiros, pois somente nos últimos anos procedeu--se a uma revisão minuciosa das obras de compositores de projeção internacional – a exemplo de Villa-Lobos e Camargo Guarnieri – e à editoração delas, posto que as orquestras do resto do mundo há um bom tempo deixaram de tocar seguindo partituras manuscritas. E há outros tantos compositores brasileiros que não têm o mesmo privilégio dos mais proeminentes,que recebem de uma instituição como a Osesp ou como a Academia Brasileira de Música a preocupação de ocupar-se com tal tarefa.

Hoje, com o domínio de *softwares* de edição musical, é possível, em tese, abrir-se sua própria editora, mas, com a discrepante diferença de peso entre as execuções de obras contemporâneas e *standard*, há uma dificuldade real de se obter sucesso nesse empreendimento – sucesso no sentido de se obter autonomia financeira. Segundo apuração pessoal, o único compositor brasileiro que atualmente tem proventos oriundos das execuções de suas próprias obras como fonte de renda principal é Marlos Nobre – e isso só após consolidada trajetória profissional, somando-se a arrecadação de direitos autorais mais a atuação internacional de sua editora (a MN Edition) em todo o mundo, licenciando obras para execuções em concertos, filmes, rádios e outros meios de comunicação. Outra dificuldade para se atingir a autonomia financeira e lutar para se inserir no repertório dos grandes conjuntos musicais – tentando, por tabela, o ingresso no panteão da História da Música – está na pouca capacidade de os compositores se agenciarem, até porque essa não é a vocação deles, embora cada vez mais compositores tenham aprendido a se divulgar no Brasil, seja pelo uso de redes sociais, sites e blogs na Internet, seja pela gravação de CDs subsidiados por editais de incentivo à cultura, entre outros meios.

Assim, as perguntas referentes à atuação profissional dos compositores entrevistados visavam a saber: 1. se a composição seria a maior fonte de renda deles hoje; 2. se suas obras estavam editadas em mais de uma editora; 3. se eles tinham vínculo com a editora onde a maioria dessas obras estava editada; e 4. se eles já têm lançado livros ou proferido palestras e conferências sobre composição, dado que essa é uma forma alternativa de os compositores terem rendimentos extras, sem extrapolar o âmbito de sua profissão.

Apenas Marlos Nobre respondeu que vive de sua própria obra, mas Harry Crowl e Amaral Vieira acrescentaram que vivem de atividades relacionadas à música clássica e derivadas da atividade de compositor. "É preciso considerar que as funções que exerço de professor de composição, diretor artístico de uma orquestra, produtor e apresentador de programas de rádio são, em grande parte, consequências da atividade como compositor", diz Harry Crowl. Amaral Vieira faz um adendo:

[A composição] não é a maior fonte de renda, mas representa uma parte importante dos meus rendimentos. Seja através da encomendas de obras, seja na forma do recebimento de direitos autorais (vinculados a execuções públicas, gravações, transmissões de rádio e televisão, venda de partituras), há sempre um aporte financeiro, variável a cada ano, mas que é fundamental para alguém como eu, que vive única e exclusivamente dos proventos da música erudita.

Sobre as casas editoras de partitura, Marlos Nobre tem uma opinião sumária, após brigas judiciais para romper contratos, assumir o controle da difusão da própria obra e receber indenizações por ineficiência das editoras: "Eu considero os editores um mau negócio: ganham de 50% a 70% dos direitos e não fazem mais do que esperar a morte dos compositores para ver se conseguem lucrar com isso". Após criar a MN Edition, o compositor pernambucano confia apenas as obras para violão a outras casas – particularmente a duas editoras especializadas em Paris, a Max Eschig-Durand e a Henri Lémoine. Já Amaral Vieira tem uma relação particular com a editora principal de suas obras: "Ela tem opção preferencial em relação às minhas novas composições, mas como as obras contratadas já são muito numerosas, posso oferecê-las a outros editores sem qualquer restrição. Creio ser importante ressaltar que tenho um relacionamento muito harmonioso e construtivo com a minha editora principal".

No mais, nenhum dos compositores tem vínculo de exclusividade com a editora principal de suas obras (Marlos Nobre e Jorge Antunes possuem uma editora própria, a Sistrum, no caso deste) nem estão restritos a uma única editora; todos proferem conferências e palestras regularmente, quando não entrevistas e aulas (Jorge Antunes e Eli-Eri Moura têm como atividade principal a docência universitária); e apenas Antunes tem livros publicados sobre o ofício da composição musical – com destaque para a série Novos Sons, que já possui quatro volumes lançados pela Sistrum (para piano, harpa e violão, para cordas e sopros, para a voz e para percussão). Valeria também a pergunta sobre o recebimento de convites para desempenhar a função de compositor residente de alguma orquestra ou festival nacional, porém é negativamente sintomática a quase ausência dessa função no Brasil, à notável exceção do Festival de Inverno de Campos do Jordão.

Referências, Estilística e Técnica

Neste tópico, quis realmente saber dos compositores tudo o que se referia às concepções estéticas e ao catálogo deles. Por isso indaguei sobre: 1. quais compositores os influenciaram (ou ainda os influenciam) e onde essas influências se observam (tomando como exemplos obras disponíveis em algum suporte audiovisual: CD, DVD etc.); 2. quais as marcas de estilo mais visíveis, isto é, como um ouvinte ou um músico poderia identificar os compositores ao escutar uma obra ou ler uma partitura deles; 3. qual a preponderância da estrutura no ato de compor, isto é, se a estrutura determina a ideia musical ou esta determina a estrutura; 4. quais as obras de seus próprios catálogos que julgam a. a mais arrojada (a mais avançada no plano estilístico), b. a mais complexa (a que requer maior atenção do intérprete na hora de estudá-la) e c. a de mais difícil execução; 5. quais as três obras mais representativas de seus catálogos, independente das respostas ao item anterior; e 6. com que gênero de composição eles se satisfaziam mais escrevendo: música orquestral, de câmara, para instrumento solo, vozes ou coral (ou mesmo meios acusmáticos).

Reproduzo adiante as respostas dos próprios compositores, em lugar de tecer comentários.

Eli-Eri Moura

1. Influências:
   Ligeti e Jonathan Harvey (em *Circumsonantis*, para quarteto de cordas, e *Circumversus*, para flauta, clarinete, violino e violoncelo).

2. Marcas de estilo:
   Acredito que pela abordagem de elementos regionais num ambiente não tradicional (Processo de desfragmentação).

3. A estrutura na composição:
   A ideia sempre determina a estrutura.

4. Obra:
   a. Mais arrojada:
   Noite dos Tambores Silenciosos, para orquestra sinfônica, pela tentativa de criar um contraponto de três tipos de música diferentes e complexos.
   b. Mais complexa:
   Nocturnales I, para orquestra de câmara.
   c. De mais difícil execução:
   Candomblé, para orquestra de câmara.

5. Obras mais representativas:
   Circumsonantis, para quarteto de cordas; *Noite dos Tambores Silenciosos*, para orquestra sinfônica; *Circumversus*, para flauta, clarinete, violino e violoncelo.

6. Gênero de composição predileto:
   Orquestral e vocal.

Harry Crowl

1. Influências:
   Talvez Ives, Villa-Lobos, Schoenberg, Berg, Stravínski, Debussy, Varèse, Messiaen, Lutoslawski, Berio e compositores anteriores ao século XVIII, como os polifonistas portugueses e Monteverdi. Os três primeiros são, sem dúvida, a referência mais constante. Sem indicar em quais aparecem, posso relacionar as obras: *Memento Mori* (1987); *Concerto para Violino, 12 Instrumentistas e Soprano* (1989); *Na Perfurada Luz, em Plano Austero* – quarteto de cordas n. 1 (1993); *Finismundo* (1991/96); *Solilóquio I* (1995); *Concerto para Piano e Orquestra* (1997); *Sarapalha* – ópera de câmara (1996); *Turris Ebúrnea* (1999); *Solilóquio II* (2000); *Aetherius* (2002); *Diálogos do Vento* (2001); *Concerto n. 2 para Flauta e Orquestra* (2002); *Sinfonia n. 3* (2006); *Solilóquio III* (2006) *Sinfonia n. 4* (2007); *Responsórios II* (2008).

2. Marcas de estilo:
   Há, na minha música, um estado de contemplação no plano mais superficial e uma grande inquietação subliminar. Quando uso formas

pré-estabelecidas, essas não são as consagradas sonata, rondó, variação, passacaglia etc. Busco formas em obras do século XVIII para trás e que são provenientes, na maioria das vezes, de música religiosa e utilizo a variação contínua. Há sempre uma narrativa que aponta para referências externas, como a literatura, poesia, ou imagens visuais de qualquer natureza.

3. A estrutura na composição:
Raramente a estrutura determina como será uma composição. Somente em obras nas quais busquei uma forma pouco usual do século XVIII, como por exemplo, no *Solilóquio III* e nos *Responsórios I* e *II*, onde utilizei como ponto de partida responsórios de ofícios de compositores brasileiros do século XVIII, e nas obras do ciclo *Aethrae*, no qual criei uma forma específica de três partes (A[solo]-B[solo e piano]-A'[solo]). Na maioria das obras, utilizo um processo de variação contínua. Tenho uma tendência a guiar o ouvinte por caminhos inesperados como num labirinto.

4. Obra:
a. Mais arrojada:
Não saberia responder a essa pergunta com precisão. Talvez, nesse momento, diria que é *Responsórios II* (2008), para orquestra. É uma obra que apresenta um equilíbrio entre as características expostas e que representa um amadurecimento na escrita para orquestra.

b. Mais complexa:
Tenho fama, entre músicos e colegas compositores no Brasil, de escrever música muito difícil. Mas, no exterior, a maioria dos intérpretes acha absolutamente natural o que escrevo. O conceito de complexidade pode envolver interpretação, escuta e concepção. Sempre tive a preocupação de manter uma percepção da obra que se articula em três níveis: superficial, intermediário e profundo. Ou seja, o nível superficial é uma comunicação mais imediata que pode ser percebida por qualquer ouvinte. O intermediário é a articulação da forma, a qual é necessária uma atenção mais detalhada e requer mais preparo por parte do ouvinte. E o nível profundo só é possível, talvez, com o acompanhamento da partitura ou de uma análise, na qual os elementos sintáticos, como a harmonia, o contraponto, a organização

das alturas e timbres, resultantes de harmônicos etc., se revelam. Se se levar esses aspectos em consideração, diria que algumas obras têm um grau de complexidade próximo. Diria que a *Sinfonia n. 1 "Concerto Harmônico"* (1991, rev.1996), para banda sinfônica, e a *Lamentatione Jeremiae Prophetae* (1990, rev.2002), para voz média e orquestra, ainda inédita, são as obras que mais se encaixam nesse perfil.

c. De mais difícil execução:
O quarteto de cordas n. 1, *Na Perfurada Luz, em Plano Austero* (1993).

5. Obras mais representativas:
Certamente, isso é muito relativo. É uma opinião que pode mudar de tempos em tempos. Hoje, em 2010, consideraria as seguintes obras:
Sarapalha (1996 – 2ª versão, 2010), ópera de câmara em 1 ato.
Turris Ebúrnea (1999/2000), cantata.
Sapo Não Pula por Boniteza, Mas Sim por Percisão (2008), para flauta, oboé e clarineta.

6. Gênero de composição predileto:
Gosto muito de escrever para todos os gêneros, mas posso dizer que tenho predileção pela música de câmara. Ainda não me acertei com a música por meios eletrônicos.

Jorge Antunes

1. Influências:
Luis De Pablo, Francis Miroglio e György Ligeti, até 1978. Depois, eu mesmo comecei a influenciar-me exclusiva, ostensiva e permanentemente. A partir de janeiro de 2010, passei a ser influenciado por Carlo Gesualdo e seu cromatismo colorístico e belíssimo. Não tenho como indicar obras específicas que exemplifiquem essas influências. A influência está espraiada em minha produção.

2. Marcas de estilo:
Pedais graves dramáticos, surpresas arrojadas, poliestilismo, engajamento político, ironia, humor.

3. A estrutura na composição:

A estrutura determina a composição, mas ela passa a ser mutante durante o processo de composição. Enfim, identifico uma simbiose, com determinações e implicações mútuas entre a estrutura e a composição.

4. Obra:

   a. Mais arrojada:

   Não encontro uma só, assim. Tenho várias: *Sinfonia em Cinco Movimentos, Music for Eight Persons Playing Things, Para Nascer Aqui, Elegia Violeta para Monsenhor Romero, Catástrofe Ultra-Violeta*. Todas essas foram inovadoras, audaciosas, com poliestilismo precursor e ampla visão e abordagem do universo sonoro.

   b. Mais complexa:

   Idiosynchronie.

   c. De mais difícil execução:

   Cantata dos Dez Povos.

5. Obras mais representativas:

Elegia Violeta para Monsenhor Romero, Catástrofe Ultra-Violeta e *Sinfonia em Cinco Movimentos.*

6. Gênero de composição predileto:

Não tenho preferência especial.

Marlos Nobre

1. Influências:

Nenhum compositor cria a partir do nada. Tudo é resultado de influências, de escuta de obras, de relacionamentos pessoais com grandes compositores. Quando um jovem compositor faz sua escolha destas influências, ele já está traçando sua própria personalidade. É uma réplica daquele famoso ditado: "Dize-me com quem andas e te direi quem és". No meu caso, as grandes influências de minha juventude foram, além dos clássicos, Bartók, Prokofiev, Ravel, Debussy e depois Lutoslawski e

Ginastera. Ao lado deles, não digo influência, mas estudei muito todo Schoenberg, Alban Berg e Webern.

2. Marcas de estilo:

Creio que a esta altura dos acontecimentos, já posso dizer que meu estilo é "Marlos Nobre". Digo-o sem pretensão alguma. Minha obra musical mantém certos parâmetros que são já identificáveis: a procura constante do novo, sem, entretanto, me fixar em nenhuma escola ou escolinha de composição; uma liberdade total de escolha, o que me faz escrever tanto em um estilo bastante moderno como romântico (veja por exemplo meus *Poemas*, minhas *Cantilenas*, obras recentes e depois compare com meu *Concerto nº 2* para percussão, para ver imediatamente o que quero dizer); a busca de uma estruturação a mais perfeita possível e condizente com a mensagem sonora; a presença fundamental do elemento rítmico, sempre em constante mutação; as influências da música absorvida em Recife em minha infância, como os maracatus, frevos, caboclinhos do carnaval de Recife, eterna referência em minha obra; a total recusa minha de me afiliar a uma estética específica, pois detesto classificações.

3. A estrutura na composição:

Com toda certeza, no meu caso, a ideia musical *determina* definitivamente a estrutura da obra.

4. Obra:

a. Mais arrojada:

É difícil escolher, pois o termo "arrojado" nunca fez parte do meu vocabulário musical. Cada obra minha nasceu de uma necessidade total de minha concepção interior. Mas posso dizer que historicamente a minha obra mais "arrojada" é sem dúvida alguma o meu *Concerto Breve*, para piano e orquestra, escrito em 1969 e que sem dúvida também criou um *cataclismo* na música brasileira. Explico: esta obra eu escrevi para participar do 1º Concurso de Composição da Guanabara, em 1969. Nele, todos os compositores participantes, jovens ou antigos, apresentaram obras absolutamente tradicionalistas. O *Concerto Breve* trazia para a música brasileira uma escritura e um arrojo estético novos, e não sou eu que o digo. Musicólogos como o francês Jean-Paul Sarautte afirmou, em artigo publicado em Paris, em 1969, que a obra que renovava a música do Brasil era o *Concerto Breve*. No ano seguinte, no 2º Concurso da Guanabara, praticamente todos os compositores (da Bahia e de São Paulo) enviaram obras derivadas da escritura do meu *Concerto Breve*. Isso é um fato e me orgulha bastante, pois essa obra praticamente partiu a música brasileira em duas: antes e depois.

b. Mais complexa:

A mais complexa é o meu *Quarteto de Cordas n. 1*, estreado no Festival de Madrid em 1967 e gravado excelentemente pelo Quarteto Música Nova. Essa obra é um trabalho anterior ao *Concerto Breve* e explora a expansão harmônica por meio de *clusters*, escritos a partir das quatro notas do nome Bach. A escritura para os quatro instrumentos de cordas é possivelmente a mais complexa jamais escrita por mim.

c. De mais difícil execução:

Esse é um ponto curioso, pois acredito que toda e qualquer obra, para ser tocada em toda sua amplitude e perfeição de escritura, é sempre difícil de executar. Mas creio que uma das mais difíceis seja *Canticum Instrumentale*, para flauta, harpa, piano e tímpanos, obra escrita também em 1967 e vencedora do Concurso Internacional da Jeunesses Musicales na Bélgica. Ela é dificílima de execução para uma apresentação perfeita. A melhor execução que tive foi pelos membros da Orquestra Sinfônica de Washington dirigida pelo grande maestro argentino Antonio Tauriello, em 1969, no Festival Internacional de Música daquela cidade.

5. Obras mais representativas:

Se eu for escolher, assim de imediato, eu diria: *Ukrinmakrinkrin*, para soprano, sopros e piano; *Concerto Breve* para piano e orquestra; e minha obra mais recente *Concerto n. 2* para percussão e orquestra, mas quero também citar *O Canto Multiplicado*, sobre texto de Carlos Drummond de Andrade.

6. Gênero de composição predileto:

A satisfação minha ao compor não é, jamais, orientada para tal ou qual gênero. Entretanto, posso dizer que talvez o que mais me satisfaz realmente é escrever música orquestral. Obras como *Mosaico*, *In Memoriam*, *Convergências*, *Passacaglia* e meus concertos para piano e orquestra são obras nas quais meu estilo pessoal se manifesta de maneira mais clara e contundente.

Amaral Vieira

1. Influências:

Sempre gostei muito da música de Francis Poulenc. Ainda criança, fiquei em estado de graça ao escutar pela primeira vez, no Teatro Municipal de São Paulo, o *Stabat Mater*, do grande compositor francês. Muitas décadas se passaram desde então, porém o prazer em ouvir Poulenc permanece inalterado. Dmítri Schostakóvitch foi outra influência marcante. Eu tinha 14 anos de idade quando escutei pela primeira vez a sua *Sinfonia n. 10*, em Paris, e essa foi uma experiência musical inesquecível. É outro compositor cuja obra possui uma qualidade única e com a qual me identifico de modo especial. Mas devo mencionar Villa-Lobos, Stravínski, Bartók, Prokofiev, Carl Orff, Benjamin Britten, Olivier Messiaen (que foi meu professor em Paris), Frank Martin e Samuel Barber (para quem tive o privilégio de tocar pessoalmente o *Concerto para Piano e Orquestra* de sua autoria, em 1967) – esses foram alguns compositores que marcaram os meus anos de formação. Em anos mais recentes, tenho acompanhado com especial interesse as criações de Arvo Pärt, Henryk Górecki, e dos três "Johns": Adams, Rutter e Taverner. Ah, estava me esquecendo do estoniano Urmas Sisask.

2. Marcas de estilo:

Gosto de dialogar abertamente com a diversidade de elementos do passado musical. O termo "neoclássico" pode ser adequado em muitos sentidos, mas a minha linguagem musical contém também características de outras correntes estéticas. Sou plenamente favorável à liberdade de expressão artística, desde que ampla e irrestrita. Não sou filiado a nenhuma corrente específica e sei que isso representa uma dificuldade para aqueles que gostam de classificar esteticamente a produção dos compositores. Nacionalista, neorromântico, neobarroco, minimalista, vanguardista, atonal, dodecafônico, transtonal – e poderíamos preencher páginas e mais páginas com definições (definição: tornar finito), mas o que importa mesmo, única e exclusivamente, é se aquela determinada obra foi capaz de despertar uma emoção no psiquismo, na sensibilidade de quem a escutou. Indo mais além, se a emoção despertada for uma mensagem positiva, de alento e de esperança, neste mundo marcado pelo ceticismo e espírito de negação, *melhor ainda.*

3. A estrutura na composição:

Depende da obra que estou pensando em compor. Toda composição tem uma estrutura, mas nem toda estrutura resulta em uma boa composição. Eu arriscaria dizer que a obra ideal é aquela na qual a parte estrutural possibilita a sustentação do conjunto de ideias musicais da mesma forma que a coluna vertebral sustenta o corpo humano. Está lá, cumprindo a sua importantíssima função, mas não nos damos conta disso, é algo que se passa de modo completamente natural. A ideia musical pode conduzir à sugestão de uma determinada estrutura. A música de Villa-Lobos contém exemplos muito bem sucedidos desse processo. Stravínski por sua vez declarou que compunha a partir de uma estrutura, portanto no caminho inverso de Villa-Lobos. É inegável que os dois foram compositores geniais.

4. Obra:

a. Mais arrojada:

Talvez os *Movimentos Concertantes* para piano solista e coro, obra que escrevi em 2006/2007. Trata-se de um concerto para piano em sete movimentos. Ao escrever os *Movimentos Concertantes*, procurei renovar a forma tradicional do concerto para piano e orquestra, substituindo esta última pelas vozes do coro. Nesse sentido, foi importante atribuir à parte coral uma função sinfônica, tanto no que diz respeito aos timbres e texturas como também aos efeitos que melhor possam valorizar o trabalho conjunto com o piano solista. Abstive--me intencionalmente de impor às partes vocais frases ou palavras predeterminadas, com o objetivo de criar maior liberdade no plano interpretativo e de permitir que a escolha de fonemas, onomatopeias e efeitos vocais aplicados em toda a partitura ficasse inteiramente a critério dos regentes e dos grupos corais. Gostaria ainda de ressaltar que essa é uma obra que se renovará a cada nova apresentação. A escolha dos elementos fonéticos e onomatopaicos jamais será feita do mesmo modo por diferentes maestros e seus respectivos corais, em função da riqueza de combinações possíveis. Creio que os *Movimentos Concertantes* representam também para o solista de piano um desafio compensador. Como há em todos os países um número bem maior de coros do que de orquestras sinfônicas, há de se acreditar que serão maiores as possibilidades de que a composição seja programada. A inusitada substituição do acompanhamento orquestral pelas vozes do coro desperta seguramente a atenção das plateias. E para os regentes e seus coros, apresenta-se uma rara oportunidade de participar de modo especialmente ativo da recriação e interpretação de uma obra de envergadura, totalmente fora dos padrões tradicionais.

b. Mais complexa:

A *Fantasia-Coral In Nativitate Domini* para mezzo-soprano, piano, órgão, harpa, coro a oito vozes e duas bandas sinfônicas, obra que me foi encomendada em 1991 pela Universidade Livre de Música (SP). Nessa obra, voltei a empregar a banda sinfônica dividida em dois grupos antifonais, à maneira do meu *Magnificat*, de 1990. Devido ao grande número de vozes e instrumentos, foi necessário mandar confeccionar em uma gráfica o papel pautado para essa composição. As páginas têm o tamanho especial de 64 x 46cm, com 49 pentagramas. Foi extremamente desconfortável escrever as notas em um papel de tamanho tão fora do padrão, especialmente em se tratando de uma obra longa, com mais de 20 minutos de duração. Isso sem mencionar a dificuldade de sincronizar 49 partes individuais – com todos os instrumentos transpositores normalmente participantes das bandas sinfônicas.

c. De mais difícil execução:

Possivelmente ainda a *Fantasia-Coral In Nativitate Domini*, que mobiliza cerca de 150 músicos em cada execução. É necessário um palco de grandes dimensões para acomodar a banda sinfônica dividida em dois grupos antifonais completos, acrescida de um coro numeroso, cantora solista, piano solista, órgão e harpa. Se um espaço assim já é difícil para a noite do concerto, o que fazer com os ensaios? Os conjuntos que não estão sediados em grandes teatros realizam os seus ensaios em locais de dimensões modestas, que não comportam o número de intérpretes necessários para executar a *Fantasia-Coral*. Além do aspecto físico já mencionado, há ainda a dificuldade interpretativa. Essa obra exige enorme equilíbrio dinâmico e um sincronismo perfeito entre os músicos participantes.

5. Obras mais representativas:
Vamos lá, com alguma dificuldade…
Stabat Mater, para solistas, coro e orquestra de cordas.
Words of Encouragement, para mezzo-soprano, tenor, coro misto, coro infantil, orquestra de cordas, piano, celesta, harpa e percussão.
Quinteto Fronteiras, para piano, violino, viola, violoncelo e contrabaixo.

6. Gênero de composição predileto:
Qualquer paixão me diverte (risos), mas gosto especialmente de compor obras para coro e orquestra, sejam elas sacras ou de inspiração literária.

Posicionamentos Estéticos no Contexto da Música do Século xx

Com as referências estéticas de cada compositor definidas por eles mesmos, quis em seguida indagar qual o pensamento deles especificamente quanto às correntes que se estabeleceram ao longo do século passado – em particular as que nasceram nos anos 1950 e 1960, as que mais radicalizaram o distanciamento entre os compositores e o público majoritário. Nesse ínterim, perguntei se os entrevistados já haviam composto obras estritamente eletrônicas ou concretas (ou mesmo acusmáticas), que mesclassem instrumentos e meios acusmáticos ou que enveredassem por outras vertentes estéticas da vanguarda dos anos 50 e 60. Perguntei ainda quais os compositores, dentre os de uma dada lista, que eles destacariam, não só pelas contribuições à música do século XX, mas também pela influência em sua obra (dos entrevistados).

O único dos entrevistados que enveredou profundamente pela música acusmática e pela vanguarda dos anos 50 e 60 foi Jorge Antunes[5], ainda que todos tenham tido contato e estudado tais vertentes[6]. De fato, Antunes é conhecido como um dos pioneiros da vanguarda brasileira e possui um considerável catálogo nessa linha, mas nenhum dos demais compositores tem qualquer reserva contra a música acusmática ou de vanguarda. Amaral Vieira resume a postura dele e de seus pares: "[Compus música acusmática] somente como exercícios de composição durante os meus estudos na Universidade de Freiburg. Como criador, não me identifico verdadeiramente com esse gênero, mas nunca deixei de escutar o que os compositores dessa área estão produzindo. Há muitas obras interessantes".

Marlos Nobre desvela a causa nevrálgica das polêmicas despertadas nas décadas aludidas no Brasil:

Nos anos 50 e 60 houve muita discussão sem nexo e sem valia entre o Camargo Guarnieri (advogando o nacionalismo contra o dodecafonismo) e Koellreutter (fazendo o contrário). Muita tolice eu li sobre esta dualidade falsamente colocada em confronto. Para mim, e creio minha geração, esse conflito jamais existiu. O dodecafonismo, o serialismo, as vertentes de vanguarda de qualquer período sempre foram para mim apenas campos de informação e reflexão, jamais dogmas. O que sempre matou a criação musical pura foi a aceitação de dogmas estéticos e técnicos. Foi isso que levou a "vanguarda" bouleziana em derrocada, pois para ele e seus discípulos fanáticos, quem não escrevia música serial pura, ou multisserial, era uma besta. Boulez perseguiu tanto os compositores franceses anteriores a ele, tipo por exemplo o grande Jolivet (a quem chamava publicamente de "Joli Navet"), que o levou ao desespero total.

---

5 A música de vanguarda dos anos 50 e 60 inclui a música hoje chamada de acusmática (também denominada de eletroacústica) e suas vertentes anteriores: a eletrônica e a concreta. Apenas dissociei a música acusmática de outras vertentes, como o aleatorismo, o *happening*, o radicalismo das *extended techniques* ou as contribuições tímbricas orquestrais e corais de Ligeti e Penderecki.

6 Eli-Eri Moura tem algumas obras acusmáticas em seu catálogo, mas não de vanguarda.

A lista de compositores do século XX sobre a qual os entrevistados deveriam opinar, destacando os nomes que julgassem mais representativos, incluía: Stravínski, Schoenberg, Cage, Varèse, Stockhausen, Boulez, Glass, Reich, Penderecki, Ligeti, Villa-Lobos, Camargo Guarnieri, Schostakóvich e Prokofiev. À relação, foram acrescentados: Poulenc, Orff, Britten, Martin e Barber, por Amaral Vieira; Ives, Ruggles, Carter, Messiaen e Grisey, por Harry Crowl; Wagner, Scriabin, Mahler e Luiz de Pablo, por Jorge Antunes; Lutosławski e Berio, por Marlos Nobre; e o mesmo Lutosławski, por Eli-Eri Moura. A intenção de apontar esses expoentes era o de traçar uma relação de compositores *standard* dos últimos cem anos, que deveriam ser regularmente executados em salas de concerto em virtude de seus papéis na história da música moderna e contemporânea.

Qualidade Estética da Produção Atual

Sendo uma lista de compositores *standard* do século XX sugerida, faltava uma relação de nomes mais atual, com compositores vivos e em atuação. Perguntei, portanto, quem seriam os três compositores mais destacados hoje em dia no Brasil e no exterior e por que um compositor brasileiro ainda não emplacou um Prêmio Grawemeyer ou um Léonie Sonning, os dois mais importantes da música clássica contemporânea. Mas antes abri um parêntese para indagar sobre as virtudes e vícios dos jovens compositores com os quais os entrevistados têm se deparado nessa última década, no intuito de diagnosticar pontos que poderiam ser trabalhados em cursos de nível superior em composição, os quais ainda são poucos em número em nosso país.

Dentre os expoentes da atualidade, Harry Crowl cita Roberto Victorio, Edson Zampronha e Eli-Eri Moura, no Brasil. No exterior, ele enumera:

Tenho muita afinidade com compositores fora dos grandes eixos de produção da música atual. Gosto muito da Doina Rotaru, da Romênia; da

Kajia Saariaho, da Finlândia; do George Benjamin, da Inglaterra; do Lojze Lebic, da Eslovênia; do Poul Ruders e do Sunleif Rassmussen (Ilhas Faroe), da Dinamarca; e do Celso Garrido-Lecca, do Peru. Claro que se trata aqui do meu gosto pessoal. Há compositores mais famosos e de muito maior projeção que esses que mencionei.

Jorge Antunes menciona, no Brasil, apenas Gilberto Mendes, dentre compositores vivos, e três estrangeiros: os argentinos Eduardo Kusnir e Mauricio Kagel (este falecido em 2008) e o francês François Bayle. Eli-Eri Moura apresentou os nomes de Paulo Chagas, Sílvio Ferraz e Marlos Nobre mais o inglês Jonathan Harvey, a russa Sofia Gubaidulina e o canadense John Rea. Amaral Vieira e Marlos Nobre preferiram não adentrar no mérito e apresentaram suas justificativas.

Todos se detiveram mais na tentativa de resumir o quadro geral das gerações de compositores brasileiros mais jovens, que se proliferaram bastante na última década estimulados por cursos de composição, concursos e bienais de música, mesmo que esses eventos existam em bem pequena escala se comparados ao exterior. Jorge Antunes, sucinto, apontou como virtudes dos novos talentos "coragem, garra, ansiedade e inquietação" e como vícios "falta de humildade e conformismo com a sonegação de informações por parte de seus professores"; já Harry Crowl observou tendências diferentes pelo país. Sobre os aspectos negativos ele diz:

Vejo uma grande maioria em São Paulo, Rio, Porto Alegre, Salvador e Brasília escrevendo uma música cada vez mais conservadora, conformista, comprometida com uma mal-ajambrada indústria do entretenimento e, muitas vezes, até mesmo uma leitura superficial e ultrapassada de referências culturais regionais. Isso associado, naturalmente, a uma falta de conhecimento de técnicas de composição mais atualizadas.

Mas Harry Crowl também chama a atenção para o espírito de iniciativa de compositores que abdicam de permanecer no país e partem para centros de ensino mais avançados, que lhes deem o cabedal que não conseguem obter aqui:

Vejo também muitos outros jovens compositores de São Paulo, uns poucos do Rio, de Belo Horizonte, Goiânia, Curitiba, Campinas e outros centros menores correndo atrás de uma formação mais sólida em outros países ou através de contatos mais amplos através de alguns cursos de pós-graduação. Há um espírito aventureiro na cultura brasileira que parece ainda estar movendo alguns compositores, entre os quais me incluo, apesar de não ser mais um jovem compositor.

Para Amaral Vieira, a maior virtude dos jovens compositores é a pluralidade de manifestações estéticas, em lugar da adesão a tendências estilísticas compartilhadas, como acontece na Europa e na América Anglo-Saxônica:

O Brasil é um dos países mais interessantes da atualidade, por sua diversidade estilística e miscigenação de raças e culturas. Aqui há espaço para tudo, desde música nacionalista até a vanguarda mais radical e todas as vertentes possíveis e imagináveis. Se tomarmos os países europeus como exemplo, veremos que existe uma estética mais uniforme, uma linguagem pouco variada. Um compositor contemporâneo holandês escreve música muito parecida com a de seu colega francês, suíço ou alemão, pois existe no hemisfério norte um conceito bem definido do que é esteticamente (ou deveria ser) a música do nosso tempo. Ora, assim como as pessoas são diferentes umas das outras em sua percepção do mundo e da sociedade, não faz sentido fazer da música contemporânea um sinônimo de música de vanguarda. Contemporâneo é tudo o que é criado aqui e agora. Nesse sentido, a grande virtude dos jovens compositores brasileiros está na diversidade de suas linguagens, estéticas e propostas composicionais.

O compositor paulista, em contrapartida, alerta sobre a ruptura dos jovens talentos com as manifestações musicais pré-século xx:

Quanto aos vícios... sem querer generalizar, creio que falta a muitos deles uma formação musical mais completa... para alguns, a história da música parece ter começado com Schoenberg... mas é preciso adquirir uma perspectiva ampla do que foi a música do passado e a sua tradição para poder se pensar em qualquer tipo de ruptura...

Amaral Vieira, no entanto, pondera os problemas para se ter uma obra sinfônica executada no Brasil:

> É inegável que um jovem compositor brasileiro luta com enormes dificuldades para ter as suas obras apresentadas em público… se isso já é problemático para compositores renomados! Quando é que um compositor jovem brasileiro terá a oportunidade de escutar uma obra que escreveu para orquestra sinfônica?… raramente as escolas e faculdades de música dispõem de orquestra própria… e quando excepcionalmente essa orquestra existe, dedica-se ao repertório geralmente já conhecido e consagrado, quando poderia e deveria dedicar parte de suas atividades aos jovens compositores, como um laboratório experimental.

Nesse ponto, é necessário lembrar exemplos esparsos como o da Orquestra Sinfônica Jovem da Paraíba, que, em parceria com o Laboratório de Composição da Universidade Federal da Paraíba (Compomus), realiza um concerto anual somente com obras compostas pelos alunos do Compomus. Aliás, vários conjuntos de câmara e um coral também possuem parceria com o Laboratório. Um desses grupos, o Sonantis, tem a peculiaridade de trabalhar com um número de integrantes flexível, em que estes ficam disponíveis *ad hoc*, isto é, de acordo com a peça a ser executada. O CD *Eli-Eri Moura – Música de Câmara* dá ideia de como atua o grupo: o Sonantis se desdobrou em um trio de percussão; um quarteto com flauta, clarineta, violoncelo e violino; um duo de piano e oboé; e um quinteto de sopros; fora um violoncelista que atuou solo, o qual também integra o grupo.

Marlos Nobre coincide com Amaral Vieira nas conclusões tiradas da própria experiência quanto às limitações comuns aos jovens compositores do país:

> Tenho participado de muitos concursos nacionais e internacionais de composição para jovens compositores. Um dos mais recentes foi em Minas Gerais (obras para orquestra) e no México (no qual havia compositores latino-americanos, inclusive brasileiros). A impressão geral que eu tive é o da existência de uma vontade criadora mas a presença de uma espécie de "medo estético", se é que me explico bem. Detalho o assunto: no concurso do Brasil

haviam umas 90 obras sinfônicas, sendo que dificilmente chegamos a 4 obras! A maioria denotava talento natural mas uma total falta de profissionalismo na escritura para orquestra sinfônica.

O compositor pernambucano pormenoriza os pontos críticos das limitações dos jovens compositores e, adiante, imputa a erros de pedagogia dos professores de composição tais deficiências:

No México, de 190 partituras chegamos a três e todas as três eram bons exemplos de imitação perfeita do estilo de Boulez, frio, branco, algo como uma sala de autópsia. Todos os membros do júri estavam surpresos diante da total ausência de um talento individual forte, isto é, de um compositor jovem que tivesse a audácia de ser ele mesmo; o que é muito difícil, seja dito de passagem. Mas ser "ele mesmo", nada significa se não existir prioritariamente o fundamental talento criador. E que é o talento criador? É a capacidade de sintetizar pessoalmente todas as experiências do *outro*. As influências são primordiais, mas elas simplesmente não são mais que pura imitação. A mente criadora absorve as experiências e se não tiver o poder de transformá-las em algo pessoal, próprio, nada resulta senão uma mensagem amorfa.

Esse exemplo denota uma limitação compartilhada que Eli-Eri Moura observa também na música acusmática: o "excessivo uso de procedimentos que se tornaram clichês".
Continua Marlos Nobre:

Talvez isso não seja culpa dos compositores mas de seus professores, o que complica mais a coisa. Somente um grande compositor pode transmitir ao jovem o verdadeiro sentido da criação musical e da composição. Muitos professores didáticos o tentam mas falham. Na minha opinião, porque eles não participam do complicado processo da criação pura. Bartók dizia que a composição não se ensina, tanto é assim que foi professor de piano e não de composição em Budapeste. O professor ideal de composição é aquele que *ensina com seu exemplo* mas não força jamais o jovem compositor a *seguir este exemplo*. Ele, o professor, tem de dar ao aluno as ferramentas necessárias para fazer frutificar nele o processo criador e para isso o professor tem de ter vivido esta dura e difícil experiência pessoal. Ensinar regras de harmonia, contraponto, fuga, orquestração, nada disso é válido se não for alimentado pela força persuasiva do exemplo direto, pessoal, intransferível.

Outro depoimento de Marlos Nobre merece ênfase, em função da acuidade das observações sobre o que talvez seja uma das grandes polêmicas estéticas que se arrastam há décadas: a tentativa de romper forçadamente o passado musical, tal qual apontou Amaral Vieira.

Sempre me pareceu tolo, fútil e indigente quando um compositor se *auto-classifica* ou proclama-se, por exemplo, "*pós*-moderno", quando todos sabemos que esta sigla não diz nem significa nada, somente uma indigência criadora. O pós-moderno, tão em voga hoje, encobre, na maioria das vezes, uma coisa elementar e retrógrada, acadêmica e burra. Pós-moderno afinal é o quê? A estética do nosso tempo, a meu ver é a pluralidade, que nada tem a ver com o *pós-modernismo*. Este é horizontal, a pluralidade é vertical, profunda. Porque vivemos numa época *plural* por excelência, mas não "pós-isso ou pós-aquilo".

Por fim, cabe um questionamento sobre a razão pela qual os compositores brasileiros contemporâneos raramente são lembrados pelas comissões julgadoras de prêmios internacionais como o Léonie Sonning e o Grawemeyer[7]. Anedoticamente, os brasileiros também têm motivos para se ressentir da Argentina nesse quesito, posto que Osvaldo Golijov e Maurício Kagel possuem mais reconhecimento internacional que qualquer brasileiro – ou seja, além dos dois Oscars de Filme em Língua Estrangeira e dos cinco Prêmios Nobel, a iminência de ter um agraciado nos altos círculos da música clássica mundial está mais para o país vizinho do que para nós. Quem acompanhar as revistas especializadas de música clássica na Europa pode atestar o quanto o Brasil quase só é lembrado pelas resenhas de gravações de Villa-Lobos enquanto Golijov eventualmente marca presença em notícias e reportagens.

---

7 Até hoje, a maior distinção internacional coube a Marlos Nobre, com o Prêmio Tomás Luis de Victoria (o mais importante para compositores ibero-americanos) no ano de 2005, o qual não foi ganho por nenhum outro brasileiro.

Amaral Vieira explicita a falta de apoio das instituições musicais e a própria incapacidade de articulação política como motivos para os compositores brasileiros não obterem grande visibilidade no exterior, frente à crítica e ao público:

[O Léonie Sonning e o Grawemeyer] são prêmios muito importantes e que precisam ser trabalhados também politicamente. Ao contrário do que muitas pessoas pensam, o mérito de um compositor é somente um pré-requisito para que possa pensar em concorrer a um prêmio internacional. Nesse ponto, o Brasil foi um país sempre muito omisso em relação aos seus artistas, que precisam lutar de modo individual por um lugar ao sol. Enquanto as instituições alemãs, norueguesas, dinamarquesas, norte-americanas, entre muitas outras, defendem e protegem com unhas e dentes as candidaturas dos seus artistas, os brasileiros ficam desprotegidos e lutando invariavelmente com armas desiguais. Os resultados são sempre os mesmos: somos eternamente preteridos quando estamos no páreo ou sequer chegamos a ser convidados a concorrer... Mesmo internamente, não basta somente o mérito. Um candidato a uma vaga na Academia Brasileira de Letras precisa ser articulado em sua campanha, precisa contatar os acadêmicos em busca de apoio à sua candidatura... se não fizer isso, não terá a menor chance de ser escolhido, mesmo que seja um Machado de Assis ressuscitado... É importante que fique bem claro que temos compositores e intérpretes mais do que qualificados para ganhar um Grawemeyer ou um Léonie Sonning.

Amaral Vieira conclui:

Uma última consideração sobre o prêmio dinamarquês Léonie Sonning. O primeiro laureado, em 1959, foi o compositor russo Igor Stravínski. Villa-Lobos teria sido uma escolha mais ousada, pelo conjunto e importância da sua obra. Stravínski, consagrado internacionalmente, teria recebido esse laurel de qualquer modo, mais cedo ou mais tarde. Acho espantoso que esse prêmio tenha sido atribuído ao compositor polonês Witold Lutosławski em 1967 e *somente seis anos mais tarde* ao russo Dmítri Schostakóvitch... Quais teriam sido os critérios utilizados nessa escolha? Com todo o respeito a Lutosławski, tê-lo premiado antes de Schostakóvitch foi uma subversão de valores e do bom senso. Passados apenas quarenta anos desse episódio, o próprio tempo se encarregou de evidenciar a verdadeira perspectiva histórica da música do século xx.

Harry Crowl lembra mais um prêmio – o Irino Prize, no Japão, para jovens compositores – e tem uma posição diferente a respeito da projeção internacional dos compositores brasileiros:

Creio que, na verdade, em primeiro lugar, não há nenhum compositor brasileiro no primeiro escalão da composição internacional. Os raros compositores que eventualmente participam de festivais internacionais fazem-no mais por estarem próximos aos organizadores por qualquer motivo do que por serem realmente consagrados. A outra questão, talvez bem mais séria, é o fato de que esses prêmios foram criados para promover direta ou indiretamente os compositores dos países sede dos prêmios. Essa é uma constatação muito fácil de se confirmar através da Internet. No caso do Irino Prize, o prêmio era originalmente só para japoneses. Aí resolveram democratizar, mas os jurados são quase sempre os mesmos, o que faz com que a variedade estética não seja muito grande. E, naturalmente, os compositores de países musicalmente consagrados e com intenso movimento musical, como Alemanha, França, Itália, países do leste europeu e os países de língua inglesa, além do próprio Japão, são sempre os consagrados. Há, na lista de premiados, um compositor peruano que mora na Finlândia. Será que se morasse no Peru seria considerado?

O compositor mineiro radicado em Curitiba comenta sobre os prêmios mais consagrados e sobre a retraída presença do Brasil em festivais de música contemporânea, comparando-o a outros países da América Latina onde o estímulo à produção de obras inéditas é bem mais acentuado:

O Leonnie Sonning não se destina somente a compositores. É um prêmio dedicado tanto a intérpretes quanto a compositores que estão sob os holofotes da cena internacional, embora alguns dos mais importantes nomes da composição atual já o tenham recebido. O Grawemeyer Award é o prêmio de maior prestígio internacional. Ao mesmo tempo em que já premiaram vários epígonos norte-americanos e anglófonos, os primeiros laureados foram compositores como Lutosławski, Ligeti, Boulez e Birtwistle, que indiscutivelmente são criadores de pensamentos estéticos originais e se colocam como prógonos da música atual. O Brasil ainda não conseguiu se impor como um país importante dentro do cenário da música contemporânea, nem mesmo em relação aos nossos colegas hispano-americanos. México, Argentina, Venezuela, Chile e Cuba têm festivais de música atual muito mais arrojados que os nossos. A Argentina, com uma população pouco maior que a do estado de São Paulo, tem duas vezes mais compositores que o Brasil, muitos deles ocupando postos importantes em instituições europeias e norte-americanas. O México tem uma política de encomendas oficiais de obras, de estreias, gravação e divulgação que nos faz parecer amadores. O festival de música nova da Universidade Católica, em Santiago, é maior que o Música Nova, de Santos, e a Bienal de Música Brasileira juntos.

Conclusão

Longe de se procurar um *idealtypus* de "compositor brasileiro contemporâneo", inventariar pensamentos ou sugerir um "venerando conselho consultivo de sábios", o resultado esperado com o presente ensaio foi que os depoimentos sintetizados acima expressassem uma visão apurada de todos os pontos tocados – de relevância elementar para o entendimento do ofício de compositor de música clássica hoje no Brasil – e, simplesmente, servissem de referência pelos seus próprios termos: para se elaborar políticas públicas, auxiliar no preparo e organização de eventos, inspirar e guiar os que estão em começo de carreira, trazer à tona para os mais leigos nuances desconhecidas da profissão, ou para o que mais for. Devo agradecer, por fim, aos compositores que contribuíram com as respostas solicitadas, pois graças a eles este texto pôde apresentar a consistência desejada.

O Compositor e Seu Ofício:
Variações Sobre Alguns Temas de Sartre[1]

Eduardo Seincman

Tema 1

A obra jamais se limita ao objeto pintado, esculpido ou narrado; assim como só percebemos as coisas sobre o fundo do mundo, também os objetos representados pela arte aparecem sobre o fundo do universo. [...] De modo que, através dos poucos objetos que produz ou reproduz, o ato criador visa a uma retomada total do mundo. Cada quadro, cada livro é uma recuperação da totalidade do ser; cada um deles apresenta essa totalidade à liberdade do espectador. Pois é bem esta a finalidade última da arte: recuperar este mundo, mostrando-o tal como ele é, mas como se tivesse origem na liberdade humana. Mas como aquilo que o autor cria só ganha realidade objetiva aos olhos do espectador, é pela cerimônia do espetáculo – e particularmente da leitura – que essa recuperação é consagrada[2].

---

1 Os Temas que serviram de base a estas Variações estão no livro de Jean-Paul Sartre, *Que é a Literatura?*, trad. Carlos Felipe Moisés, São Paulo: Ática, 2006.

2 Idem, p. 47.

Variação I

Pensar no "ofício do compositor" é pensar, sobretudo, em seu resultado prático: a obra musical. É a obra que carrega e dá sentido a um universo que já não mais pertence exclusivamente a figura de seu criador e a ultrapassa.

Variação II

Enquanto está sendo criada, a obra é ao mesmo tempo fonte de êxtase e de frustração: de êxtase, pelo fato de o compositor colocar-se no papel de um "criador todo poderoso"; de frustração, porque o criador sabe que a criatura, caso ela amadureça e alce voo, deixa de ser "sua" e ele, agora, torna-se apenas mais um de seus muitos ouvintes.

Variação III

Se a obra permanece, é porque é imortal, e o compositor... mortal. Mas sua mortalidade é um trunfo: por ser humano e estar em trânsito, o compositor pode transformar a realidade imaginada em imaginação realizada.

Variação IV

A técnica não é suficiente; a ideia, também não. É necessário adquirir a capacidade – duro aprendizado – de desdobrar-se permanentemente de autor em ouvinte e de ouvinte em autor. O "ofício do compositor" implica, pois, o "ofício do ouvinte".

Variação V

A composição é um esforço de contínuo adiamento. Postergar a chegada, adiar um clímax, é criar condições para que os ouvintes vivenciem a obra enquanto tecido temporal forte e denso. A "conduta adiada" permite ao ouvinte reavivar o passado e ansiar pelo futuro. Assim costurada no tempo, e costurando o tempo, de mera fruição a obra torna-se *experiência*, com tudo o que isso acarreta em termos físicos, emocionais e existenciais.

Variação VI

Não há em música algo que se assemelhe a uma espécie de evolucionismo ou positivismo. Os vários sistemas de organização que a música adotou em sua trajetória histórica não se superam nem se anulam uns aos outros: representam diferentes maneiras de tecer as tramas sonoras, cada qual oferecendo suas próprias entradas à visitação.

Variação VII

Todas as obras novas dialogam explícita ou implicitamente com as obras que lhes antecederam, reiterando-se ou rompendo-se com determinados códigos. À medida que são tocadas, as obras transferem-se a um fundo de cultura a partir do qual tudo o mais passa a ser significado. De forma que, no âmbito artístico, presente e passado não são meros momentos distintos: seu contato e diálogo permanentes é condição da experiência estética.

Variação VIII

O ofício da composição implica o da comunicação, o do estabelecimento de nexos, buscando-se, para tal, um estilo próprio e apropriado. Não há forma de comunicação que não reflita uma visão de mundo, e não há visão de mundo sem comunicação.

Variação IX

Não existe obra perfeita, pois a obra é uma matéria bruta a ser lapidada pelos ouvintes. Quando falamos em "obra-prima", projetamos na obra aquilo que, na realidade, ocorreu *na relação* com a obra a partir de seus estímulos. Nessa relação está incluído, logicamente, todo o legado relativo à obra.

Variação X

A "beleza" é, na maior parte das vezes, imputada à obra, pois aquele que a percebe se esquece de que dela participa.
A beleza não é uma qualidade ou substância: não está nem no objeto nem no sujeito, mas *entre* ambos.

Variação XI

Sem a dúvida, sem as lacunas que interpomos entre os estímulos da obra e nossas respostas, não haveria espaço para as trocas, para a imaginação, para a interlocução e a "coautoria" das obras.

Variação XII

Nossa relação com as obras e das obras conosco é de abertura. Quando há verdadeiro diálogo, quando a comunicação se estabelece, tudo se torna passível de mudança. As obras deixam de ser abstração, ideia ou sugestão para se tornarem experiência de vida. Ter uma experiência é sentir e refletir: ter sentidos e criar sentidos.

Variação XIII

A obra musical é mais que o resultado da técnica e da estratégia do compositor. É um mergulho vertical nas águas profundas da coletividade humana. A obra é um espelho de concentração do universo e um gatilho, um convite ao diálogo e à criação de um universo.

Variação XIV

A obra tocada é objetivada: transfere-se da idealidade atemporal para o mundo temporal sensível e inteligível.

Variação XV

Por não ter vida, a partitura é imortal; por ser mortal, a interpretação tem vida. A mortalidade é uma dádiva: confere vida ao tempo e tempo à vida.

Variação XVI

Tudo o que no tempo possui começo, meio e fim, tudo o que possui direção e nexo, adquire vida. Portanto, as obras não imitam a vida: são vida, criam vidas, outras vidas.

Tema 2

"Um grito de dor é sinal da dor que o provoca. Mas um canto de dor é ao mesmo tempo a própria dor e outra coisa que não a dor. Ou, se se quiser adotar o vocabulário existencialista, é uma dor que não *existe* mais, é uma dor que é"[3].

Variação XVII
O canto de dor não é *uma* dor, mas *a* dor; objeto tornado essência, essência objetivada: dor que é todas as dores, e dor alguma.

Variação XVIII
Laocoonte e *O Grito* de Munch: gritos que não gritam, potentes em seus silêncios gritados por nossa silenciosa imaginação.

Variação XIX
A música, a poesia, a pintura, a escultura, a fotografia, enfim, as manifestações artísticas não lidam com signos e significados, não se valem da dupla articulação da linguagem ordinária. Esse fato engendra complicações quando se tenta teorizar a música tendo como premissa e parâmetro a linguagem verbal. Mas, isso não significa desconsiderar a linguagem verbal: ela é parte orgânica de nossa experiência estética, atuando constantemente em nossa relação com as obras, seja por meio do diálogo ou da reflexão.

Variação XX
Na linguagem cotidiana, os sons estão a serviço do sentido: é como se o mundo sonoro esmaecesse para dar lugar ao conteúdo das palavras. Porém, ao ouvirmos uma língua que não compreendemos, somos afetados, antes de tudo, por sua musicalidade. Se viermos a estudar e conhecer essa nova língua, seu impacto sonoro será desprezado em prol do sentido.

---

3 Idem, p. 11-12.

Variação XXI
A música recusa-se a fazer do som o signo de algo, ela está aquém e além das palavras.

Tema 3

"Diga que a melodia é alegre ou sombria: ela estará sempre além ou aquém de tudo que se possa dizer a seu respeito. Não porque o artista tenha paixões mais ricas ou variadas, mas porque suas paixões, que talvez estejam na origem do tema inventado, ao se incorporarem às notas, sofreram uma transubstanciação e uma degradação"[4].

Variação XXII
"No início era o som". O verbo veio depois. Sua dependência mútua é um fato.

Variação XXIII
Na experiência estética, o sensível e o inteligível estão sempre de mãos dadas.

Variação XXIV
O uso do texto na música não é diminuição nem acréscimo: a união da palavra com a música gera um terceiro evento, um campo de forças que obedece a outros parâmetros.
Tome-se a ópera. Mesmo que música e palavra estejam em total acordo e sintonia – o que só ocorre em circunstâncias específicas –, sua sincronia jamais será exata para nossa consciência, que as capta como imagens especulares de um duplo. Portanto, a duplicidade som da palavra/som da música implica harmonia e conflito, condensação e deslocamento, união e separação, nexus e sexus.

---

4 Idem, p. 11.

Variação XXV

A união da palavra e da música é uma distorção, uma saturação, um transbordamento de sentido. Esse excesso adensa os sentidos e aprofunda o mistério da obra e do mundo.

Variação XXVI

Em vez de ficar apontando para "o universo da ópera" seria mais apropriado conceber a "ópera como universo".

Variação XXVII

Palavras de Adrian Leverkühn para Serenus Zeitblom:
"Da relação depende tudo. E se quiseres dar um nome mais adequado a ela, chama-a ambiguidade! [...] Sabes o que acho? Que a música é a ambiguidade organizada como sistema"[5].

Variação XXVIII

Se nossos ouvidos fossem gravadores, a música seria o que ela é de fato: mera sequência de nota após notas. Mas como não somos natureza e, sim, cultura, significamos a música dotando-a de vida e, ao mesmo tempo, significamos a vida dotando-a de música: atuamos, lembramos, esquecemos, sofremos, ansiamos, refletimos, enfim, aguçamos nossos sentidos para nos debruçarmos sobre o mundo e suas obras.

Variação XXIX

A música serve de gatilho para novas relações, de estopim para outras conexões e sinapses. A música é ao mesmo tempo histórica e meta-histórica, imanente e transcendente, é estilo e ideia, singular e plural.

Variação XXX

A técnica não deve ser o resultado de uma busca, mas a busca de um resultado.

---

5 Thomas Mann, *Doutor Fausto*, Rio de Janeiro: Nova Fronteira, 2000, p. 70.

Variação XXXI

Experiência estética não é teoria da comunicação: não havendo emissor e receptor, não há mensagens a serem transmitidas.

Variação XXXII

Na música, e na arte em geral, o que se diz e a forma de dizê-lo estão inextricavelmente unidos. Se as frases de um discurso são fragmentadas, assim o é o mundo que ele nos apresenta.

Exemplo: o texto de *A Voz Humana* exige de Poulenc a utilização de dispositivos composicionais pertinentes à sua fragmentação, a suas inúmeras reticências que, truncando a narrativa, sublinham a tragicidade irônica da peça teatral de Jean Cocteau.

Variação XXXIII

Existem excelentes livros de música escritos por diletantes que, sem se perderem em tecnicismos, recolocam a música em seu real patamar de importância.

A música serve também de inspiração e método a teóricos e autores de teatro, cinema e literatura devido a suas refinadas estratégias de organização temporal do discurso e seu domínio técnico do tempo, ritmo, métrica etc. Houve especial ênfase no fenômeno da polifonia, amplamente utilizada pelas diversas artes do século xx.

Variação XXXIV

As linguagens artísticas diferem substancialmente entre si devido a seus materiais diversos e suas possibilidades de combinações. O mesmo não ocorre com os discursos, que dizem respeito às formas de interlocução e envolvem a adoção de estratégias comunicacionais comuns a várias linguagens.

Ter consciência das várias formas de discurso possibilita um relacionamento mais profundo com os meios de expressão artística e a adoção de outras estratégias discursivas.

Variação XXXV
Todas as obras possuem limitações. Nós compensamos suas "falhas" fingindo ignorá-las ou conferindo-lhes atributos que as corrigem.

Variação XXXVI
Se não atribuíssemos às obras conteúdos que transcendem sua materialidade física, como perceberíamos o caráter "metafísico" nas últimas obras de Beethoven, o "pensamento selvagem" na música de Stravínski, o viés "religioso" em Schoenberg ou o idealismo em Webern?

Variação XXXVII
Ouvir é ter atitude: exige atenção, imaginação e criatividade ou, do contrário, a obra musical desmorona como um castelo de areia.

Tema 4

O escritor decidiu desvendar o mundo e especialmente o homem para os outros homens, a fim de que estes assumam em face do objeto, assim posto a nu, a sua inteira responsabilidade. Ninguém pode alegar ignorância da lei, pois existe um código e a lei é coisa escrita: a partir daí você é livre para infringi-la, mas sabe os riscos que corre. Do mesmo modo a função do escritor é fazer com que ninguém possa ignorar o mundo e considerar-se inocente diante dele. E uma vez engajado no universo da linguagem, não pode nunca mais fingir que não sabe falar: quem entra no universo dos significados, não consegue mais sair[6].

Variação XXXVIII
John Dewey comenta: "quando ocorre o comunicar-se, todos os eventos da natureza tornam-se sujeitos à reconsideração e à revisão"[7].

---

6 J. -P. Sartre, op. cit., p. 21-22.
7 J. Dewey, *Dewey*, São Paulo: Abril, 1974, p. 187. Coleção Os Pensadores.

Variação XXXIX
Não há arte sem comunicação; não há comunicação sem arte.

Variação XL
Na experiência estética, não há objeto de um lado e sujeito de outro: o sujeito, para quem a obra é seu objeto, é objeto das elaborações da obra; a obra, para quem o sujeito é seu objeto, é objeto das elaborações do sujeito.
No âmbito desse campo de forças, tudo se modifica e ressignifica.

Variação XLI
O compositor introduz e institui novas ordens e sentidos em um mundo que, em si mesmo, é desordenado e desprovido de nexo. É essa, em última instância, sua "ação política".
A arte é, portanto, um privilégio e uma necessidade.

Variação XLII
O discurso musical tira proveito das percepções espaço-temporais e dos mecanismos humanos de memória e esquecimento propiciados por sua genética e por seu legado cultural.

Variação XLIII
Não é possível encarar a própria trajetória de vida como "obra", a não ser que haja consciência após a morte. Mas, por meio da experiência musical podemos operar sínteses e afirmar: eis uma obra, ela possui coerência, tem início, meio e fim; ela existe e é.
Ao contrário da nossa, a "morte" de uma obra musical, sua finitude no tempo, confere sentido à vida e é condição de podermos objetivá-la e perenizá-la.

Variação XLIV
Lévi-Strauss tem razão: as obras musicais operam como os mitos. Cada interpretação é ao mesmo tempo uma nova versão do mito e sua consequente ritualização e atualização. Cada versão representa, portanto, uma retomada de "todas" as versões.

Exemplo: cada nova execução da *Quinta Sinfonia*, de Beethoven, é concomitantemente mais uma de suas versões e a retomada do paradigma "Quinta de Beethoven".

Como as obras não estão soltas no tempo e no espaço, não se pode desconsiderar o lugar do mito na cultura e da cultura no mito.

Variação XLV
Só temos consciência do tempo porque lembramos e esquecemos, porque oscilamos continuamente entre o ato e o conceito, entre o agir e o refletir a ação. A experiência estética de uma obra é um constante ir e vir entre sintagma e paradigma, tempo e espaço, história e mito, tempo vivido e tempo pensado.

A música é, pois, simultaneamente física e metafísica.

Variação XLVI
O que se chama propriamente de "arte pela arte" não é senão ideologia, pois sem o fator humano não pode haver obra.

Tema 5

"É preciso que o leitor invente tudo, num perpétuo ir além da coisa escrita. Sem dúvida, o autor o guia, mas somente isso; as balizas que colocou estão separadas por espaços vazios, é preciso interligá-las, é preciso ir além delas. Em resumo, a leitura é criação dirigida"[8].

Variação XLVII
Uma paisagem natural pode ser bela, mas é casual. Na música e na arte, a beleza é intencionalidade. Situa-se entre a obra e o ouvinte.

Variação XLVIII
Basta uma melodia, uma monodia, para que nos defrontemos com uma realidade múltipla, rica, densa, vertical, profunda e tocante.

---

8 J. -P. Sartre, op. cit., p. 38.

Por detrás da obra se oculta uma coletividade de seres e coisas que propiciaram sua gênese e com as quais dialogamos constantemente. A obra é, portanto, síntese e condensação: esse fato garante seu misterioso sentido que nossas palavras apenas tangenciam.

Variação XLIX
É preciso olhar (e ouvir) de esguelha (*faire les yeux en coulisse*): atentar à cena considerando os bastidores.

Variação L
O simples não é o simplório. O caminho para a simplicidade é árduo: requer sagacidade, paciência e persistência.

Variação LI
"A mentira tem de ser transformada na verdade da realidade através da verdade da ficção"[9].

Variação LII
O primeiro Tema e a última Variação serão sempre o silêncio…

---

9 Kathi Diamant, *Kafka's Last Love: The Mistery of Dora Diamant*, New York: Basic Books, 2004, p. 31.

Jcio Oooo Dhoo Csi Tfi Ompr e

Emanuel Dimas de Melo Pimenta

George Bernard Shaw: Uma moda
nada mais é qu

e epidemia induzida.

O Globo: Depois daquele jantarzinho romântico
no Dia dos Namorados, uma boa pedida para deixar o
encontro ainda mais especial é incrementá-
lo com acessórios e roupas
sensuais.1975: Estados Unidos:
16% dos brancos, 44% dos negros,
56% dos hispânicos, não tinham
capacidade para escrever uma frase, ou fazer uma conta acima de vinte
dólares.

Considerei que se tratava sobre "compositor de música contemporânea"; ou "compositor de música erudita contemporânea".

Todo o refinamento, ao invés de ser tomado como índice de diversidade, passou a ser classificado como símbolo de atraso civilizacional...

Trinta milhões de americanos são analfabetos funcionais.

Música escrita, na tradição de Perotinus Magnus, Josqin des Près, Beethoven, Schoemberg e John Cage.

Música experimental contemporânea.

A humildade é uma virtude, atitude, pensamentoTodos somos iguais (malhandragem dá um tempo)Para subir, você teve que vir de baixoNão pise nos outros, não Século XXI.

Porque eu também venho das Américas – para além de outros lugares.

Depois de Charles Ives, o experimental desenhou a música erudita que não está na Europa.

Os incidentes provocaram nove feridos, entre os quais um policial em estado grave

Melhor dizendo, **na Europa**

também há música experimental.

Os ofícios variam tremendamente de música para música.

Media.

Onde?

2009: Cerca de 28% da população brasileira

pessoas totalmente

analfabetas funcionais.

Ofício.

Carmina Burana.

Debussy fazia e desencadeou em Alban Berg, em

Anton Webern.

Liszt

e Mallarmé – num outro espectro de sintonia.

Leharen Hiller en*tre* ta**ntos outros era algo da cham**ada cultura e**rudita. A palavra eru**dito: do latim culto rudis: grosseiro, se m experiência, tosco.

queira ser um astroSimp**licidade, consciência, vale**

muito maisEstenda a mão e ajude quem vem de trazUm dia

você precisou de alguémAgora viv**e mete**ndo marra,

não é

assim, pense bemHumildemente venho lhe falarVocê tem

Folha de São Paulo: A detenção dos suspeitos foi confirmada pelo *Ministér*io Público, que está acompanhando as investigações. Voltaire: O m eu **ofício é dizer o que penso.**

ajude quem vem de baixoPeça ajuda pra quem está

no

altoHumildade pra subir, pra quem está em cima Pense,

pense no assunto **e**

reflitaEstenda a mão

e tente

ajudar (H**umildade** e coragem são

nossas armas pra

lutar!)E aíE você que começou agoraCom cara de mal,

Burocracia

Música e religião?

John Cage: É melhor compor uma peça de música que a tocar, melhor a tocar **que a ouvir,** melhor a ouvir do que a usar equivocadamente como meio de distração, entretenimento, ou **aquisição de "cultura".**

Música para um partido político ou uma ideologia?

Johann Sebastian Bach: O obj**etivo** e finalid**ade *última de toda a música não deveria ser mais que a glória*** de Deus e a

renovação da alma.

O novo pelo povo?

Quem?
Livre pensar.
Eleições em algum lugar, dentro de meses, semanas, ou dias.

Início do século XXI: **analfabetismo**

funcional

Victor Hug**o: Música é o ruído que pensa.**

Pessoas que abandonam a leitura, perdendo a capacidade

lit**erária.**

Acabou por desvendar

Stockha usen, Pierre

Schauff**er e Varèse - na**

sua segunda vida.

estufando o pei**to**s**e liga, tá por foraÉ só um toq**ue,

não seja um loky seja você**Força de vontade é que te**

ajuda a vencer**Não…Não tenha medo,**

se precisarpeça

ajudaDevemos nos unir todos, na mesma

lutaDe repente

Richard Wagner: Não importa o que as minhas paixões

exijam de mim, torno-me imediatamen**te**

músico, poeta, maestro,

autor, conferencista Ou qualquer outra coisa.

2006: 85% dos joven**s preso**s são analf**abetos funcionais.**

Alguém está intere**ss**ado na música ou na poesia contemporânea?

vou dar uma *ideia de valente*Humildemente, linha de frenteVamos partir de u*m princípio básico*Todo começo *difícil evit*a um fim trág**icoSer mágico**

infeliz**mente**

não **dáDeva**gar, você chega lá**Nunca se** sabe

tudo m**eu pai**

como haver ofício sem ação?

me ensinou:**Na esc**

ola da vida so **mente Deus é**

48.7% da população am ericana lê e escrev e tão precariam ente que n ão podem ser considerados alfabetizados. Alguém está interessado na

ideia?

Montesquieu: «as pessoas refinadas são aquelas que a cada ideia ou a cada gosto juntam muitas **ideias ou muitos gostos** acessórios. **As pessoas grosseiras apenas têm** uma sensação...».

A casa onde nasceu *Michael Jackson* em Gary, Indiana, vai se tornar um local especial de peregrinação dos fãs

Bob Dylan.

Ornette *Coleman.*

*Eric D*olphy tocando na rádio.

Erudição é ensinar, sabedoria e assim por diante.

A partícula latina "e" significa "sair de" – como, por exemplo, temos em emigração.

Madonna, que completa cinquenta e dois *anos no próximo mês*

de Agosto, está a preparar-se para oferec**er a si**

própria um presente de luxo: uma cirurgia plástica no valor de cerca de cento e sessenta e dois mil euros.

Contrário <u>de imigração,</u> efl úvio,

educação

e assi_m por diante.

Saindo.

Montesquieu - 1755: Mano Zóio, Lady K e o DJ Caveira

Ano do grand**e** terremo**to de**

Lisboa

*Es**sai sur** le Goût*

Daquilo a que se passou a chamar, grosseiramente, de *burguesia*!

Mas!

muito talento, não precisa se mostrarUm por todos e

todos por um, este é o lemaJá resolve 90% do problemaVaidade é embaçado todo mundo temVocê

todos por um, este é o lemaJá resolve 90%
do
problemaVaidade é embaçado todo mundo temVocê também,
eu tô ligado que tem Ninguém é melhor que ninguém, já

Toda a diversi **dade**, dos meios ecológicos ao

conhecimento, é si
nal
de vida, cont**rário à**

entropia.

Bur

gueses...
É possível pagar a com

ta do supe**rmercado**

com música?
Mozart compunha

com **da**dos.

A emoção altera o código genético, experi

mentalm*ente.*

*Veja: O motorista que trafega pelas principais rodovias que dão acesso à capital paulista neste fim de semana prolongado por c*ausa do feriado

encontra trânsito normal e ótimas

condições de visibilidade.

2007: 36% dos re**sidentes em Washington DC são analf**abetos funcionais.

Beethoven buscava o fim da forma, na forma total.

Assim, tudo começou com uma múltipla

dúvida.

Mesmo que nada tenham a ver

com **isso.**

Etimologicamente,

erudição: "sair da gro**ss**eria",

"sair do rude".

(aquele que faz uma obra) –

contraído em offici**um.**

Radical Indo **Europeia** *p – puro, purificação, pai*

Indo Europeu *ap - água

Sânscrito ap quer dizer trabalho - apas, obra e ato sagrado

Lívio Tragtem**berg me convidou para escrever sobre "o ofício do compositor hoje".**

Jornal do **Bra**sil: **Precisamos da compr**eensã**o dos pais para que po**ssamos atingir seus filhos.

Franz Lis**zt:** O concerto sou eu.

Onde está a corrupção?

*Ofício: méto***do e forma de vida.**

Pierre Boulez: *Não sou um fascista. Dete*sto Tchaikovsky e não vou tocar a **sua música. Mas,**

***S**e o público quiser, eu posso tocá-la.*

foi faladoIdeologia é estar lado a ladoÉ natural, acontece sem perceberO barato sobe pra cabeça não precisa nem diz**erM**aS *aí, tem que se controlarFicar* <u>*espert*</u>o para ninguém *cha*tearUm *cumprimento às vezes* vale muitoNão seja marrento, concorde comigo, John Cage: **O mais elevado objetivo é não ter objetivo algum. Is**so nos coloca de ac ordo com a Natu**reza, na su**a maneira de operar. **Ofício: oeuvre – obra** <u>Ludwig van Beethoven: A música é a interface</u> entre a vida espiritual e a sensual.

Indo EuropeU *op – atividade *p*rodutiva"* opa, opis, *opus, opifex Karlheinz Stockhausen: Estou sempre interessado quando outros músicos estão tentando* descobrir novos mund**os**

de som.

Tensão junto ao mar Báltico.

George Bernard Shaw: O inferno está cheio de músicos amadores.

O Estado de São Paulo: No momento em que abordava os funcionários do posto, o crimnoso foi surpreendido por **disparos**

efetuados por uma pessoa que estava no

estabelecimento.

Como existir ação sem repertório?

Oscar Wilde: **A ilus**ão é o primeiro de todo**S OS**

prazeres.

Tempo livre.
Quem iniciará um conflito *nuclear?*

*2000: Estados Un***idos e** *Ing***laterra: cerca**

de 21% da população é de

analfabetos funcionais.

humildade é tu**do**Não me iludo, quando

estou errado eu
escutoFico atento, eu não fico em cima do
muroEscute o

conselho que também é pra mim,**Seja**

humilde, sempre até
o fim: Humildade pra subir,

pra quem **está em**

cimaPense, pense no assunto e

reflitaEstenda a mão e

Charlie **Park**er: **A mús**ica é a sua própria experiência,

os seus pensamentos, a sua sabedoria. Se voc**ê** não a

viver, nada sai**rá do seu instrumento.**

Liberdade.

John Cage: Se essa palavra "música" é sagrada e reservada para os instrumentos dos séculos dezoito e dezenove, nós a podemos substituir por um termo mais significativo: organização de som.

Corrupção: romper junto.

senha e contrassenha

flo menezes

hh

! Sc

human

n! Aquela

melodia de cell

o em meio ao *Klavierkonze*

rt…! Fenômeno catalisador de uma vontad

e desde cedo desperta a partir de ouvidos atentos. Mas mesmo quando ainda Bebê, época em que os espaços pareciam maiores do que de fato são e em que o Tempo não existia, deleitava-me em face das barbáries de Berio e de Berberian, que ribombavam no cérebro e causavam arrepios – de medo e de emoção – em todo o corpo, num terror pânico de que, neurótico como já era, não queria me desvencilhar, em gozo de convicção quase cega: *Schließe mir die Augen beide* seria então logo mais o outro dos muitos Bs que preparariam o terreno acusmático e extensivo do tempo dos sons que outro S, desdobrado em contínuas espirais, haveria de proporcionar como campos a TRANSitar, neste e em outros espaços, inventados e a inventar.

Aquele espaço desbravador era dilatado como um Eros propulsor e latejante, em que impulsos tendem a aumentar as estimativas das dimensões: grandes arquiteturas que suprimiam o tempo e nos causavam a impressão de que teríamos todas as horas do mundo para vasculhar a imensidão daquelas criações mágicas e escalar aquelas sublimes, belas montanhas.

Logo mais, aquele cheiro delicioso de equipamentos eletrônicos sendo retirados de suas caixas, novinhos em folha, instigando o manuseio concreto de cada som. Panaromas de outro S, o do pai da *musique concrète*, consistiram então em ainda outro impulso: o da pura experimentação, assentada na reflexão categórica de seu *Traité*, que artikulei para adquirir e que logo adquiri, em reciprocidade a companheiros de viagem, lívido alívio, pelas livrarias da ebuliçante São Paulo de fim dos anos de 1970.

E apesar da obviedade poundiana de nem todos vivermos no mesmo tempo, o tempo foi, como todo tempo, passando, e as coisas se definindo, e os recortes sobre essa grande folha de papel que é a vida foram delineando os perfis das minhas escolhas. Distâncias, equidistâncias e aproximações, decorrentes de cálculos e paixões. E, claro, a Maturidade, com Ms maiúsculos que adendam aos Bs e Ss grandes arrebatamentos: Monteverdi, Mozart, Mahler! Qual deles o Maior? Quem maior que eles???

E quando me vi no espelho, já era compositor. Se já outrora seria impossível viver sem ela, agora então atingia o estágio de uma crase entre meu ser e a Música, como se minha fala fundisse em canto contínuo. Num dos cantares de um Pound, entrevi um possível e lúcido elogio a esse estado de amálgama: "*Confusion, source of renewals*". Não se tratava propriamente de um ofício: ser compositor confundia-se com simplesmente ser. Quanto ao verbo, não via como ser diferente. Mas quanto ao substantivo, via tudo como ser diverso.

Percebi, então, que não havia lugar para o lugar comum. O recorte da grande folha de papel continuava a perfilar direções, mas essas eram tão, mas tão distintas daquelas pelas quais a grande maioria era forçada a caminhar, como um comboio indo câmera adentro em um campo de desconcentração...

A mim, porém, era dado o privilégio – por méritos meus, mas também pelas contingências, graças a... ? –, de restar em dúvida constante, de poder questionar tudo, de evitar as rimas banais, de balizar minhas ideias por desvios constantes. Driblar, pelo prazer do drible, espiralando meus cursos e recursos em reflexão contínua e r(e/io)corrente sobre um passado translúcido que se refletia, metamorfoseado, nas minhas invenções.

Aprendia a me concentrar ao máximo. E no âmago desse fazer introversivo, procurava cada vez mais potencializar todas as referencialidades e dotar a obra de um sentido amplo, intra- e extramusical, em uma palavra: maximalista, ainda que tudo isso nada mais seja que a própria música, quando suficientemente complexa para, em suas espirais, elevar os pelos e nos arrebatar.

Os arrepios continuavam a ocorrer, o gozo – que bom! –, também. Mas os sons que adentravam meus ouvidos curvavam-se para cima, alimentando minhas energias psíquicas e distanciando-se de meus pés, que de toda forma já se situavam um pouco acima do chão. As coisas continuavam a ser o que sempre foram, mas eu ia fazendo minha cabeça. E assim o fazendo, distanciava-me daquela outra música cuja curva se dava em sentido contrário, alojando-se em sapateados, pés ritmados. Ao entretenimento, preferia, partidária e conscientemente, uma espécie de intertenimento. Aos ritmos, durações. E neste estado, intertenso e prazeroso, onde a música se revela como uma matemática dos afetos e o cálculo dá as mãos à invenção, o Texto tomava lugar de tudo: cada vez mais no fazer musical, mas também no indissociável prazer de se escrever sobre ele, como de resto já se caracterizava toda prática da música especulativa desde tempos remotos. Composições e (re)composições. Escritas e escrituras.

Transtextualidade. E no desejo em se ter controle de tudo, mesmo das coisas mais distantes – em herança serial conjugada com a radical concentração a que nos impomos quando isolados em nossos estúdios eletrônicos, espécies de torres de marfim ladeadas por vidros duplos e envoltos a silêncios quase absolutos –, o in(c/s)erto insistiria em bater suas asas, como diria meu saudoso irmão-poeta Phila, no farfalhar de suas folhas, contra as leis da escrita. Como um inseto aprisionado nas vidraças, deparamo-nos permanentemente com restrições, por vezes transparentes mas nem por isso menos atuantes, ora sentidas como importunação, ora como necessidade para (pro)criarmos.

Mas diante da inevitabilidade do imponderável, como defender aquilo que esteja fora de controle como cerne das operações que, ao criarmos, necessariamente controlamos?

Daí decorrera uma sistemática desconfiança do acaso e de todo surrealismo, assumindo nossas responsabilidades. Como concordar com

Cage? Aos geniais lances de dado de que resultavam letras em tamanhos tão variados, preferia usurpar a ideia impingindo-lhe, mesmo aí, certa direcionalidade que conferisse sentido intertextual à escritura. Não que deixasse de admirar o salutar louvor ao Novo – Dante bem se referira, ao chegar ao Paraíso, à *novità del suono* e à sua grande Luz. Mas Stockhausen tinha razão: na Lua, encontrar uma velha maçã nos causaria arrepios, livrando-nos do entediante mal em ver tantas pedras lunares.

E tomava então distância do implacável menosprezo aos gestos, história das figuras: "*When I see a tree, I want to forget any other trees*" (Cage)… Como concordar? Pois se Berio afirmara que por maior que fosse a boa vontade, não se poderia tomar o acaso como verdadeira afirmação de liberdade, e se Deus, para Einstein, "*würfelt nicht*" – ainda que seja válido e legítimo todo mozartiano ou mallarmaico jogo de dados, musicais ou náufragos –, todo surreal se revelava de uma inconsistência irritante e, acima de tudo, de uma inadmissível pretensão. Que se deixe então o imponderável permanecer como imponderável, dimensão incontrolável que se desvela remotamente apesar de tudo sob controle! Pois que até mesmo um pássaro, aprisionado ou não em sua gaiola, se lembrará das tantas árvores em que pousou quando avistar um novo galho.

E assim é que o ofício de compositor, mais existencial que propriamente ocupacional, foi adentrando os menores espaços. Em meio a esse processo de amadurecimento, era imperativo a importância desdobrada do artesanato, no feitio detalhista de cada poro. Pelos em ovos na dobra sobre dobra, ouvivendo cada mínimo respiro de som nas profundidades daquele mergulho sem volta à praia dos temerosos, que haveriam – na ilusão de controlar tudo – de permanecer em terra firme e em pânico remoto diante da imensidão daquele oceano escuro, entidade em que já não se via vias retas, mas tão somente um ente turvo e cheio de contracorrentes. E lá estava eu, em meio àquele aquário: ora em mergulho fundo, ora vindo à superfície para, remando contra as marés, tomar um golpe de ar para águas ainda mais profundas.

Fui mesclando então as figuras do sacerdote e do militante, em gestos ora benevolentes, ora revoltosos, munindo-me de paciência diante da ignorância advinda de pouca idade, ao mesmo tempo que de impaciência em face da ignorância apesar de toda a idade, alternando estados de compreensiva mestria com irreversíveis rupturas, nos recortes de minha tesoura afiada. Aproximações e distanciamentos recíprocos. Debatendo-me pelos poucos espaços que nos sobram, sediando nossas pesquisas nas universidades, celeiros do saber, apesar da vicissitudes de seus vícios...

E quando me revia no espelho, (me) recompunha. Fui pondo então ovos e mais ovos, como uma paciente tartaruga que não perde espaço, porque a complexidade de seus passos dilata e difrata todas as dimensões percebidas até abstrair-se do próprio Tempo, como que resgatando o velho gosto jovial pelo Novo. Cada obra como um filho, que aos poucos vai se tornando independente para alçar o voo icário em relação aos labirintos, agora, de meus próprios pensamentos. *P(a)role* na qual você, revendo, se vê de certo modo refletido, como quando das especulações que lhe deram origem, porque todo ideário é também um modo de ser, mas vertendo-se em obra torna-se imagem especular, e toda criação, repelindo o arbitrário, comporta os genes de sua origem, motivada como a lembrança de todas as árvores no avistar de um singular arbusto. Imagens invertidas de espelhos, voos com voltas, reviravoltas espiraladas, autoreferencialidades permanentes, persistentes. E, no rigor de todas as motivações, foi surgindo, assim, um meu estilo, imponderável da mesma forma como tem de ser ponderável toda ideia. Esta, bem que controlamos, mas não exercemos qualquer controle, a não ser um bem remoto, sobre os estilos que delas se perfilam, nos recortes que operamos sobre os tecidos sonoros da densa trama da composição, nosso grande papel de letras ínfimas, que quando jovens achávamos tão grandes...

Mas me encontro agora em meio a essa selva iluminada, nesse caminho árduo, vicioso e viciador. Nesse intrincado e instigante percurso, fui tomando consciência de que o público, no singular, não existia. Organizamo-nos indistintamente em tribos distintas, nessa aparente e factual contradição que habita todo criador, que – como asseverara Adorno – por mais isolado que esteja, vive do paradoxo de falar aos homens. Mas fala-se não ao Homem, e sim a seus interlocutores, àqueles poucos munidos de antena da mesma frequência, aptos a captarem, legitimamente – porque paixão não é crime –, todos os sinais e a desvendar quase todos os seus segredos. "*Parole*", cochichado como em *Visage* de Berio, aquelas mesmas barbaridades às quais nos aludíamos e a que tive privilégio para colocar-me em dúvida constante e constatar que não existe inequivocidade na representação de nenhum signo, que tudo é e deve ser impura especulação, que miramos nosso inverso na imagem especular. Nessas conjecturas, improváveis de serem assimiladas por todas as tribos, estabelecemos nossos códigos e nossos referenciais, nossos e de nossos companheiros de viagem, dos que entraram nas águas para se molhar, não de náufragos da areia.

E em meio a esse mar turbulento, quando havíamos nos acostumado tanto a remar contra as marés, percebemos então que nem todas são adversas. Num jogo tão pouco imprevisível como um lance de dados, aprende-se a nadar mesmo contra as correntes mais contrariantes, e, avistando ao longe com nossas lunetas, de quando em quando poupamos energia e as realimentamos em marés favoráveis, como quando do apogeu de nossos concertos, ritos de sacralização na primavera das ideias, experienciando nossas criações plurais em palcos os mais diversos de atuação, aqui e acolá, sempre acompanhados de exímios músicos – porque não se faz concessão nem à especulação, nem à sua prática –, re-circulando nossos incômodos vícios, estabelecendo pactos, e – por mais que nos acusem – mantendo-nos íntegros nesse percurso infausto, sem vender nossas almas à qualquer uniformização singular.

Fiéis aos nossos meios, já longe de nossos imaturos e apaixonantes princípios, os mínimos espaços – os que nos sobram – eram ocupados para propagar, sem quaisquer fins lucrativos, as nossas estratégias maximalistas. Mas nessa pluralidade assumida e defendida com unhas e dentes, exigimos a mesma ou semelhante bagagem para que desfrutem de nossas investidas. E para isso será necessário munir-se das ferramentas apropriadas, para enxergar ora de longe, ora de perto, pois do contrário tudo tornar-se-á inacessível e parecerá sem sentido algum, devaneios de um alucinado, borrões indecifráveis, ilegíveis salvo incomum esforço.

Apenas então quem tiver em mãos a lupa apropriada à sua leitura, apercebendo-se de cada poro em cada contorno de cada letra de nossas escrituras, é que estará apto a decifrar todas as nossas referências e a degustar o belo que almejamos.

E assim compreendemos, mesmo que com certo distanciamento, o sentido lúdico do maior de todos, WM, que não se contentava apenas com o *Würfelspiel*, procurando estrategicamente os irmãos em suas lojas, já que a grande Música não se vende, se propaga.

Pois sua natureza, em prolíxeas e errôneas razões, é sempre certo a incerteza adentra-se no templo, porção do atabelar e de confusas pardas, fontes de conceções, apenas se criando de sua recha.

Eu Componho.
Logo, Sou um Pequeno Deus:
Crio e Transformo

Jorge Antunes

Vivi momentos de tensão, sofrimento e angústia em outubro de 1979, no Rio de Janeiro, durante a III Bienal de Música Brasileira Contemporânea. Aquela terceira edição do evento tinha caráter especial: homenageava os quarenta anos do Grupo Música Viva.

A III Bienal ofereceu momentos importantes para a música brasileira, com estreias mundiais de algumas obras: *Invenções para Três Fagotes*, de Francisco Mignone; *Concertino para Violoncelo e Orquestra*, de José Siqueira; *Canticum Itineris*, de Ronaldo Miranda; *Pax*, de Nelson Macedo; *Prefixus Op. 27*, de Agnaldo Ribeiro; *Duas Peças*, de Roseane Yampolschi; *Bahianas*, de Alda Oliveira.

Uma obra minha, antes apresentada três vezes no exterior, era trazida ao público com a primeira audição no Brasil: *Tartinia MCMLXX para Violino e Orquestra*. A obra fora premiada na Itália, em 1970, com o Città di Trieste, onde foi estreada com o violinista Baldassare Simeone e a Orchestra del Teatro Verdi sob a regência de Maurizio Arena. No ano seguinte a obra foi selecionada para apresentação no Festival da Simc (Sociedade Internacional de Música Contemporânea) em Londres, Inglaterra. Ali ela foi interpretada pela Royal

Philharmonic Orchestra dirigida Frederick Praunitz, tendo como solista o violinista Eric Gruenberg. Em 1974 a obra foi apresentada em Paris, quando dirigi a Orchestre Philharmonique de l'ORTF, tendo Devih Erlih como solista.

Angústia 1

Minha ansiedade era grande em mostrar ao público brasileiro aquela minha obra que tanto sucesso havia alcançado na Europa. A bienal carioca de 1979 me oferecia a esperada oportunidade. No Rio de Janeiro, o solista era o violinista Stanislav Smilgin. À frente da Orquestra Sinfônica do Teatro Municipal estava Eleazar de Carvalho. A execução foi um desastre. Creio que Eleazar não havia estudado suficientemente a partitura. Smilgin estava muito bem, tendo passado comigo, separadamente, toda a obra. No concerto, o maestro Eleazar bateu cinco tempos, em lugar de seis, em alguns compassos seis por quatro. Tudo desmoronou. Os músicos da orquestra se desencontraram. O solista se perdeu. O aleatório aconteceu antes da hora. Eu, na plateia, furibundo, fui contido por Mariuga, quando fiz menção de subir ao palco para suspender a execução: verdadeira execução de minha obra. Senti-me enforcado e o palco da Sala Cecília Meireles era o cadafalso. Cada falso acorde era como uma corda se apertando em meu pescoço e minha angústia era indisfarçável.

O público nada percebeu. Ao final, todos no palco – regente, solista e músicos da orquestra – abriam sorrisos cínicos frente ao aplauso frenético do público. Mas eu fiquei revoltado, pois o público não ouvira minha obra: tinha ouvido outra coisa. Eleazar, no camarim, pediu-me desculpas. Disse que me compensaria programando-me para reger a Ospa (Orquestra Sinfônica de Porto Alegre) mais adiante, com um concerto monográfico de obras minhas. Essa promessa dele só veio a ser cumprida em 1982.

Não aceitei as desculpas. De volta a Brasília, procurei um advogado. À época o Congresso Nacional e vários juristas discutiam nova legislação referente a danos estéticos. Eu pretendia processar e pedir indenização a Eleazar pelos sérios danos estéticos que minha *Tartinia* havia sofrido. O advogado riu de mim. O dr. Ênio Bastos explicou-me que a nova lei trataria apenas de problemas decorrentes de danos físicos em cirurgias plásticas. De fato, o presidente José Sarney viria, anos depois, a vetar os artigos da lei que tratavam de danos morais e patrimoniais causados "a bens e direitos de valor artístico, estético, histórico, turístico e paisagístico".

Angústia II

O principal momento homenageando os quarenta anos do Grupo Música Viva estava programado para o dia 13 de outubro de 1979, no Auditório Guiomar Novaes da Sala Cecília Meireles: uma mesa redonda com compositores e público. À mesa, como debatedores, estavam Eunice Katunda, Edino Krieger, Claudio Santoro e Guerra Peixe. Eu, na plateia, acompanhado de vários outros jovens compositores de minha geração, aguardávamos com expectativa os depoimentos daquelas figuras proeminentes que tanto admirávamos. Minha geração estava na faixa dos trinta anos de idade. Eunice Katunda estava com 64 anos. Edino completara 51. Santoro passava a ser um sexagenário. Eu admirava em demasia aquela geração de compositores que, como verdadeiros combatentes, havia militado no Partido Comunista e que sonhava, e lutava, pela construção de uma nova sociedade mais justa, fraterna e igualitária. Eu, particularmente, me espelhava na vida de Claudio Santoro cujas ações e estética se ajustavam aos ditames do bloco anti-imperialista e democrático, em contraposição ao americanismo representando o bloco imperialista e antidemocrático.

Eu via Claudio Santoro como o homem audacioso e revolucionário que, no passado, havia se alinhado às diretrizes do Congresso de Praga. Ele foi influenciado pelo zhdanovismo e pelo clima político da década de 1940. Eu sabia que Santoro, em 1946, havia deixado de usufruir de uma bolsa da Guggenheim Foundation por terem os norte-americanos lhe negado o visto de entrada nos EUA. A alegação era o simples fato de ser ele filiado ao PCB.

Num universo de compositores brasileiros que tinham ojeriza por política, eu admirava aquele que havia composto o oratório *Ode a Stalingrado,* a *Chanson de la liberté* e a expressiva e engajada obra sinfônica *Impressões de uma Usina de Aço.*

A anunciada mesa redonda tornou-se desfile de depoimentos dos membros da mesa que viria a ser seguido de perguntas e comentários da plateia. O depoimento de Claudio Santoro foi dolorido para mim. Ele disse que renegava todo aquele passado de engajamento político e que se arrependia de ter defendido ideias de esquerda e de tê-las embutido em algumas obras. O passado que eu admirava e no qual eu me espelhava era condenado pelo próprio protagonista. Eu não deveria ter ficado tão surpreso com a metamorfose ideológica de Santoro pois, três meses antes, exatamente no dia 8 de junho de 1979, ele havia dirigido um concerto da Orquestra Sinfônica de Brasília com um programa composto exclusivamente de obras de Vivaldi, em homenagem ao general Golbery do Couto e Silva, chefe da Casa Civil do governo golpista da ditadura militar. O ministro Golbery era apaixonado por Vivaldi e Claudio Santoro queria sensibilizá-lo para conseguir apoio financeiro para a orquestra.

Engoli em seco e tive vontade de chorar quando ouvi aquela declaração surpreendente de Santoro. Ele era o último debatedor a falar e logo em seguida foi aberta a discussão com a plateia. Solicitei a palavra e desanquei sem papas na língua:

> Essa declaração do maestro Santoro fere profundamente a mim e a muitos de minha geração. Ele sempre foi um exemplo para nós que combatemos a ideia do compositor isolado numa torre de marfim e que defendemos a figura do compositor que deve estar engajado nas lutas sociais. Claudio Santoro se apresenta neste debate como uma prostituta arrependida!

Foi uma hecatombe. Não era para menos. Terminada minha intervenção eu dela já me arrependia, pois havia sido muito agressiva e inoportuna. O público congelou, boquiaberto. Do meio da plateia foram ouvidos gritos lancinantes de Gisele Santoro, a esposa do maestro, lançando-me impropérios. A sessão se interrompia com uma gritaria geral. Edino Krieger, que coordenava a mesa, deu por terminado o evento. Meu mundo carioca caía sobre minha cabeça pois minha polêmica intervenção ecoaria em todas as conversas do meio musical e da própria Bienal.

Terminada a Bienal, voltei a Brasília e semanas de angústia se sucederam. Não fui o único a viajar de volta ao Distrito Federal. Santoro, Gisele e a polêmica também viajaram para a capital, pois Claudio Santoro era meu colega, professor na Universidade de Brasília. Uma semana depois o chefe do departamento de música, professor Moisés Mandel, me chamou em seu gabinete dizendo que o reitor me convocava para uma conversa na reitoria. O reitor era o físico e capitão de mar-e-guerra José Carlos Azevedo. Soube que Claudio Santoro levara o caso ao reitor, reivindicando alguma reprimenda a mim. O reitor, homem forte apoiador do regime militar, entretanto, me admirava como compositor. Mais que isso, havia sido meu professor de física no CBPF (Centro Brasileiro de Pesquisas Físicas) em 1965. Depois de alguns dias de preocupação e angústia foi colocada uma pedra no assunto.

Música Engajada

Minha intervenção no debate da Sala Guiomar Novaes havia sido extremamente sincera e espontânea. Ela foi fruto de um grave momento de comoção que eu sofri, ao ouvir as confissões de arrependimento de meu ídolo. Passei a sentir-me só, como um compositor subversivo, esquerdista e extemporâneo, espécie de ovelha negra da plêiade de criadores musicais brasileiros. Com a capitulação de Santoro eu passava a ser o único a fazer música engajada, sujando as mãos musais e divinais com política.

Enfim, ainda hoje me vejo naquele isolamento, como um dos poucos compositores brasileiros – talvez o único – que se envolvem com ativismo político. Em 2009, a Funarte contemplou alguns pesquisadores e musicólogos com prêmios para monografias que abordassem questões musicais brasileiras. Carlos Eduardo Amaral foi um dos premiados, com um trabalho intitulado *Ativismo Sinfônico: O Protesto Político nas Obras Orquestrais de Jorge Antunes*. Nesse importante trabalho, o autor revela que foram poucos os compositores que, na música clássica, militaram politicamente. Seu estudo mostra que, tal como a maior parte da intelectualidade brasileira do século xx, os compositores do país são ou foram de esquerda, mas que talvez eu seja o único a adotar ostensivamente a ideologia política na própria música.

Na monografia, Carlos Eduardo Amaral aponta pequena relação de compositores engajados politicamente:

> Quanto aos compositores, contabilizei somente Luigi Nono, Hanns Eisler, Cornelius Cardew, Alois Zimmermann e, no Brasil, Jorge Antunes e Willy Corrêa de Oliveira. […] Claro que há mais compositores engajados, mas não os conheço […] e nem sei se estes teriam uma trajetória de engajamento via música tão longa quanto Antunes, Nono, Zimmermann e Eisler […]. Gilberto Mendes, por exemplo, chegou a compor uma peça para coral chamada *Mamãe Eu Quero Votar*, na época da campanha Diretas Já!, mas não foi além daí, segundo me consta[1].

Willy: Um Companheiro de Luta?

Em 1980 ouvi dizer que o paulista Willy Corrêa de Oliveira havia feito uma reviravolta em sua vida de compositor. Segundo as notícias que me chegavam, havia ele abandonado a música erudita para compor unicamente canções tonais circunstanciais e revolucionárias, para animar movimentos populares: "Tive uma fase seguinte bastante engajada, quando eu parei com toda atividade pequeno-burguesa para, mesmo como pequeno-burguês, me colocar a serviço de uma causa. Então comecei a fazer música que era usada no dia-a-dia: em passeatas, greves etc"[2].

---

1 *Ativismo Sinfônico: O Protesto Político nas Obras Orquestrais de Jorge Antunes,* Recife: Funarte, edição reprográfica, 2009.

2 Apud Humberto Pereira da Silva, A Elite da Elite da Elite, *Revista Trópico*, 2007. Disponível em: <http://pphp.uol.com.br/tropico/html/textos12823,1.shl>. Acesso em: 26 jan. 2012.

Voltei então a não mais me sentir tão sozinho. Naquele momento eu viajava para Israel, onde comporia *Elegia Violeta para Monsenhor Romero* para estreia no Festival da SIMC, em Tel Aviv e Beersheva. A *Elegia* é uma obra engajada politicamente, de forte apelo emocional, para coro infantil e orquestra. A obra é uma homenagem a monsenhor Oscar Arnulfo Romero, fuzilado pela extrema direita, naquele mesmo ano de 1980, em pleno púlpito de uma igreja de El Salvador. Em alguns momentos o coro infantil canta e fala, em jogral, palavras de ordem próprias a uma passeata. Mas na obra não faço concessões à simplicidade. A obra é complexa, erudita, sem uso de citações populares ou popularescas.

Mas em junho de 1984 o jornal *Folha de S.Paulo* publicou um artigo de Willy em que ele esclarecia, de modo cristalino, sua posição. Ele realmente abandonava a erudição, baixando o nível de complexidade de sua criação, fazendo concessões ao popularesco e ao vulgar. O inglês Cornelius Cardew já havia feito o mesmo. Em 1977, Cardew abandonou o convívio das "plateias elitistas", como ele chamava, e abraçou o ativismo político. O tipo de música que começou a fazer passou a ser o panfletário nada artístico, chegando mesmo a, ao invés de compor músicas, adaptar textos panfletários a melodias conhecidas, em forma de paráfrases e paródias, sem a menor preocupação artística. Willy passou a repetir Cardew dez anos depois.

Na medida em que a profissão de músico e a atividade de compositor devem ser consideradas trincheiras bastante dignas, considero aquele posicionamento uma verdadeira deserção que leva ao imobilismo e à mediocridade. Considerei e considero que esse tipo de comportamento presta um verdadeiro desserviço à música e às próprias causas sociais. As novas gerações de compositores estão de olho nas gerações anteriores, assim como eu estive atento aos passos de Claudio Santoro. A capitulação estética e ideológica de um compositor de notoriedade haverá de provocar o desnorteio e o imobilismo das novas gerações.

A mediocrização da música pode levar novas gerações, ávidas de gurus e novos modelos, a serem enganadas e desviadas do bom rumo. Esperemos que todo aquele que estiver em crise fique trancado em seu quarto inventando letras novas para o *Atirei o Pau no Gato*, para o *O Tannembaum*, para o *Mamãe Eu Quero Mamar*, e que não passe adiante as novas "obras". A falta de originalidade e a exaltação da mediocridade serão sempre atitudes deseducadoras.

O abandono do exercício da livre invenção musical descamba, inevitavelmente, para a mediocridade. O caminho do banal estará sempre sendo trilhado por aquele que trocar a atividade de compositor por aquela outra, menor, de simples letrista de melodias simples e famosas, adaptando textos panfletários a paráfrases e paródias, sem a menor preocupação artística.

Pelo Engajamento Político

O ofício do compositor é sagrado, porque a vida imita a arte. A composição musical é um santo ofício. O compositor não é um cidadão comum. Ele é, em geral, um intelectual privilegiado cuja voz, que sai de sua obra e de sua boca, alcança ouvidos vários, numerosos e longínquos. É bem verdade que a Internet, hoje, dá voz a todos. Mas a voz do compositor reverbera de modo especial. Suas opiniões sempre encontram espaços em jornais, entrevistas, artigos, blogs, sites, palcos, palanques, livros e microfones.

Assim, defendo o engajamento político do compositor. Quando domina os recursos da retórica musical, ele pode formar ou mudar mentalidades porque sabe injetar em sua obra o poder do convencimento, da eloquência, da sedução, da persuasão.

Também não quero dizer que o compositor deva adotar única e exclusivamente essa vertente, tornando-se um político que faz música. Ele deve dar livre vazão à sua capacidade e necessidade criativas, fazendo até mesmo arte pela arte, mas não pode ficar alheio às realidades cruéis que o cercam. O mundo da injustiça deve comovê-lo, feri-lo, influenciá-lo, provocando sua reação musical. Nesses momentos, então, ele sairá da torre de marfim, cumprindo plenamente com sua função social.

Isso não tem nada a ver com eventuais neostalinismos ou neojdanovismos. Em 1948, poucos meses antes de morrer, Jdanov, o grotesco auxiliar de Stálin, fez o discurso que sensibilizou a vanguarda brasileira, mergulhando-a nas fontes folclóricas e politizando-a ao extremo. Foi naquela vanguarda politizada e ativista que minha juventude se espelhou veneradamente. Essa veneração foi o motivo de minha grande revolta, naquele famoso debate da Sala Guiomar Novaes em 1979. Cooptado, o meu até então ídolo renegou todo o passado de luta, passado que eu tinha como modelo num pedestal. Jdanov exaltava o novo, defendia o melodismo, o epigonismo e condenava o ruído e o naturalismo justamente quando Schaeffer partia para o uso sistemático do ruído, revivendo involuntariamente Luigi Russolo. Andrei Jdanov, em seu sexto mandamento, condenava o uso impróprio do instrumento musical, talvez já tendo notícias do piano preparado de John Cage.

Entendo que, hoje, todos os sete mandamentos de Jdanov devem ser desobedecidos, exatamente para que se alcance o grande objetivo já ali defendido: o ouvido político tão sensível quanto o ouvido musical, para que a aproximação com a massa popular seja permanente. Não apenas o canto tonal atinge a emoção humana da massa. O povo hoje se identifica e se emociona com o som eletrônico, a cuíca, o rufo, o sussurro, o estalo, o murmúrio, a buzina de automóvel e a caçarola.

Mas o engajamento político, para o bom direcionamento da massa, com sua conscientização, não pode se calcar no caso Wagner, onde o político nunca esteve no musical e a ideologia sempre descambou para o escorregadio. O Wagner que se entrincheirou nas ruas de Dresde ao lado de Bakunin, e que desfrutou da amizade de Luís II da Baviera, se assemelha ao caso do compositor brasileiro que desfrutou da amizade do general Golbery e se entrincheirou ao lado de Darcy Ribeiro. O engajamento político, hoje, também não pode seguir os ditames do Centro Popular de Cultura (CPC) da UNE, onde o panfletário não continha inovação artística, e também não pode adotar a aura metafórica do tropicalismo, com o ardil de tentar driblar a censura, porque os recados truncados não chegam a passar, por mais que se fique de olho na fresta. Autoproclamados tropicalistas e autores de música de protesto muitas vezes despejaram nas massas obras tão cheias de metáforas, elipses e hermetismos, que os produtos tornavam-se hinos passíveis de uso tanto pela esquerda quanto pela direita.

O compositor brasileiro, um pequeno burguês privilegiado e esclarecido, há de ser o libertário que sonha com a extinção do Estado opressor, com a morte da autoridade e da lei, com o fim do militarismo truculento e desagregador, com a substituição da democracia representativa pela democracia participatória e que, portanto, tenha condição de, sem abandonar seu *status* social, proletarizar sua consciência e sua ação. Mas não há de ser, ele, um sonhador, um idealista utopista. Deverá ser ele um pragmático com uma estratégia de vida útil, consciente de que, antes de se extinguir o Estado, é necessário passar-se pelo estágio de um Estado socialista, sem ditaduras, nem mesmo do proletariado.

O Pós-modernismo e a Música Erudita Brasileira

Pós-moderno é expressão que está na moda, usada como uma espécie de guarda-chuva cobrindo um conjunto de atitudes, ações, obras de arte e conceitos contemporâneos, cujas análises aprofundadas permitem o surgimento de uma profusão de novas terminologias para estilos, estéticas, pensamentos e ideologias. Há mais de trinta anos vários teóricos, das mais diversas áreas, vêm tentando explicar a possível nova era histórica que teria surgido após o chamado modernismo.

A expressão pós-modernidade começou a ser usada e divulgada a partir de 1979, quando a editora francesa Minuit lançou o livro *La Condition postmoderne,* de Jean-François Lyotard. O próprio Lyotard afirmava que a expressão já vinha sendo usada nos Estados Unidos, desde 1971, por sociólogos e críticos literários. Aqueles que começaram a usar a expressão, faziam-no com a intenção de se referir ao novo período histórico após a era industrial. A expressão pós-moderno chegou a ser usada como sinônimo de pós-industrial.

São identificadas, entretanto, três acepções diferentes para a expressão. Lyotard dava ao termo o sentido de apogeu da modernidade, salientando que o pós-modernismo fazia parte do modernismo: "o pós-modernismo, assim entendido, não é o modernismo se extinguindo, mas em estado de nascimento"[3].

Uma segunda acepção, que é a mais comum, se refere a uma espécie de retorno ao tradicional, em sua etapa pré-modernista. Esse significado, portanto, passa a rejeitar o modernismo, condenando-o. Artistas tradicionalistas e conservadores têm usado esse conceito para qualificar a adesão de ex-vanguardistas como sendo uma espécie de capitulação.

Um terceiro significado é aquele defendido pelo filósofo francês Luc Ferry, aderindo às proposições de Habermas. O pós-modernismo seria a ultrapassagem, a superação, do modernismo: uma espécie de "impulso em direção à autossuperação da razão"[4].

A partir do final do século XIX e durante todo o século XX, a modernidade, para se sustentar como tal, passou a exigir uma permanente atitude de busca de rupturas, de novidades, de inovações. Ideias de uma pós-modernidade passam a apontar, a partir de um determinado momento, para uma espécie de esgotamento das novidades e, assim, para o fim das transgressões e das vanguardas.

Fim da História: Uma Pregação Enganosa

A difusão mundial das propostas neoliberais, acontecida nos anos oitenta do século XX, deu lugar a uma ofensiva brutal da ideologia burguesa-imperialista. Foi quando o norte-americano Francis Fukuyama, em artigo de 1989, anunciou o "fim da história". Com artifícios filosófico-históricos, Fukuyama, em seu livro *O Fim da História e o Último Homem*, publicado em 1992, tenta elaborar uma linha de abordagem que vai de Platão a Nietzsche, passando por Kant e Hegel, para revigorar a tese de que o capitalismo e a democracia burguesa constituem o coroamento da história da humanidade. Essa falácia, baseada na hipotética derrocada do socialismo, passa a inspirar e

---

3 *Le Postmodernisme expliqué aux enfants*, Paris: Galilée, 1988, p. 23-24.
4 *Homo aestheticus*, Paris: Almedina, 1990, p. 317-318.

fortalecer reacionários, tradicionalistas e conservadores. Estes começam a anunciar o fim da inovação, dos arrojos estéticos, do escândalo artístico, da invenção, das revoluções. Enfim, a direita se aproveita para, botando as manguinhas de fora, alardear o fim das vanguardas.

O italiano Gianni Vattimo repercute a mentira que, repetida mil vezes, corre o risco de ser considerada verdade: "a maneira geralmente mais difundida de caracterizar a pós-modernidade consiste em considerá-la como o fim da história"[5].

Assim, pretendia-se ver decretada a moda da volta ao passado, o gosto pelo ecletismo e a busca de uma comunicabilidade. A busca da comunicabilidade compreende o desejo de compreensão imediata, o que pode se constituir em aventura muito arriscada. Ela leva o compositor às fronteiras da mediocridade, da renúncia à complexidade, ao simples retorno à tradição.

O Que é Vanguarda?

Na arte, assim como na política, vivemos, nos últimos tempos, um processo de reavaliação da vanguarda. Hoje são colocados em questão os processos de inovação e ruptura que nos anos de 1960 e 1970 surgiram propondo novos paradigmas para a sociedade. Em 1981, a Bienal de Veneza usou como lema, para sua programação musical, a seguinte barbaridade: "Depois da vanguarda". Os organizadores do evento e seus financiadores, evidentemente, pretendiam decretar a morte das vanguardas. Isso demonstra que não é somente brasileira a ignorância com relação ao significado da palavra "vanguarda". Segundo Antonio Riserio: "A utilização do sintagma vanguarda, no mundo artístico e cultural, é derivada. [...] Dicionariamente, o primeiro sentido do vocábulo vanguarda remete diretamente à esfera da organização militar. Vanguarda é a linha de frente, a dianteira do exército ou de um determinado regimento."[6]

---

5 *Éthique de l'interprétation,* Paris: La Découverte, 1991, p. 13.
6 *Avant-garde na Bahia,* São Paulo: Instituto Lino Bo e P. M. Bardi, 1995.

Se Riserio nos dá indícios acerca do significado da palavra "vanguarda", Gustavo Bernardo é mais esclarecedor ainda: "Vanguarda supõe iniciativa e coragem, porque a morte é bem próxima. Retaguarda pressupõe proteção e medo, pela mesma razão"[7].

Enfim, vanguarda se refere à ação ou à atitude que está à frente, de peito aberto, enfrentando o inimigo que, em artes, é personificado pelo conservadorismo. Vanguarda é a ação de coragem e de risco, para a qual o artista pode, sempre, se quiser, se apresentar como voluntário.

Ao abordar as origens do conceito de vanguarda, em seu aspecto referente à organização militar, creio ser interessante relembrar dois ensinamentos encontrados em *A Arte da Guerra*, de Sun Tzu. O primeiro diz: "Seja sábio para perceber que para obter a vitória, seus planos devem modificar-se de acordo com as situações do inimigo". Nas lides da criação musical, muitas vezes o vanguardista terá que revisitar o passado, buscando o renascimento de alguma maravilhosa retaguarda esquecida.

Outro ensinamento de Sun Tzu diz que "aquele que conhece o inimigo e a si mesmo, lutará cem batalhas sem perigo de derrota". O artista que tem sólida formação tradicional, dominando técnicas, tecnologias, ideologias, linguagens e estéticas do passado, conhece com profundidade os gostos e os sonhos dos conservadores. Aquele mesmo artista, com formação e experiência avançadas, conhecendo-se a si mesmo, também lutará –tal como o guerreiro de Tzu – cem batalhas de vanguardista, sem perigo de derrota.

Vanguarda Hoje

No final de 2006 apresentei nos CCBBS de Brasília e do Rio de Janeiro uma série de concertos em que fiz a fusão de música eletroacústica com bumba-meu-boi e outras manifestações de raiz. Um compositor,

---

7 Pós-problema, *Revista Inteligência*, São Paulo, mar. 1992.

meu colega e amigo, enviou-me e-mail dizendo que admirava a minha audácia. Ele disse, em sua mensagem, que já havia pensado em projeto do mesmo tipo, mas que nunca teve coragem de realizá-lo. Eis o que entendo ser vanguardista: fazer a arte que outros artistas gostariam de fazer, mas que não a fazem por não terem coragem.

Acho que, para um balanço do atual movimento musical brasileiro na área da composição musical, seria muito oportuno uma análise, mesmo que superficial, da pertinência do uso da expressão pós-modernismo.

Uma boa quantidade de compositores brasileiros da atualidade tem sido considerada como praticante de uma estética pós-moderna. O ecletismo é uma das características que levam a essa classificação. Aliás, grande percentagem desses compositores se autoproclama eclética e interessada no uso de centros tonais.

Os caminhos trilhados por cada compositor determinam nuances que, contemporaneamente, nem todos percebem. É difícil observar o fenômeno quando se está dentro dele. Por essa razão são sempre os musicólogos do futuro que têm visão abrangente e detalhista para entender e identificar diferenças, linguagens e estéticas.

No Brasil verificamos que muitos compositores vêm utilizando elementos comuns de linguagem, tais como os centros tonais, as citações, a mistura de estilos e as técnicas sintáticas e formais da tradição, mas cada um a seu modo, com linguagens diferentes. Ao ouvido leigo ou desavisado, toda a produção musical desses compositores parece caber em um mesmo nicho estilístico: todos são ecléticos; todos são pós-modernos.

Mas é preciso, urgentemente, arrumar a casa tentando aglutinar cada grupo em seu devido nicho. Essa arrumação seria importante contribuição em favor da educação auditiva e musical do público e em favor do futuro de nossa música. Na música brasileira existem antigos neoclássicos que sempre viram com maus olhos os experimentalistas e os chamados vanguardistas. Transgressão, para eles, é coisa de subversivo. Inovação, para eles, não passa de "vontade de aparecer".

Com a onda de pós-modernidade, em que a tradição, revisitada, se faz presente, muitos desses eternos e inveterados neoclássicos passam a se dizer pós-modernos. Essa atitude nada mais revela do que a vontade de se travestir de atualidade e contemporaneidade. A tese defendida passa a ser: "O velho é, agora, o novo".

O oportunismo velhaco chega mesmo ao cúmulo da zombaria e do escárnio. Alguns dos conservadores neoclássicos, travestidos de pós-modernos, chegam a pensar e afirmar coisas do tipo: "Eu estive sempre certo em ser tonal ou quase-tonal! Os experimentalistas e vanguardistas estavam errados e, com essas suas surpreendentes incursões neotonais, demonstram estar arrependidos daquelas inúteis experimentações."

Outra questão que deve ser observada nesse fenômeno do neotonal, é aquela do oportunismo e da hipocrisia que envolve a relação compositor-intérprete. Solistas, conjuntos e orquestras, que nunca se interessaram em tocar música contemporânea, passam a incluir em seus repertórios e concertos as obras pretensamente pós-modernas de compositores contemporâneos neoclássicos, de compositores jovens neotonais e de compositores ex-modernos. A atitude desses solistas, grupos e orquestras deixa subentendido um recado do tipo: "Está vendo? Agora que esse compositor se arrependeu de fazer aquelas loucuras; agora que ele, enfim, começa a fazer música de verdade, passamos a incluí-lo em nosso repertório!" Esse raciocínio velado e essa realidade percebida pelos compositores, tem levado estes à mediocrização, porque a desejada comunicação não pode acontecer se a obra não for tocada.

Outro fenômeno que, a meu ver, vem contribuindo para com a mediocrização da música contemporânea em geral, mais no exterior que no Brasil, é a religiosidade. Uma espécie de música pobre se instaura, com um discurso sonoro muito lento, com tendência ao misticismo e que ganha a adesão de novos compositores fundamentalistas que buscam e pregam a paz de espírito através da frouxidão do pensamento, da renúncia à resistência e do conformismo celestial.

Enfim, em razão desses acidentes de percurso histórico-estéticos, a música atual em geral, e a brasileira em particular, não tem escapado de práticas nocivas que incluem: o *kitsch*, os elementos heterogêneos gratuitos, as colchas de retalhos, as disparidades e as colagens inconsequentes.

Vanguarda e Incomunicabilidade

O artista de vanguarda brasileiro, quando ele existe, não é uma pessoa que, como alguns dizem, está à frente do nosso tempo. A verdade é que a grande maioria do público está atrás de nosso tempo. O neoliberalismo, o colonialismo e o imperialismo de que somos vítimas, massacraram e massacram a abertura das mentes em nosso país. No Brasil, o bruxo Golbery do Couto e Silva, artífice das ditaduras militares, implementou uma lavagem cerebral e uma anestesia que emburreceram as novas gerações. Esse emburrecimento alimentou a educação de má qualidade e a estupidificação promovida pela indústria cultural. Alguns poucos artistas brasileiros escaparam desse processo e avançaram em ritmo acelerado. Lamento que a maioria do público de arte, no Brasil, tenha ficado para trás.

Para aqueles que, como eu, estão interessados em fazer música em busca da comunicabilidade, sem hermetismos, sem cabotinismos, sem concessões, sem simplismos, será um bom exercício estudar os mecanismos que levaram a música de concerto a se afastar do público, tornando-a exclusiva de pequenos grupos de esnobes especialistas.

O progressivo distanciamento entre o público e a música de concerto começou a acontecer em 1925, quando Arnold Schoenberg escreveu a *Suíte para Piano Op. 25*. Foi nessa obra que a técnica dodecafônica foi aplicada inteiramente, pela primeira vez. A nova linguagem viria trazer, para o progresso musical do Ocidente, uma grande contribuição para a abertura de novas vertentes estético--musicais. Essa abertura se intensificaria com os desdobramentos praticados por Anton Webern.

Mas a técnica dodecafônica e o pensamento serial continham um perigoso vírus destruidor da comunicação, porque desafiava as leis naturais. No método estava proibido o uso de oitavas simultâneas e, além disso, o intervalo harmônico de quinta justa era considerado indesejável.

Afirmo que Schoenberg desafiou as leis da natureza. Sabemos que os intervalos de oitava justa e de quinta justa, os dois primeiros da série harmônica, são elementos que estão na interseção destes dois complexos sistemas: a cultura e a natureza. O ser humano também habita essa interseção, pois que ele é ao mesmo tempo natureza e cultura. Logo, o processo da comunicação musical sempre ficará prejudicado se forem banidos da música os fenômenos acústicos justos e perfeitos.

Imaginemos a seguinte situação. A guerra atômica total aconteceu. A espécie humana se extinguiu. Mas o vento continua a existir e a pedra também. Uma forte rajada de vento incide sobre o canto vivo, em bisel, de uma pedra. O que acontece? Acontece a série harmônica: o fundamental, a oitava justa, a quinta justa, a quarta justa, a terça maior etc. O homem, o ser vivo da espécie extinta, não está lá para ouvir a série harmônica. Mas ela está lá.

O preconceito schoenberguiano com relação àqueles dois misteriosos e fascinantes intervalos harmônicos fez com que a técnica dodecafônica ortodoxa permitisse o nascimento de algumas importantes obras-primas distanciadas do prazer estético humanizado. A música com a ausência daqueles intervalos harmônicos é totalmente frágil no que diz respeito ao vigor dos *tutti* orquestrais. Aquela música tem, em sua totalidade, o aspecto de massa musical diáfana, distante, que não toca ou não desperta emoções ligadas à identificação do homem ouvinte.

Quando em 1950 Olivier Messiaen foi ministrar cursos em Darmstadt, lá estavam, como alunos, alguns talentos na faixa etária entre 22 e 26 anos: Boulez, Nono, Stockhausen e outros. Inspirados nas ideias de Messiaen, a nova geração desenvolveu o chamado serialismo integral. Estava, assim, decretada a efetiva, completa e definitiva incomunicabilidade com o público.

Foram minhas convicções políticas e ecológicas – e não o modismo –, que me levaram ao ecletismo e à utilização de centros tonais. O uso que passei a fazer de centros tonais, tem a ver com a minha busca das leis naturais. Estas, em música, as identifiquei na série harmônica, na oitava justa, na quinta justa e no fenômeno natural dos modos normais de vibração encontrados na natureza. Assim, não cheguei ao ecletismo e ao neotonalismo através daqueles caminhos apontados nas análises e teorias de Lyotard, Habermas, Vattimo, Eco e Ferry. Minha trajetória moderna e vanguardista se apoiou na ecologia e na série harmônica, fenômeno natural desconsiderado pelos dodecafonistas e serialistas e que, por sintetizar os mistérios harmônicos do homem e da natureza em geral, certamente facilitam a efetividade da comunicação musical.

O meu ecletismo, por outro lado, é apenas consequência de uma revisão e conscientização de minha completude. O experimentalista radical dos anos de 1970 era o mesmo indivíduo melodista, eletrônico e sideral dos anos de 1960, que é a mesma pessoa ecologista e revolucionária de sempre.

O Compositor Deve Ser um Agitador

O uso sistemático da quinta justa, da oitava justa e dos acordes perfeitos nada mais é do que a obediência às únicas leis que devem ser obedecidas: as leis naturais, as leis da série harmônica, as leis de Fourier.

A comunidade de compositores brasileiros é muito pequena. Para que ela avance e colabore no avanço geral, é necessário o surgimento dos agitadores defendidos por Oscar Wilde. Os militares direitistas da ditadura dos anos de chumbo tinham razão quando denunciavam a ação de agitadores: somos uns intrometidos que nos infiltramos, para semear o descontentamento. Os agitadores são necessários. Sem eles a civilização não avançaria. O movimento abolicionista no Brasil nasceu entre agitadores poetas e dramaturgos, e não na senzala.

Assim, é preciso que, na comunidade estagnada e amorfa da música brasileira, hoje, surjam agitadores nas academias, nas universidades, nas orquestras, nas escolas de música, preconizando a desobediência às leis ditadas por nossos avós e bisavós e pregando o culto aos intervalos justos, maiores, menores, aos acordes perfeitos, ao som novo, à sintaxe nova e aos centros tonais calcados na série harmônica e nas leis naturais. Essas leis exercem sobre a massa uma autoridade que nunca é questionada. Em todas as apresentações públicas de minha *Elegia Violeta para Monsenhor Romero* o público diversificado, o burguês e o proletário, curva-se, emociona-se e aplaude de pé. Esse fenômeno aconteceu com o público especializado da Sala Cecília Meireles, no Rio de Janeiro, e com o público de operários do Sesi, em Brasília.

Agitador é Pouco: Sejamos Subversivos!

Defendo veementemente o uso dos centros tonais, porque eles são ferramentas que permitem a comunicação efetiva da obra musical. Eles serão os elementos básicos da nova linguagem musical do compositor de tendências libertárias e ecológicas. Mas a nova sintaxe dos novos sons aliados a esses centros tonais não pode ser confundida com um eventual neotonalismo. As únicas leis que devem ser obedecidas são as leis naturais, desvendadas pela série harmônica. A teoria cromofônica demonstra que os mistérios da harmonia universal estão nos campos unificados e equilibrados das cores complementares e em seus correspondentes sonoros: a oitava justa e a quinta justa.

Esses intervalos e essa harmonia estão na natureza e, portanto, no homem. Passemos a voz humana no analisador de harmônicos e lá encontraremos essa harmonia. Analisemos eletronicamente a batida do coração humano, o ruído da corrente sanguínea e as ondas cerebrais e constataremos o mesmo mistério discreto, quantificado, harmônico e revelador.

Àqueles que quiserem se iniciar, não aconselhamos ouvir ou ler Cage, Webern, Stockhausen, Willy, Nono, Zobl ou Schnebel. Aconselhamos, sim, ler Pitágoras, Helmoltz, Rudolf Koenig, Errico Malatesta, Kropotkin, Bakunin e Proudhon. Clamemos um viva enérgico à desobediência total às leis não naturais! Abaixo as leis de Fux e as de Vincent d'Indy! Abaixo as leis de Paulo Silva! Abaixo as leis de Hindemith! Abaixo as leis de Schoenberg e as de Boulez! Abaixo a lei da oferta e da procura! Viva a Série de Fourier!

Em contraposição, lamentamos a adesão desvirtuada que adota a sintaxe clássica dos elementos da série harmônica, de modo realmente neotonal, dando lugar a novos Mozarts, novos Bachs e novos Beethovens, epígonos do saudosismo e da picaretagem.

Platão já pressentira a verdade: a música é subversão. Ela, para ser útil, para servir à humanidade, não ameaçará esta ou aquela ordem política, mas ameaçará o âmago do processo político, subvertendo consciências, conscientizando. Não há que sonhar em pegar em armas, porque o compositor hoje há de ser o pacifista que transforma, pacientemente, mentalidades. Ele há de fazer política, até mesmo partidária, em sua música e em sua vida privada de cidadão.

O Compositor e a Produção Independente

As relações decisivas da comunicação musical não se desenvolvem apenas no plano artístico, mas também no plano econômico. Sou enérgico e intransigente defensor da dignidade da profissão de músico e, em particular, da profissão de compositor.

Na profusão de manifestos futuristas lançados entre 1909 e 1921 existe um que é pouco conhecido. Ele intitula-se *Pesos, Medidas e Preços do Gênio Artístico*. Foi divulgado em 11 de março de 1913. Seus autores: Bruno Corradini e Emilio Settimelli.

Corradini e Settimelli, inspirados na ideologia e na estética de Marinetti, Russolo e Carrà, lançaram as bases para a mercantilização da obra de arte:

1. A arte é uma secreção cerebral exatamente mensurável;
2. A obra de arte não é mais que um acumulador de energia cerebral, pois fazer uma sinfonia é tomar um certo número de sons e colá-los conjuntamente, untando-os de força intelectual;
3. É necessário pesar o pensamento e vendê-lo como uma mercadoria qualquer.

Deixando de lado o grotesco da visão futurista, percebemos que no manifesto, que avaliava o valor do gênio artístico, já estava embutida a preocupação com a profissionalização desta ocupação especializada: a de artista criador. Como o artista viverá? Como ser remunerado por sua produção de modo a garantir sua subsistência?

Não tenho notícias da existência de uma sociedade cujas transformações dos modos de produção e de troca tenham atingido o processo da produção e da distribuição do produto artístico, de modo a dar, ao artista criador, as condições necessárias ao livre exercício da criação artística.

O sistema capitalista, então, é implacável. Os meios de produção são, cada vez mais, afastados do artista, ficando com o capitalista a propriedade real daqueles meios de produção que a cada momento se veem mais sofisticados com a introdução de novas máquinas-ferramentas. O circuito da comunicação artística, dessa forma, nunca pode ser representado pela reta que uniria transmissor a receptor, que uniria o artista criador ao público. Reta essa que, tenho a certeza, quando concretizada, permite o surgimento do *feedback* e do diálogo. Mas a desejada reta não é realidade costumeira, dando sempre lugar ao antigo esquema triangular. O terceiro vértice do triângulo da comunicação é ocupado pelo voraz produtor. Dou o nome de produtor à máscara que vestem os habituais intermediários com quem, em primeiro lugar, o artista dialoga, e de quem, via de regra, o artista é vítima de ingerências, pressões, coações e sugestões que determinam modificações no projeto artístico original: diretores de teatro, regentes de orquestra, diretores e produtores de gravadoras, secretários de cultura, empresas e fundações estatais, seus diretores e assessores, editores, empresários, mecenas e outros detentores do poder.

Não existe qualquer diferença, em essência, entre o empresário e o mecenas. Ambos utilizam o poder para obter lucros, ambos têm objetivos completamente diferentes daqueles próprios ao artista. O empresário, que em geral, tal como o crítico, é um artista frustrado, pratica o ofício de intermediário-produtor, tendo por objetivo o lucro financeiro. O mecenas também sempre foi o intermediário-produtor que visou seus lucros próprios. Só que, aqui, o lucro ora é financeiro, com descontos no seu imposto de renda, ora assume a forma de vantagens outras: a imposição de um prestígio frente a concorrentes, a divulgação da marca de seu produto ou a obtenção de favores especiais de outras elites detentoras do poder.

Ideal seria que cada criador dispusesse de seu pequeno-poder, de modo a não ser necessário ficar à mercê dos que manipulam ele e o público: mediadores, produtores, patrocinadores, programadores, atravessadores etc.

São inúmeros os exemplos de músicos que hoje já dispõem de sua própria máquina, constituída de sua própria editora, sua própria etiqueta de gravação, seu próprio estúdio, seus agenciadores. Todos esses casos se caracterizam por uma história de rebelião do explorado contra o explorador. No início da carreira o músico é farejado pela empresa ou pelo empresário espoliador. O faro aguçado pressente cheiro de dinheiro. Cláusulas leoninas são incluídas no contrato. O decorrer da história inclui sempre a rebelião, o litígio e a autogestão.

É necessário que cada artista profissional seja o proprietário de seus meios de produção, para que se efetive sua independência estética e ideológica. Para isso é preciso que o músico assuma seu papel de artesão, pois sabemos que o processo do autêntico trabalho musical é fundamentalmente artesanal, manufatureiro. Essa fórmula não deve, porém, ser vista como a preconização de uma elite de artistas transformados em pequenos capitalistas que inverteriam as polaridades do binômio explorador-explorado. É evidente que todos devem vender sua força de trabalho, mas de modo livre, independente, de maneira digna, não aviltante. Nesse tipo de produção independente, o gerador, o criador, o autor da obra artística passa a ser patrão. Mas é um patrão que simplesmente dirige o processo da comunicação e da distribuição do seu produto artístico, sem explorar e sem ser explorado.

Não é difícil a transformação acima descrita se o músico consegue se desvencilhar de seu habitual e corrosivo individualismo. A união em pequenos mutirões e cooperativas desponta como a saída alternativa na luta contra as contradições do sistema capitalista de produção.

Um velho dilema de há muito vem desnorteando jovens compositores: é preciso ser consagrado para ser editado, ou é preciso ser editado para ser consagrado? A problemática foi equacionada dessa forma no famoso diálogo entre Bernard Gavoty e Arthur Honegger. Ali, em 1950, ser editado era a única maneira que se dispunha para que a obra fosse tocada, distribuída, lida. O outro meio de reprodução do original, a fotocópia, era caríssimo. Hoje a realidade é outra, com processos reprográficos a baixo custo e as tecnologias da informática. Se Gutenberg arruinou de vez a profissão de escriba, de copista e de calígrafo, cinco séculos e meio depois a reprografia Xerox e Sharp arruinou a profissão de gravador e de editor de música. Agora, a Internet desafia todos os profissionais da cadeia produtiva da música. Com a pirataria, com o *copyleft*, com as novas tecnologias, as multinacionais exploradoras do artista-trabalhador perdem espaço frente à rebelião de artistas independentes.

Arte na Rua: Intervenção Urbana e Agitação Musical

É hora de não mais se temer a patrulha estético-ideológica que condena a arte panfletária. Faz-se necessário dar início ao desenvolvimento de uma arte de compor panfletos-artísticos. Nessa arte a crítica pungente e a mensagem política devem ser usadas com uma linguagem direta, com a consciência de que a música pura, o acorde perfeito maior isolado ou o agregado de sons de um naipe de cordas realmente nunca farão mudanças na sociedade. O compositor de hoje, portanto, deverá estar constantemente presente não só no palco, mas também no palanque, escrevendo sons e palavras, inventando e divulgando ideias musicais e extramusicais simultaneamente, criando obras artísticas e combatendo aqueles que, acreditando na existência de uma grande burrice da massa popular, praticam e pregam a mediocridade como o meio eficaz de comunicação.

Alguns nos alertarão de que a arte circunstancial não se torna perene. Villa-Lobos dizia escrever cartas à posteridade, sem esperar respostas. Mas é preciso que nos comuniquemos com os homens de hoje. A obra circunstancial com qualidades estéticas torna-se imorredoura, eterna.

A seguir apresentarei breves relatos sobre duas experiências bem sucedidas no domínio da música engajada politicamente que, ao invés de resultarem meras experiências de arte panfletária, provocaram no público e na crítica especializada a percepção de realizações eminentemente artísticas, de grande erudição, alta complexidade e sem concessões ao fácil consumo.

O primeiro relato é sobre a *Sinfonia das Diretas*, de 1984. O segundo breve relato se refere a trabalho recente, de 2010: a ópera de rua intitulada *Auto do Pesadelo de Dom Bosco*.

A *Sinfonia das Diretas* (*das Buzinas*)

A *Sinfonia das Diretas* foi apresentada em praça pública em 1º de junho de 1984 durante o histórico comício de Brasília. A experimentação musical, aliada a uma fascinante pesquisa no domínio da psicoacústica e a uma estratégia arrojada, delineou um percurso na fronteira que separava os terrenos do medo e da ousadia. A orquestra incluía um conjunto instrumental, um coro, sons eletrônicos e cerca de duzentos automóveis tocando buzinas. O resultado foi Música, altamente revolucionária e subversiva, que apontava para novos caminhos estéticos e políticos.

O ano de 1984 viveu o auge da luta popular pela volta das eleições diretas para presidente da República no Brasil. Engajei-me naquela luta. Em Brasília, nas cercanias do poder ditatorial militar, integrei o comitê suprapartidário do movimento Diretas Já. Em uma das reuniões propus a estetização do Comício das Diretas, o que foi aceito unanimemente. A ideia original não era a *Sinfonia das Diretas*. Para o comício eu compus um modesto *Moteto das Diretas*. Mas o presidente Figueiredo decretou as Medidas de Emergência. O autoritarismo, assim, determinava o cancelamento do comício marcado para o dia 24 de abril. A mordaça acabou por fazer crescer e ferver a força criadora e a *Sinfonia* nasceu, mais longa, portentosa, para o comício que viria a ser realizado no dia 1º de junho.

Para o *Moteto*, o poeta Tetê Catalão escreveu dois longos poemas: um era extremamente onomatopaico, o outro extremamente epopeico. O primeiro poema requeria um tratamento musical jogralesco. Tetê Catalão, com seu estilo peculiar, desenvolvia uma estrofe em que predominavam os fonemas fricativos – sonoros e surdos – a partir das palavras *já* e *janela* :

um... dois... três... já ... um, dois, diretas já
já já já janelas abertas já já já
jazidas pro jeca, já, já, já, jazigo pros juros

O poeta me fornecia, para fazer música, uma coletânea de ricas estrofes onomatopaicas que se alternavam com textos discursivo-
-metafóricos:

os atores principais, presentes aqui nesta praça,
solicitam aos figurantes, que até agora estiveram no poder,
que se retirem delicada e naturalmente de cena porque
é a vez da voz que vota, da voz que veta.

Destinei os textos onomatopaicos ao coral, em jogral polirrítmico e polissônico. Os textos discursivos foram destinados a um declamador que, devendo assumir a postura de um político-trovador-
-irônico, discursaria simultaneamente a *ostinati* rítmicos do coro.

Em sua coluna permanente do *Correio Braziliense*, Tetê Catalão publicou, no dia 29 de abril de 1984, em plena vigência das Medidas de Emergência, o belo artigo intitulado "As Buzinas de Jericó". De modo felicíssimo relembrava ele a passagem da *Bíblia* em que Josué lidera seu povo, na cidade sitiada de Jericó. Logo após a Páscoa, depois que sete sacerdotes tocaram sete trombetas por seis dias, o povo daria voltas em redor da cidade. Na última volta todos emitiriam um grande clamor. Feito isso as muralhas da grande fortaleza ruiriam.

Brasília saiu às ruas, em plena emergência, com as trombetas de seus automóveis. Num grande clamor pretendeu que a fortaleza ruísse. Nada ruiu. Como em Jericó, seguiram-se as cenas de barbárie explícita. O general Newton Cruz chicoteou algumas daquelas máquinas infernais que trombeteavam.

Marshall McLuhan bem analisou o significado, na vida social, desta carapaça, desta concha protetora e agressiva do homem urbano e suburbano: o automóvel.

Muita gente tem observado que o verdadeiro integrador ou nivelador de brancos e negros no Sul foi o carro particular e o caminhão, e não a manifestação de pontos de vista morais. É simples e óbvio que o carro, mais do que qualquer cavalo, é uma extensão do homem que transforma o cavaleiro num super-homem[8].

O povo de Brasília inaugurou o repertório básico de uma estética do medo. Vinte anos de ditadura incrustaram o medo no inconsciente coletivo. Mas o homem, a mulher e a criança de Brasília extravasaram seus sentimentos e esperanças através do buzinaço e do caçarolaço, porque se sentiram super-homens ao se vestirem com a armadura do automóvel e com a carapaça protetora das janelas dos edifícios. Derrotada a emenda Dante de Oliveira, as lideranças políticas reunidas no comitê suprapartidário – sempre com a palavra de ordem "A luta continua!" – não desistiram de promover o comício de Brasília.

A ideia da *Sinfonia das Diretas* surgiu durante a frustração do *Moteto* nas reuniões escondidas, e telefonemas em código, ocorridas no período das Medidas de Emergência. Dessa vez a obra musical incorporaria, de modo organizado dentro de uma estrutura musical forte, as novas e belas fontes sonoras: a orquestra de buzinas e a orquestra de panelas.

Tão logo foram suspensas as Medidas de Emergência dei início a uma criteriosa observação e análise experimental das potencialidades musicais da buzina. O ouvido musical, num trabalho de detecção apurada, presenciou as intensas horas de *rush* de Brasília e permitiu uma avaliação tipológica que logo acendeu o fogo da invenção musical.

---

8 *Os Meios de Comunicação como Extensões do Homem*, São Paulo: Cultrix, 1971, p. 250.

Uma catalogação minuciosa de buzinas permitiria a realização de melodias, pois que a grande maioria das buzinas produz sons de alturas fixas no escalonamento do sistema temperado. A paleta sonora se enriquecia à medida que se desenvolviam ideias de utilização semialeatória das buzinas. Dessa forma, a linguagem musical, e não apenas o vocabulário musical, adquiriria uma intensa originalidade desde que fosse trabalhada uma adequada orquestração das buzinas. A estratégia composicional deveria passar pelo uso de melodias, acordes tonais e entidades sonoras não tonais: nuvens de sons pontuais, trajetórias de sons e contrapontos de massas sonoras. Tão logo a esquematização das ideias tomou corpo, reuni um grupo de meus alunos para iniciarmos o complexo trabalho de equipe.

Catalogando Buzinas para a *Sinfonia das Diretas*

O esquema estratégico montado seria facilmente concretizado, graças ao rápido apoio oferecido pela imprensa e pela comunidade brasiliense. O inusitado da ideia provocou fenômeno raro: a imprensa acorreu, sedenta e voluntariamente, ao grupo. O artista revolucionário acostumado com a luta permanente pela busca de espaços na imprensa, nos palcos e nas cabeças, alegrava-se e revoltava-se com a novidade. Dessa vez não era necessário procurar a imprensa. Ela nos procurava.

Os jornais locais começaram a divulgar minhas conclamações. Os brasilienses motorizados que quisessem participar da *Sinfonia das Diretas* deveriam comparecer aos estacionamentos indicados, nos dias e horários divulgados, para a catalogação de suas buzinas. Num período de duas semanas os músicos, divididos em grupos e investidos nas funções de pesquisadores-acústicos, muniram-se de formulários, megafones e diapasões, dando plantões em vários pontos do Plano Piloto: estacionamentos do campus da UnB, estacionamento da Colina (conjunto residencial de professores, localizado dentro do campus), passagens de pedestres nos semáforos do Setor Comercial Sul, Superquadras 107 Norte, 308 Norte, 208 Sul e estacionamento em frente ao Sindicato dos Professores.

Os formulários a serem preenchidos tratavam de estabelecer um inventário completo do material sonoro e visual que o motorista poderia fornecer, além do endereço e telefone para posterior contato; afinação da buzina; existência ou não de alarme; marca, cor e placa do veículo. Além disso, um espaço era reservado para se registrar o número de crianças munidas de panelas que o motorista pudesse levar no dia do comício.

A primeira pesquisa de campo, feita no estacionamento do Departamento de Música da UnB, serviu como experiência laboratorial para verificação das enormes surpresas e dificuldades que surgiriam na pesquisa. Foram necessárias urgentes reuniões e aulas-relâmpago de revisão de Acústica e Psicoacústica com os alunos, para a perfeita observação e tomada de dados nos futuros plantões. Os casos mais surpreendentes, e com diferentes graus de dificuldade na observação, eram: buzinas com dois sons simultâneos, buzinas com afinação totalmente fora do sistema temperado, buzinas de timbre rouco com altura ininteligível, buzinas com altura inconstante em veículos com problemas na bateria, veículos com mais de duas buzinas com melodias já programadas etc.

Durante os plantões, verificou-se que apenas 10% dos veículos abordados não eram pesquisados. Os motivos variavam: uns eram contra as eleições diretas; outros não estariam em Brasília no dia do comício; outros estavam apressados, não podendo parar para a pesquisa; outros simplesmente diziam não querer participar, sem dar explicações. Foram pesquisados um total de 303 veículos. Desses, 223 produziam uma nota afinada, 48 produziam duas notas afinadas simultâneas e 32 foram deixados de lado, por produzirem sons indesejáveis. Dos 303 veículos, 292 eram automóveis e 11 eram motocicletas.

Não posso deixar de salientar que a construção de melodias e acordes de buzinas só seria possível graças às grandes e maravilhosas imperfeições do ouvido humano. A percepção humana da altura de um som é bem tolerante.

A questão da adaptação do ouvido, que tende a afinar um som desafinado, foi apropriadamente analisada por vários pesquisadores, entre eles Fritz Winckel, mas a colocação mais exata a encontramos em Alain Danielou:

> A faculdade de adaptação do ouvido, tão habitualmente evocada para justificar o temperamento da escala musical, consiste, de fato, na interpretação de um som ligeiramente desafinado como um som de afinação justa. Essa possibilidade repousa sobre um fenômeno particular de *feedback* que corrige as impressões recebidas ao compará-las a figuras-tipo depositadas na memória[9].

A *Sinfonia das Diretas* como Intervenção Urbana

Após estabelecer os elementos melódicos e o material de acordes básicos, o próximo passo no trabalho seria a espacialização das fontes sonoras. O fato de cada automóvel ocupar uma área aproximada de 13,50m², impunha um sério problema para com o trabalho de organização e regência das buzinas. Um total de trezentos automóveis exigiria uma área de mais de 4.000m², tendo em vista que cada naipe de automóveis de mesma nota deveria agrupar-se em fila indiana, cada fila convergindo para o regente. Isso seria necessário para que cada fileira de motoristas pudesse distinguir com facilidade os gestos do regente. Quando eu apontasse para uma fileira, seria necessário que apenas aquela fileira se sentisse apontada pelo regente. Numa orquestra tradicional, no palco, isso não é problema. O músico que está mais afastado do regente, o timpanista, por exemplo, vê o maestro a uma distância de aproximadamente 14m. Mas na orquestra de buzinas, naquele vasto estacionamento, o buzinista mais afastado estaria a cerca de 70m de mim. Vi que seria necessário abandonar minha escrivaninha para, numa espécie de trabalho de locação, estudar *in loco* o palco da sinfonia: o vasto estacionamento de Brasília, entre a Torre de Televisão e o prédio da Funarte.

Após um dia inteiro de trabalho, de trena na mão e estratégias musicais na cabeça, cheguei à conclusão de que um único regente

---

9 *Sémantique musicale, essai de psychophisiologie auditive.* Paris: Herman, 1967, p. 71.

não daria conta do controle da grande orquestra. Eu me localizaria, no papel do regente-geral, no palanque, ao centro. A cada lado do regente-geral se posicionaria um regente-assistente que, munido de grandes cartazes com código de cores, daria sinais a dois regentes-secundários no meio do estacionamento.

O Ensaio da *Sinfonia das Buzinas*

Na noite do dia 25 de maio de 1984, uma semana antes do comício, haveria condições de ser feita uma prévia do possível sucesso do projeto. Os 303 motoristas foram convocados para um ensaio. Naquela noite seriam colocadas à prova, no grande laboratório da praça pública, diferentes desafios: 1. a resposta e adesão dos motoristas convocados; 2. a viabilidade do projeto musical com as buzinas; 3. a capacidade de organização e articulação da grande equipe formada para organizar os automóveis no estacionamento; 4. o comportamento da polícia e do Detran, com relação às condições democráticas de realização do projeto.

Tudo saiu a contento. Dezenas de luzes vermelhas piscando no fundo do cenário escuro do Eixo Monumental indicavam que a polícia estaria observando tudo de longe, embora sitiando a área. O Detran, com apenas duas viaturas e poucos homens, organizava a entrada dos carros no estacionamento. Ao entrar, cada motorista era rapidamente entrevistado e checado por membros de nossa equipe, munidos da lista completa das placas dos veículos pesquisados. No vidro da frente de cada carro era colada uma folha de papel com o nome da nota musical da buzina. Os automóveis eram orientados, no trânsito interno do estacionamento, a tomarem suas posições corretas, de acordo com o mapa topológico das notas musicais.

A organização dos automóveis em seus devidos lugares tardou consideravelmente. Conseguíramos apenas três megafones, que corriam de mão em mão entre os membros da equipe. O processo de organização, que passou por momentos vários de humor, atropelo, desespero e pandemônio, conseguiu chegar a termo ao cabo de duas horas. Como equilibrista, no alto das armações tubulares que formavam o esqueleto do futuro palanque, dei início ao ensaio. O trabalho, além de um simples ensaio, viria a ter também as características de uma bela sessão de criação coletiva ao luar, e de um animado workshop de educação musical.

A emoção tomava conta, a cada momento, de todos os buzinistas, da pequena assistência e dos membros da equipe. Isso acontecia quando conseguíamos montar, com sucesso, cada pequena estrutura musical: a melodia de três notas; as construções de acordes; sucessões com estrutura temporal harmônica etc. A cada pequena estrutura recém-montada, os motoristas e seus acompanhantes aplaudiam, em euforia, a eles mesmos. A partir desses achados musicais e das realizações estéticas alcançadas, chegou-se, ao final do ensaio, a um clima psicológico que aproximava fortemente os participantes.

Havia no ar a sensação de uma força que irmanava todos, que se sentiam partícipes, cúmplices e companheiros de um expressivo ato musical e político. Ficava ali demonstrado que a buzina, uma fonte sonora aparentemente antimusical, era elevada à categoria de instrumento musical quando o esforço comum unia pessoas que, embora não se conhecendo, possuíam os mesmos sonhos de inovações e mudanças no domínio do estético, do político, do econômico e do social.

O sentimento coletivo de realização musical, de organização popular e de luta política foi mais forte ainda durante a apresentação, no intermédio do comício do dia 1º de junho de 1984.

Eu fiz a obra e vi que ela era boa. Ela foi boa como mais um passo na revolução que faço desde décadas. A revolução a que me refiro não mudará grupos no poder, nem mudará sua estrutura, porque o que ela pretende é o fim do próprio poder e da autoridade. Ela muda mentalidades. Para isso o fuzil, a metralhadora e o canhão de nada servem. Nem mesmo o voto serve. Eis escancarada a minha farsa. Infiltrei-me no comício que pedia o voto direto, compondo a sinfonia que pedia o voto direto, sem acreditar no voto. Sabia que sem um longo trabalho de educação e de transformação de mentalidades o poder econômico e outros poderes sempre desvirtuam qualquer legitimidade, consciência e eficácia do voto.

Auto do Pesadelo de Dom Bosco

No final de 2009, explodiram na imprensa resultados de uma ação da Polícia Federal: a operação Caixa de Pandora. Um dos integrantes do governo do Distrito Federal, o ex-delegado Durval Barbosa, envolvido com corrupção, resolveu utilizar da chamada delação premiada para abrandar as penas que eventualmente viessem a ser--lhe aplicadas.

Em janeiro de 2010, os canais de televisão começaram a divulgar vídeos escandalosos, em que eram flagrados, por uma câmera escondida, deputados distritais recebendo dinheiro de propinas. Os vídeos, incluídos no processo da Polícia Federal, vasaram para a imprensa.

Todas as gravações haviam sido feitas pelo próprio Durval Barbosa anos antes: nos filmes Barbosa, entregava maços de dinheiro aos corruptos. Um deputado guardava cédulas nos bolsos e nas meias. Uma deputada trancava a porta da sala em que se realizaria o encontro e, em seguida, guardava os maços de dinheiro recebido em sua bolsa. Em um dos vídeos, dois deputados evangélicos fazem uma oração, com Durval Barbosa, agradecendo ao Senhor pela ajuda financeira. Essa performance ficou conhecida com o nome de "Oração da Propina".

Quando vi aqueles vídeos espetaculares, vieram-me de imediato, à cabeça, cenas de uma ópera bufa. Assim, em janeiro de 2010, apressei--me em escrever um libreto para o espetáculo[10]. A ideia era a de, urgentemente, montar um espetáculo em um novo gênero a que comecei a chamar de Ópera de Rua. Manifestações de rua tinham que ser imediatamente organizadas, para exigir das autoridades a apuração daqueles crimes. Os corruptos e os corruptores tinham que ser alvos de uma Comissão Parlamentar de Inquérito. Os deputados tinham que ser cassados. O produto dos roubos tinha que ser devolvido aos cofres públicos. Os bens dos corruptos tinham que ser arrestados.

---

10 O libreto integral da ópera pode ser obtido em: <http://www.americasnet.com.br/antunes/opera--de-rua>. Acesso em: 27 jan. 2012.

A construção de Brasília, conta a lenda, tinha sido vislumbrada em um sonho de Dom Bosco. Mas, em pleno século XXI, os brasilienses viviam um pesadelo. Veio-me de imediato o título da ópera: *Auto do Pesadelo de Dom Bosco*.

As manifestações do povo brasiliense, nas ruas, poderiam ganhar dimensão extraordinária se fossem estetizadas. Assim, minha nova ópera seria uma atividade cultural na rua, de militância política, em trabalho de democratização da cultura, de estetização da prática da cidadania, de contestação e de crítica e protesto contra a corrupção local nos poderes constituídos.

O enredo, que tem ligação com a vergonhosa realidade de corrupção em Brasília, se passa em um Tribunal da Idade Média, com o julgamento de corruptos. O Juiz dá direito de defesa a todos. O povo se inflama e acusa. Todos são condenados.

As personagens têm nomes que são trocadilhos reportando aos políticos corruptos de Brasília flagrados com as filmagens escondidas.

A Bruxa Ouvides Grito é caricatura da deputada Eurides Brito. O Monarca Xaró Parruda representa o cassado governador Arruda. O Reverendo Benedictus Dormindo é uma sátira ao deputado Benedito Domingos. O Suserano Paul Batávio é uma caricatura do ex-vice-governador Paulo Otávio. O Burgomestre Leo Bardo Pro- -Dente é o deputado que colocou propina nas meias.

Reforçando minha tese de que a vida imita a arte, o governador Arruda viria, após a estreia da ópera de rua, a ser preso tal como acontece em meu libreto com a personagem Monarca Xaró Parruda.

Decidi usar, na obra, uma linguagem musical voltada ao modalismo. Levar ópera para o povo me fazia lembrar de que o canto ao ar livre, na rua, não seria nenhuma novidade. Menestréis e trovadores haviam feito isso na Idade Média. No Nordeste brasileiro, cantadores e repentistas fazem isso de modo enriquecedor para a cultura nacional.

Assim, estabeleci que na ópera de rua haveria a alternância e a mistura de uma estética medieval e de uma estética nordestina. Na música incluí galhardas, madrigais e motetos se alternando a baiões, cocos e repentes. Daria, por outro lado, continuidade à minha pesquisa estética, iniciada em 2006, com minha série de obras intitulada *Speculum Brasilis*, mesclando erudito e popular.

Para as montagens do espetáculo, entretanto, eu não podia solicitar apoio financeiro nem do poder público nem do empresariado. Essas duas instituições integravam o elenco dos corruptos e corruptores da vida real, os quais eram denunciados em minha ópera.

A solução, portanto, seria unicamente apelar para o voluntariado de artistas de Brasília. Antes mesmo de terminar a composição musical, tratei de expedir inúmeras mensagens, por e-mail, aos amigos, instrumentistas, atores e cantores de Brasília, com chamamento à participação.

Um problema, assim, se apresentava. Como escolher a instrumentação e elaborar a orquestração, sem saber com quais instrumentos musicais eu contaria? A solução foi escrever uma partitura com apenas dois e três pentagramas, nas claves de sol e fá. Assim foi feito. A orquestração seria móvel, cambiante, a ser determinada nos ensaios com o grupo de instrumentistas voluntários. A democratização da criatividade, a criação coletiva, ficava assim também garantida.

Responderam-me, manifestando seu apoio voluntário, um total de mais de cem músicos: cerca de quinze instrumentistas, setenta cantores coralistas, quinze cantores líricos solistas e dez atores cantores não líricos.

Os figurinos seriam de criação individual de cada participante. As instruções dadas são simples. Os cantores solistas, interpretando os réus corruptos, se inspiram nas personagens e em suas histórias na vida real. Os membros do coro do povo vestem roupas simples de camponeses, empregados domésticos, operários, mecânicos, mendigos etc.

O grupo de danças medievais Le Roi Danse, também se manifestou interessado em participar do projeto, de modo voluntário. Para os músicos da orquestra, cada um vestindo camisa branca e calça jeans azul, confeccionei chapéus em forma de panetone. Era o símbolo da justificativa do governador corrupto, o Monarca Xaró Parruda. Ele, ao se defender na imprensa, alegara que o dinheiro recebido era para a compra de panetones para o povo, no Natal. A orquestra do *Auto do Pesadelo de Dom Bosco*, que ficou alcunhada com o nome de Orquestra Panetônica, ficou assim constituída: flautim, clarineta, clarinete-baixo, percussão, dois violinos, dois violões, tiorba, teclado e baixo elétrico.

Mas as apresentações requeriam uma infraestrutura mínima de sonorização. Dessa forma, foi-nos possível fazer, entre fevereiro e maio de 2010, apenas quatro apresentações, em que nos eram oferecidas gratuitamente a sonorização com um *headset* e vinte microfones. A primeira apresentação aconteceu no dia 26 de fevereiro de 2010, na área central, ao ar livre, do conjunto Conic. A segunda apresentação foi realizada em março no campus da UnB. A terceira, dia 21 de abril, foi feita no Teatro Plinio Marcos da Funarte. A quarta, no dia 1º de maio, foi realizada na área verde em frente ao Espaço Cultural Ecco.

O elenco da estreia esteve assim constituído: Meirinho – Jorge Antunes, regente; Juiz Voxprópolis – Marcos Gevano Zelaya, barítono; Burgomestre Leo Bardo Pro-Dente – Yonaré Barros, tenor; Monarca Xaró Parruda – Thiago Rocha, barítono; Suserano Paul Batávio – Reuler Ferreira, tenor; Vassalo Borval da Bóza – Hugo Lemos, barítono-baixo; Ioarrín Kouriz, Rei do Gado, Senhor da Bezerra d'Ouro – Timm Martins, barítono; Bruxa Ouvides Grito – Karina Martins, mezzo-soprano; Reverendo Benedictus Dormindo – Thiago Rocha, barítono; Príncipe Augustus Baralho – Raphael Freitas, tenor; Vassalo Rogê Rolíces – Reuler Ferreira, tenor; Gran Vizir Ben no Início Tavares – Eduardo Carvalho, barítono; Truão Pônei Nêmer – Emmanuel Moreira, tenor; Vassalo O Vilão Aires – Augusto Rodrigues, tenor; Reverendo Júnior Embromélli – Timm Martins, barítono.

A Orquestra Panetônica: flautim – Sidnei Maia; clarinete – Felix Alonso; clarinete baixo – Fernando Henrique Machado; violinos – Marcus Lisbôa Antunes e Renata Tavares Linhares; violões – Álvaro Henrique e Luiz Duarte; tiorba – Diogo Queiroz; teclado – Rênio Quintas; baixo elétrico – Roberto Pimentel; percussão – Carlos Augusto e Éveri Sirac.

O grupo de dança Le Roi Danse: coreografia – Maria do Carmo Poggi Merino; bailarinos – Daniela Aguiar, Paula Abreu, Karla Bortoni, Thomas Cortes, Miguel Vieira e Yuri Briedes.

Conclusão

Na vida cultural brasileira verificamos a existência de dois tipos de artistas: os que têm coragem de chutar cachorro vivo e os que apenas chutam cachorro morto. Quando se trata de criticar autoridades e políticas culturais, são poucos aqueles artistas que se atrevem a fazê--lo em público. Fazem-no entre amigos, em rodas de bar. Mas se reservam publicamente com medo de represálias. Muitas das oportunidades encontradas no mercado de trabalho são oferecidas pelo poder público, por empresários, governantes e por órgãos públicos de fomento. Artistas, nessas condições, temem fazer críticas a seus eventuais futuros apoiadores.

Aqueles que optam por chutar apenas cachorro morto acabam por se mostrarem covardes. Na *Sinfonia das Diretas*, de 1984, mais de trezentos buzinistas se expuseram corajosamente sob o tacão da ditadura militar. Guardo, em meus arquivos pessoais, todas as fichas com os nomes daqueles participantes. Até o início dos anos de 1990 a participação no evento era considerada um ato subversivo comprometedor e, assim, muitos dos buzinistas não se sentiam à vontade na divulgação de seus nomes. Hoje eles se orgulham do feito e gostam de ostentar a ação. Em Brasília, atualmente, é comum encontrarmos pessoas que, embora não tenham participado – sei eu – da *Sinfonia das Diretas*, dizem tê-lo feito, com o objetivo de passaram-se por heróis da resistência ou, no caso de militantes de esquerda, para não serem consideradas omissas.

O mesmo fenômeno aconteceu com o *Auto do Pesadelo de Dom Bosco*. Corajosamente cerca de cem artistas se expuseram nas ruas, integrando o elenco voluntariamente, sem cachês. Quando o governador foi preso, alguns novos artistas, que antes se mantinham silenciosos e distantes, se ofereceram para participar.

É bom lembrar às novas gerações que a toda hora vivemos períodos de luta popular que, dentro de décadas, serão considerados momentos históricos que preencherão páginas importantes da história do Brasil. Bastante frustrante e entristecedor é alguém dar-se conta de que não foi partícipe e protagonista da luta popular que, vitoriosa, acabou por tornar-se momento histórico. A sensação de covardia se mescla à de arrependimento: o frustrado se lembra de que, omitindo-se, foi contemporâneo daquela luta que aconteceu à sua volta.

Do Mundo do Homem
a um Homem Sem Mundo

Ibaney Chasin

O texto que o leitor ora tem sob os olhos, e pelo qual talvez prossiga, apresenta-lhe uma colisão real, não apenas teórica. Confronto, pois, que não nasce de um arranjo argumentativo, que não descende de um exercício teorético, de um mero entrelaçar de conjecturas ideais. Nasce, sim, da oposição entre os supostos e *télos* artísticos de dois espaços históricos. Oposição que é realidade, vida concreta: de um lado, o artista e a arte dos séculos XV e XVI, de outro, os de nossos dias. Homens e artes que, em negação mutuada, são, contudo, filhos de um mesmo ventre – a sociabilidade do capital. Se o *quattrocento* italiano é o consubstanciar da aurora da vida burguesa – século que parturiu o homem *ativo*, ou o indivíduo que talha o próprio destino, então feito singular, *individual* –, tal consubstanciação é o ponto de partida da orgânica social que até hoje nos funda e ordena.

O indivíduo burguês tem data e lugar de nascimento conhecidos. Se, *lato sensu*, a Florença do século XV é seu espaço e tempo genéticos, o forjamento histórico desse homem, por sua vez, é movimento que ainda se universaliza e nos constitui, e de forma hegemônica, incontrastável. De sorte que o indivíduo renascentista e o contemporâneo, na distinguibilidade radical que os contrapõe, não são irmãos de alma, são irmãos sociais. Distinção de alma que aqui se buscará evidenciar através dos caminhos trilhados pela arte. Distinção evidenciada que, reconhecimento dos pressupostos estéticos do artista da renascença e do atual, possibilita a este texto ser muito claro em sua finalidade teórica. Isto é, pela acareação do que é oposto, a natureza do artista contemporâneo tende a assumir feição nítida. Natureza estética esta, indique-se desde já, que é dissolução, "retraimento" do mundo objetivo, do universo humano, na arte posta. Perda da realidade vivida, e, na contrapartida disto, subjetividade abstratizada do artista que, no curso dos desdobramentos e mutações históricas da arte burguesa, foram gradativamente se impondo como seus traços constitutivos e estruturais. Traços estes que, quando justapostos às formas e procedimentos genéticos da música, pintura, literatura, arquitetura burguesas, permite denotar com nitidez peculiar, reitere-se, a perspectiva e o sentido estéticos do artista hoje operante, objetivo central deste ensaio. Numa palavra: pela imbricação entre artistas de mesma cepa – o auroreal burguês e o de vanguarda – a alma de ambos e suas artes, posto o contraste, podem ser melhor determinadas.

A tempo: as reflexões e resultados que este texto elabora e sustenta não são mais do que genéricos. Não se trata de um estudo que pretenda dar carnes robustas ao feixe de problemas levantados, tarefa que suporia uma ação investigativa diversa. O que se deseja aqui, tão somente, é delinear as categorias primárias de duas lógicas artísticas. Delineamento que, estruturado a partir de uma analogia histórica, permitirá ao leitor, assim vislumbro, uma compreensibilidade nítida sobre os fundamentos humanos que nutriram tempos artísticos reciprocamente avessos. Aversão que, gradual, porém inequívoca, é caminho à *abstração* do humano, deslocado por cores, palavras, sons, então *esteticizados*.

Indicados os supostos investigativos, entremos numa *bottega*… sem bater-lhe à porta.

1. A Arte *do* Mundo

A frase que cito, e pela qual este espaço reflexivo se inicia, desnuda-lhe o sentido e a perspectiva. A constatação histórica firmada por André Chastel é simples, mas sua importância teórica é inversamente proporcional a tal simplicidade. Assim esse autor também iniciava seu artigo sobre o artista da Renascença: "A palavra artista, no Renascimento, não existe"[1]. E a isso coligava em desdobramento:

Em vão a buscamos [a palavra] no acúmulo dos escritos de Leonardo, a mais vasta herança literária deixada por um pintor. Quando a hora de celebrar os novos tempos chegara, Giorgio Vasari dedicou sua coletânea aos "artífices do desenho", ou "àqueles que praticavam as artes visivas"[2].

Então concluía:

Distorcemos ao desconsiderarmos esta orientação profissional em favor do manancial de anedotas do qual esta distorção provém. De fato, a originalidade de Vasari depende de uma insistência surpreendente sobre as exigências e até sobre os aspectos pesados do ofício, sobre seus problemas concretos e, se assim se pode dizer, sobre a "física" da atividade artística[3].

A que tudo isso remete? Busco, nas páginas que correm, silhuetar o problema. Como passo primário, a escavação exegética da assertiva de Chastel.

1.

Ponto fundamental, e onímodo: a palavra artista *inexiste* porque o artista o é como *artifex*. Trabalhando numa *bottega* e dela extraindo seu conhecimento, prática e sustento, esse artífice deve produzir artigos

---

1 L'artista, em Eugenio Garin (org.), *L'uomo del rinascimento*, Roma-Bari: Laterza, 1993, p. 239.
2 Idem, ibidem.
3 Idem, ibidem.

necessários, e plasmados na *beleza – adequados ao humano*[4]. Fossem as peças produtos de uma marcenaria, de uma ourivesaria, de marchetaria, de uma *bottega* de pintores ou escultores etc., ao artesão-mestre e seus "alunos" cabia, *lato sensu*, a elaboração das peças encomendadas numa forma que respondesse a padrões estéticos determinados – padrões socialmente vigentes e demandados. Vale dizer: "Para o Renascimento, *artifex* é aquele que participa, com meios próprios, de uma empresa geral que visa, segundo a velha fórmula, o belo e o útil"[5].

"O artista isolado que trabalha por si na solidão do próprio estúdio não existe"[6], pois. Em termos análogos: no Renascimento, o artista que trabalha numa autonomia que o abstrai socialmente é algo *inexistente*. Sua atividade se realiza no interior de uma corporação que o absorve e orienta, e da qual se torna parte intrínseca. De sorte que sua formação profissional se arma e realiza, atente-se, no *conhecimento prático* da *materialidade* que seu fazer pressupõe e exige: aprende-se não por aproximações teóricas, por exercícios e reflexões escolares, por mediações ideais abstratas, mas na *prática* vivida com o mestre, no exercício concreto do fazer. Posta essa orgânica, e como decorrência imediata, "a repartição do trabalho no interior da *bottega* tem uma importância capital, mas geralmente é difícil precisá-la. Nenhum afresco sem assistentes, nenhum retábulo sem colaboradores, nenhuma escultura monumental sem ajuda. [Isto] É uma prática geral"[7]. Um exemplo: a repartição laboral

organiza a *equipe* umbro-toscana da capela sistina, em 1481, bem como as *Stanze*, de Rafael. Quando chega o sucesso, a *bottega* se amplia e os colabo-

---

4 A discussão sobre o conceito renascentista do *belo* não encontra, aqui, espaço, posta a complexidade do tema, e também porque, para os fins deste ensaio, é problema indiferente. Confira-se Cesari Vasoli, L'Estetica Dell'Umanesimo e del Rinascimento, *Momenti e problemi di storia dell'estetica*, Milano: Marzorati, s/d, v. 1, p. 325 e s. Desse estudo, uma passagem, que pontua a centralidade *do homem* na normatividade do belo, e a dimensão *sensível* da beleza artística, a saber: no curso do século XVI "a graça, ou a 'flor da beleza', é já claramente identificada com a realização sensível do que existe de mais espiritual no homem, ou melhor dito, da particular virtude que torna mais fácil o manifestar-se de um íntimo poder racional, e é testemunha de um grau perfeito de humana e intelectual medida" (p. 365).

5 A. Chastel, op. cit., p. 240.

6 Idem, p. 241.

7 Idem, p. 245.

radores, fiéis executores dos esboços do mestre, intervêm sempre mais. Em um número considerável de casos, *o artista é a firma*[8].

Visar o útil e o belo. "Velha fórmula" que transpira *in limine* a dimensão material, objetiva, sensível, da atividade artística, forjada em *equipe*. As tintas, os sons, as línguas, os mármores, isto é, estas resistentes *materialidades* que fundam o fazer artístico em suas diferentes possibilidades e formas, transfundem-se em vida humana *concreta* – objetiva e subjetiva – a partir do trabalho mimético dos artistas, que assim engendram obras – entes *materiais*, em *conteúdo* e *forma*. Dimensão material positivada e entendida como fundante não apenas, então, por quem talhava uma cadeira, torneava um objeto de metal ou marchetava um móvel, mas pelo arquiteto, pelo pintor, pelo escultor, criadores de *beleza* útil *para o espírito*. Criações que tantas e tantas vezes os esgotavam, dadas, rigorosamente, as exigências *físicas, corporais*, à sua elaboração. Na palavra lúcida, que exemplifica e vai além:

Não era negando a realidade material, concreta das "artes do desenho" e sua natural, necessária pertença ao campo das artes mecânicas, que se entendia elevar a novo estatuto a condição desses artífices. Ao contrário: entendia-se ali chegar exaltando as fontes do ofício e aprofundando o caráter "operativo" desta atividade. Trata-se, evidentemente, de um dos aspectos – e não menos importante – da revalorização da *vita activa* que torna os humanistas, bem como os homens de poder, favoráveis à conquista, à exploração, à posse do conteúdo positivo do universo[9].

Se, pois, uma distorção teórica irrompe quando a dimensão material, objetiva, da atividade artística não é considerada, não menos incompreensões nascem quando não é levado na devida conta que o artífice trabalha por encomenda. A consciência, pelo artista, da intrínseca dimensão material de seu ofício, de um lado, e, de outro, o fato de que uma obra tem origem numa demanda externa, são dois

---

8 Idem, ibidem.
9 Idem, p. 239.

lados – intimamente interligados – de uma mesma moeda. A ênfase vasariana na dimensão objetiva das "artes visivas" tem sua contrapartida – ou uma de suas raízes ontológicas – na existência de uma concreta, autêntica, necessidade social da arte. Necessidade que faz de Leonardo e Ghiberti, Brunelleschi e Masaccio, Monteverdi e Michelangelo, Giotto, Alberti e Poliziano, Tasso e Shakespeare, indivíduos *artisticamente atados in essentia* à sociabilidade que os parture, que então lhes convoca, impulsa e exige. Enraizado na vida concreta, nas suas demandas, e alcançando dela plasmar lógica e dever-ser, o artista se faz *socialmente ativo*, porque *objetivamente* ativo: ativo enquanto individualidade que, pela força de sua atividade demandada, influi, ou pode influir, na vida – move, ou pode mover o homem na direção do mais humano socialmente possível. Por isso é um "humanista".

Em termos que especificam: a liberdade artística do pintor – da escolha temática à individuação do detalhe – é exercida num campo estético onde a subjetividade criadora é regida não abstratamente por si própria. No Renascimento, o artista se individua, particulariza, autonomiza, no interior de um universo cultural ativo, influente, inspirador, conducente[10]. Nascem valores estéticos e culturais, que se imprimem na vida de forma profunda, categórica. Valores que se generalizam pelas veias sociais porque o mundo burguês supõe e realiza uma *universalização da vida*, isto é, porque implica e engendra uma vida *social* efetiva, ou estabelece uma relação e intercâmbio entre *indivíduos*, estamentos, classes, povos, nações. Em termos análogos, promotores de uma nova ordem humana, a burguesia-nobiliária italiana nascente e seus filhos – os filósofos, artistas, cientistas – engendraram tendências culturais e artísticas que se fizeram genéricas, *concretamente* sociais[11]. Então, o artista não cria isoladamente a partir de si; a obra não é uma espécie de auto-plasmação subjetiva, uma forma de expressão de tendências abstratamente individuais. Plasma,

---

10 Pontue-se: não aludo aqui à autonomização do juízo estético, ou da esfera do belo, algo pensado por Kant. Autonomia, aqui, é dimensão humano-sensível: autonomia da *individualidade* do artista enquanto tal.

11 Trato mais especificamente do nascimento do *indivíduo moderno* e da sociabilidade burguesa, na Parte III – O Homem da Renascença: Indivíduo que se Infinitiza de *Música Serva d'Alma*, São Paulo: Perspectiva, 2009.

sim, a partir e no interior do *gênero*, do humano socialmente vivido, do sensível, da comunidade, da vida cotidiana que se fez sociabilidade ativa, real. E para isso tendia, pois, não por um imperativo de natureza subjetiva, mas porque sua atividade assumia importância para a vida, encerrava reconhecida relevância humana, era necessária, cumpria função social. Ora, o artista está a serviço de um eclesial, de um aristocrata, de um homem de corte, de um burguês, de um comitente, enfim. Estes são os que lhe encomendam as obras, ensejando uma arte que está socialmente radicada. De modo que a liberdade criativa do artífice não era mera volição subjetiva isolada a partir da qual se modelava uma obra *in* subjetividade, mas, opostamente, volição e inclinações de uma individualidade *imediatamente* social, e que assim absorvia sentido e perspectiva do *modus faciendi* estético do tempo vivido. Vale dizer, a liberdade artística é forjada e exercida no interior da vida social que então o artista toma e modela, liberdade esculpida, afinal, na atenção e recolha da vida do gênero. Liberdade, *não abstrata*, que permite a existência de uma volição autêntica, genérica, isto é, que parte e diz do gênero – de homens concretos de um tempo e lugar concretos.

Aquele que encomenda é parte ativa na vida social e cultural de seu tempo, e espera que a obra corresponda ao pulso estético socialmente positivado. Com isso não se afirma, importa grifar, que o artista não fosse uma subjetividade criadora intrinsecamente singular e autonômica; redundante lembrar que o Renascimento foi ventre de artistas plenamente individuados, subjetivos. Aluda-se apenas, pois para mais não há espaço: a existência de uma sociabilidade culturalmente ativa, presente – sociabilidade que se universaliza ao possibilitar e projetar a força social do indivíduo, *universalizando-o* –, é a própria condição para o florescimento de um artista independente, singular em ser e fazer, não seu grilhão. Chastel: na relação comitente-artista, o comitente "fixa ao pintor um modelo que deve seguir"[12], vale dizer, "o artista, não devemos duvidar, trabalha sempre por comissão"[13]; e mais à frente:

---

12 Op. cit., p. 243.
13 Idem, p. 252.

O pintor ou o escultor está muito longe de permanecer nos limites das normas [artísticas] específicas dispostas pela autoridade religiosa. Está convencido que sobre as paredes da capela, sobre os altares, a obra deve responder às exigências da devoção, mas seu autor pretende também, e isto sempre mais, ser apreciado por suas qualidades, por seus méritos de pintor ou escultor. O público, mais ou menos, reagira sempre nesse sentido no curso daquilo que chamamos medievo; mas agora pode ocorrer ao artista reivindicar ostensivamente uma liberdade de invenção que vai muito além da noção originária do serviço[14].

Chastel, pois: a condição imanentemente individual da ação do artífice é sua condição conatural. Efetiva individualidade alcançada pelo e no interior – e não poderia ser diverso – de uma orgânica social culturalmente propositiva; orgânica que lhe demandando e condicionando proporciona-lhe o torneamento de sua mais própria subjetividade, acolhida socialmente e assim tornada sociabilidade. Pois sua arte é objeto a serviço da vida cotidiana, da humanidade, que pela obra se humaniza, ou que a isso para ela tende.

Num passo que ainda tange as implicações da relação positiva entre a vida social e a produção artística. A arte renascentista existe na reconhecida força e integridade que a caracterizam, porque atividade *própria* da comunidade, frise-se. A liberdade do artista é ação individual no *corpus* de um organismo culturalmente guiante. As "obrigações estéticas" que um mecenas nobiliário ou a Igreja impõe ao artista e que tendem, de algum modo, a circunscrevê-lo, a desviá-lo de si, é, igualmente, a consubstanciação da necessidade social da arte – a afirmação do valor social desta e do seu criador. Uma determinada constrição – indelével porque o indivíduo é um ser social – medeia sua liberdade, a qual, porém, é esteticamente determinante:

Esquecemos que os artistas, maiores ou menores, estão, em toda parte, como no passado, em contato com as autoridades eclesiásticas ou com as organizações religiosas, ou a seu serviço. Comparativamente, a produção de caráter

14 Idem, p. 262.

148

profano – retratos, história, alegoria – tem um lugar quase mínimo. Na Igreja existe uma corrente "rigorista" que se preocupa não só com a imortalidade dos homens, mas também com a decência das obras. Ela se manifesta periodicamente através dos censores que deploram uma evolução sem controle. Santo Antonino, em Florença, que no convento de Angelico não pode negar o valor da arte, formula reservas sobre os caprichos iconográficos sempre mais numerosos que se manifestam nos pintores. Existe uma tendência "pietista" pouco sonante, que já prepara os esforços da reforma católica. Mas como atinar com a estupefaciente liberdade de que gozam pintores e escultores?[15]

Em palavra análoga, a um só tempo *individualidade* e *gênero*, este artífice não é mais simplesmente "um artesão a serviço de uma princesa graciosa, mas é já o artista no sentido moderno, que faz respeitar seu *ingenium*"[16]. Nos termos atribuídos a Giovanni Bellini por Pietro Bembo, numa carta em que relata seus movimentos intermediadores na busca de solução para um conflito "artístico" entre o artista e a comitente, a marquesa Isabella d'Este:

> A invenção que V.Sa. me pede que eu realize no desenho precisa ser acomodada à fantasia daquele que a faz, o qual tem prazer que muitos dos termos contratados não se deem ao seu [próprio] estilo – ao seu uso, como se diz – por sempre vagar à vontade nas pinturas, as quais possam satisfazer, tanto quanto a ele, a quem as contempla[17].

Na reflexão que arremata ao atar pontas argumentativas ainda descosidas: se minha obra é resposta a uma demanda, alcanço reconhecer a fundante dimensão *material* do meu fazer: isto é, se ela tem impacto objetivo, social, então (atino que) meu fazer é objetivo, concreto, útil – ora, seu suposto e *télos* é a *vida sensível*. Assim, minha ação como artista não é mera projeção da minha interioridade, seja sob que forma for. Passo a ocupar lugar central na comunidade

---

15 Idem, p. 260.

16 Idem, p. 261.

17 Idem, ibidem. A encomenda de uma obra pintura implicava um contrato legal entre o artista e o comitente. Contrato que incluía disposições sobre a natureza pictórica da obra.

porque opero como *força do gênero*, daí minha liberdade possível. Sou artista na medida em que não parto abstratamente de mim: minha dimensão pessoal singular nascida de minha universalidade socialmente possível se faz, na obra, gênero e pessoa, humanidade e individualidade, *materialidade*.

2.

Tal dinâmica e lógica do fazer artístico supõe e implica o forjamento de uma arte radicada na vida; de uma arte e artistas que tendem à universalidade; de um artista que se constitui pela e na expansão de suas capacidades, atributos, vocações. Delineia-se a seguir, em traços brevíssimos, essa questão, com o que se completa a argumentação em curso.

O artífice protoburguês se lança ao mundo dos homens: cores, formas, sons, estruturas, palavras, são *mediações* na construção da obra, não a obra, que é um "segundo" mundo humano, plasmado *criticamente*. Criticidade talhada em verossimilhança, que é *mímesis* – vida humana em ser e dever-ser. No vigor da letra de Eugenio Garin, que nesta passagem pensa a arquitetura:

Em Leonardo faz-se absolutamente consciente e precisa a vontade de resumir a cidade do homem ao princípio da dignidade do homem, ou à racionalidade, à ordem, segundo critérios precisos de higiene, de funcionalidade e de beleza. Na cidade ideal, bem como no edifício singular, ou seja, na obra do artista-arquiteto e urbanista, integra-se e se encarna uma concepção da vida e da realidade, e se opera fora de qualquer divagação retórica. Assim o artista, ou melhor, certo tipo de artista "universal", construtor de um cosmos no qual o homem está inserido, é a expressão mais alta e completa desta civilização. E a arte, este tipo de arte, contém em si tudo: ciência, concepção de mundo, poesia, moral, política. Trata-se, evidentemente, da arte de Leonardo, de Michelangelo, e de outros semelhantes [...]. Nesse sentido, a atividade dos artistas não é uma entre outras manifestações da civilização renascentista: é quase a expressão conclusiva[18].

---

18 *La cultura del rinascimento*, Milano: Il Saggiatore, 1990, p. 156-157.

Nas mãos e mentes de Alberti e Brunelleschi, de Averlino, como também nas de Leonardo, a arquitetura, pois, é esfera da plasmação, *in potentia* e *in actu*, de um espaço para o homem – de um espaço *adequado* ao humano. A obra, positivada pelo *ingenium* pessoal, pela força produtiva de um indivíduo autonômico, efetiva-se como sociabilidade melhor, como universalidade *ad hominem* concretizada. O artista parte do homem e a ele retorna enquanto arte, enquanto gênero. A obra se enraíza na comunidade porque esta é seu ventre *mediato*; ventre que engendra um artista que se universaliza porquanto ele pode se apropriar da vida genérica, e ao interiorizá-la *para-si* a exterioriza numa arte que é, itere-se, do e para o gênero. Em termos que concretam:

> Sem dúvida, as diversas situações das repúblicas livres e senhorias, de principados, de potências eclesiásticas, refletem-se sobre o modo de operar de escultores, pintores, arquitetos, urbanistas. A presença de círculos culturais nas cortes, a influência de teorias e movimentos espirituais, são inseparáveis das formas que as artes vêm tomando[...]. É difícil olhar para Pollaiollo ou Botticelli sem pensar nas páginas de poetas, oradores, filósofos contemporâneos; a obra de Mantegna remete não só aos professores de Pádua, mas ao epigrafista Felice Feliciano; assim como certas figuras de Michelangelo, e até alguns apocalípticos desenhos de Leonardo, de dilúvios e de destruições do mundo, evocam Savonarola. Pintores como Massacio ou Pietro della Francesca delinearam e fixaram nos seus afrescos a figura física do homem que a meditação contemporânea estava indicando como o ser privilegiado capaz de dominar o mundo. Botticelli, nas suas pinturas, traduz o significado das formas essenciais da realidade[19].

Isto é, a matéria a ser artisticamente modelada é a vida concreta – o homem concreto da comunidade. A subjetividade do artista opera sobre a objetividade social posta, de sorte que a obra interessa ao homem. Interesse – *utilidade efetiva* – que é arte socialmente demandada, dinâmica que vincula subjetividade artística e vida social.

---

19 Idem, p. 158-159.

Subjetividade mimética que, esculpindo, pintando ou arquitetando é intrinsecamente multímoda porque seu fazer opera uma *síntese*. Síntese que é não apenas atributo da obra, mas da subjetividade do artista. Ainda nas palavras de Garin, corroborantes de citação anterior – a arte que ora se cria

é todo um mundo de uma humanidade e intensidade sem par. Se não se atenta constantemente a isto não se colhem as dimensões de uma época, a sua poesia, a sua capacidade de ver as coisas e de escrutar-lhes o curso além das aparências, para encontrar o significado das aparências através das raízes, numa resolução, na arte, de filologia e história, de ciência e filosofia[20].

Neste pulso de universalidade, de síntese artística, para muitos artistas vale a observação de Bernard Berenson: "quando esquecemos que foram pintores, permanecem escultores; e ao nos esquecermos que foram escultores, permanecem arquitetos, poetas, e até homens da ciência. Não deixaram forma intocada"[21]. Universalidade do artista: arte *in comunnitate*.[22]

3.

No pulso de um exemplo, que substancia o exposto ao lhe conferir carnes sonoras.

Claudio Monteverdi (Cremona, 1567 – Veneza, 1643) é protagonista maior no quadro musical de seu tempo. Madrigalista de alma, mas tendo incursionado pelas vias monódicas – seu *L´Orfeo* é tido como a primeira ópera da história –, trabalhou para a corte dos Gonzaga do início de sua carreira até 1613, ano em que assumiria o cobiçado cargo de mestre-capela da basílica de San Marco, posto mantido até a morte. Assim, colhe-se de seu itinerário profissional,

---

20 Idem, p. 161.

21 Apud E. Garin, op. cit., p. 157.

22 Para aquele que deseja escavar as razões humano-sociais que impulsaram este artista a este *modus faciendi* artístico, remeto ao "maciço" texto de Ágnes Heller, *L'uomo del rinascimento*, Firenze: La Nuova Italia, 1977. Ver supra, nota 11.

Monteverdi sempre atuou na cena compositiva "italiana" a partir da mão de um comitente "institucional": inicialmente a corte de Mantova, depois a senhoria veneziana. E se foi sob esta condição que o compositor produziu sua obra, esta se talhou, seguindo a tradição medieval, fundamentalmente em função de demandas externas; que também viriam da esfera privada, e ainda de "editores", que em tempos monteverdianos eram figuras consolidadas no cenário econômico e cultural. Nesse sentido, a plataforma compositiva de Monteverdi – como a de um Cipriano de Rore, Wert, Caccini, Peri, Luigi Rossi etc. – foi o homem de sua quadra. Ora, e esse é um argumento muito significativo, o madrigal e a monodia acompanhada são procedimentos composicionais que florescem precisamente em terreno ítalo-quinhentista. Vale dizer, sua música – *mímesis* da alma, vida anímica sensificada, interioridade *in* canto – é a substantificação do *sentir* do homem tardo-renascentista italiano, do universo anímico de um indivíduo que se individua[23]. Denotativa dessa asserção é a letra de Luca Marenzio na dedicatória de seus madrigais de 1588; ao conde Bevilacqua, de Verona, escreve:

> Surgiu-me, pela ocasião de minha passagem por Verona, apresentar-lhe estes meus últimos madrigais. Por mim compostos de maneira muito diferente da passada, tendo atendido, tanto para a imitação das palavras como para a propriedade do estilo, a uma mesta gravidade, direi assim. Que aos entendedores, pares seus, e ao seu virtuosíssimo salão, será talvez a via mais apreciada.[24]

E se por Marenzio não tenho a menor intenção de indicar que o madrigalismo de finais do século XVI tenderia a espelhar meramente um dado "estado de espírito" dominante – quiçá das cortes do norte italiano –, por ele desejo aludir, sim, que a *dramaticidade* do madrigal italiano, tantas e tantas vezes uma dramaticidade mesta – dramaticidade que funda a orgânica e lógica desse gênero musical –, é a plasmação de um sentir

---

23 Sobre a lógica da música monteverdiana ver Parte I – Monteverdi Mimético, em *Música Serva d'Alma*, op. cit.

24 Apud Paolo Fabbri, *Monteverdi*, Torino: Edizioni di Torino, 1985, p. 43.

concreto, concretamente vivido. Sentir pulsante no coração daqueles indivíduos que, *dramaticamente ativos*, construíam a si e ao gênero. Em frase genérica e que exemplifica, as monteverdianas *Vespro della Beata Vergine* e *Combattimento di Tancredi e Clorinda* (peça encomendada por um particular para o carnaval veneziano de 1624) são obras que encontram na vida posta sua gênese, impulso e acolhimento – foram úteis, cada uma a seu modo e função, à comunidade veneziana, e dela partiram, *in mímesis*, dramática.

De fato, o "segundo Renascimento", ou aquele que se desdobra no curso dos anos quinhentos e avança por sobre as décadas iniciais do seguinte, tem por marca humana uma *dramaticidade* de ser, e sentir, que transpassa todo o tecido social. Quando Garin afirma que "O *senso trágico* da vida, uma experiência religiosa sempre muito escavada, dão às formas michelangescas uma grandeza e riqueza que Rafael não atinge nem mesmo nos momentos mais felizes das *Stanze*"[25], denota, *precisamente*, a existência e o arraigo social desta marca. Em termos categoriais: a *individuação* posta no e pelo Renascimento é movimento forjado *in drama*. Dramaticidade que, ordenando a melodia monteverdiana – seja esta uma monodia, ou a voz de um contraponto –, faz de sua música expressão concreta de um homem concreto. Expressão que escavada da vida, é música "útil" e "bela". Beleza dramática que, *reconhecimento* e *crítica* da vida, é ser e dever-ser de um tempo histórico. Tempo de "mesta gravidade", de ser e sentir dramáticos.

Compromisso de Monteverdi com o humano! Compromisso que sua carta a Striggio expressa verbalmente. Em 9 de dezembro de 1616, ao explicar ao amigo porque hesitava musicar o libreto *Le nozze di Titede*[26], dentre outras considerações o compositor lhe apresenta a que se transcreve, onde o fazer musical surge como *expressão*, como *mímesis* do *affectus*. Música monteverdiana – arte *in communitate*,

---

25 Op. cit., p. 164.
26 Poema de temática conjugal, escrito por Scipione Agnelli, autor presente no sexto Livro de madrigais do compositor. Esse poema Striggio envia a Monteverdi, e na carta que o acompanha pergunta-lhe se poderia musicá-lo. A resposta monteverdiana explica a Striggio os motivos de sua recusa.

canto que *sensifica* uma alma dramática; na letra histórica, pela qual se conclui esta etapa argumentativa:

> Observei [em *Le Nozze*] que os interlocutores são ventos, cupidos, zéfiros e sereias, de modo que muitos sopranos serão necessários. E deve ser dito ainda que os ventos têm de cantar, isto é, os zéfiros e os bóreas. *Como*, caro senhor, *poderei imitar o falar dos ventos se estes não falam? E como poderei, com estes meios, mover os afetos?* Arianna moveu-nos por ser mulher, e Orfeo também nos moveu por ser homem, não vento[27].

Homens, não vento!

II. A Arte *sem* Mundo

Posto o quadro acima – que é um esboço do estatuto artístico no alvorecer da vida burguesa –, defronto-lhe, como planejado, a determinação do senso do artista e arte contemporâneos. Determinação que se torna polêmica, como se verá, não por um mero desejo pessoal, e sim porque no curso do século xx obra e artista assumiriam contornos definitivamente arcanos. Em termos mais específicos, a escavação categorial da arte de vanguarda conduz a reflexão a espaços humanos e artísticos duvidosos, escorregadios, espaventosos mesmo. Espaços que não podem ser evitados se não ao preço da supressão da verdade intentada. Não há elaboração reflexiva no campo do humano que possa ser simplesmente neutra. Frente ao humano que se toma e escava, a atitude desinteressada, burocrática, é imperdoável, mesmo porque ela dessubstancia e corrompe o ato do conhecimento. Não poderia, pois, deixar de assumir uma postura, um sentido, uma perspectiva, frente ao estudado, mesmo conhecendo as consequências pessoais que advêm de tal assunção.

---

27 Monteverdi, Carta de 9 de dezembro de 1616, a Alessandro Striggio, em P. Fabbri, op. cit., p. 207. (Grifo nosso). Existe, em inglês, uma tradução completa do epistolário, por Denis Stevens, que também fez uma introdução a *The Letters of Claudio Monteverdi*, Oxford: Clarendon, 1995. As edições italianas, por sua vez, conservam o idioma da época.

A *vanguarda* timbrou o novecentismo. E marque-se de saída, polemicamente: as diversas tendências e correntes vanguardistas presentes em cada uma das diferentes artes assentaram-se todas sobre uma plataforma artística *comum*, ainda que se as possa e deva individuar. Na distinguibilidade aparente, almas assemelhadas, afínicas. Supostos e *télos* mutuados que, na pluralidade de resultados musicais, pictóricos, literários – resultados distintos tão somente pela *materialidade* das obras e pelas abstratas escolhas formais dos artistas –, positivaram uma *unidade artística* e *estética* que poderia, à primeira vista, passar despercebida. Unidade, aluda-se ainda, não só consubstanciada, pois, pela unidade interna de cada uma das artes; mas também porque entre elas havia entrelace categorial. Música e pintura, por exemplo, compartiram supostos e procedimentos, homogeneizando-se esteticamente. Por outro lado, as músicas de Schoenberg e Boulez, por mais que este último tenha buscado demonstrar o oposto, são irmãs, ou ao menos prima-irmãs. De fato, a distinção que por Boulez foi apresentada como sendo de essência, objetivou-se, antes, enquanto uma distinção de caminhos, não de princípios, perspectivas e resultantes. O estatuto estético é o mesmo: as obras, dessemelhantes apenas enquanto *som*. Tomemos o problema, ainda que somente em linhas gerais.

1.

Como passo inicial, o reconhecimento e explicitação de uma questão ontológica: a relação entre o artista e a sociedade nos anos novecentos foi tecida sobre as bases de um pleno evanescer da necessidade *social* da arte[28]. Não se pode aqui tomar, ainda que epidermicamente, o fundamento de tal situação e crise das artes, mas é necessário

---

28 Poder-se-ia argumentar no sentido de que a antiga União Soviética preocupou-se com os caminhos da arte. Tal "preocupação", porém, foi *imiscuição*, e não pode ser considerada como uma demanda social pela arte. Efetivamente, a *mão estética* do estado não foi a consubstanciação de uma tendência nascida das forças sociais, da comunidade, mas sim *interferência* estatal, interferência que se fez também perseguição e mesmo extermínio daqueles considerados dissidentes estéticos. Tendência que, se de fato tendência, objetiva-se socialmente não pela imposição, mas no, pelo e como corpo social. A orientação *burocrática* dada à arte na União Soviética foi domínio, intervenção, controle social.

pontualizá-lo, posta a argumentação que se tecerá. A saber, o empobrecimento radical das possibilidades de objetivação social das vocações e forças dos indivíduos, isto é, a ausência da *potentia* e *actus* de uma *individua*ção *autorregida*, o emagrecimento biafrense da possibilidade de regência individual de si, a adstrição imposta aos indivíduos pelo ser e ir-sendo da sociabilidade, o dessangramento da dimensão genérica das individualidades, implicaram na dilaceração de uma demanda artística nascida do gênero. Dilaceração que significou, note-se, artistas operantes a partir e no interior de uma subjetividade pessoal e artística enraizada *em si mesma*. Em palavra categorial, que não se pode aqui desdobrar: negado pela sociabilidade que o engendra e nutre em suas imanentes possibilidades autenticamente individuais de ser e desenvolver-se, o indivíduo, desapossado de si, perde *universalidade, sociabilidade – individualidade*. Isto é, individua-se num dessangramento categórico de sua *generidade* potencial, na adstrição, ou mesmo no derruimento, de sua expansão, universalização, individuação autonômicas possíveis. Sociedade que, positivada por individualidades não genéricas, ou mais rigorosamente, abstratamente genéricas – genéricas não *para--si* –, pariria um homem subjetivamente despegado da vida social, para quem, pois, tendencialmente, o mundo objetivo, o universo da vida cotidiana, não seria tomado como determinante para a vida objetiva e subjetiva dos indivíduos, da comunidade, da humanidade. Dessubstanciar – e posterior *negação consciente* por parte dos indivíduos – da universalidade, vale dizer, colisão radical entre vida individual e vida genérica, que produziria artistas *in* subjetividade; artistas que *subjetivariam* o mundo, que necessariamente retrotrairiam a vida *concreta* em suas obras[29]. Esse é o substrato da reflexão de Luc Ferry, que pinta um quadro artístico e humano que tem no "retraimento do mundo" sua cor primária, pintura oportuna que concreta pontos categoriais expostos; considera, assertivamente:

---

29 Ver a reflexão categorial sobre os fundamentos sociais da vida burguesa, em José Chasin, Futuro Ausente, *Revista Ad Hominem*, tomo 3 – Política, São Paulo: Ad Hominem, 2000.

[Na arte das vanguardas] não existe mais mundo unívoco *evidente*, e sim uma pluralidade de mundos particulares a cada artista, não existe mais *uma arte*, e sim uma diversidade quase infinita de estilos *individuais*. O lugar-comum segundo o qual se diz que o belo é uma questão de gosto se tornou por fim uma realidade, ou mais exatamente: enquanto havia uma diferença entre um artista de talento e o que Kant, em seu inimitável jargão, teria chamado de "troca-tintas", hoje essa diferença tende a se tornar puramente individual; ela não tem mais nada a ver com a capacidade de criar um mundo que supere a esfera estritamente privada das *experiências vividas* do criador. Pelo contrário, ela reside no culto mais ou menos elaborado (em última instância, é aqui também que se aninha a velha questão dos critérios) de uma idiossincrasia[30].

E exemplifica:

Com efeito, quando considero o romantismo, mesmo se esse *movimento* é muito diversificado [...] posso distinguir uma estética romântica, um pensamento político, (globalmente contrarrevolucionário), uma teoria da história, até mesmo uma metafísica, em suma, uma "representação de mundo", uma *Weltanschauung* comum aos artistas – pintores, poetas, músicos –, escritores ou filósofos. Há algo que se assemelha a um universo que ultrapassa os indivíduos, universo que possa amar ou odiar, mas cuja existência supra-individual não posso negar. De que movimento [...] poderíamos dizer hoje a mesma coisa?[31].

A vida social, a vida do gênero, a vida genérica – faça-se mais ou menos vida individual, contraponha-se mais ou menos à vida privada –, é a raiz das *carnes* e *alma* dos indivíduos. O retraimento da vida genérica do indivíduo – que o dessubstancia humanamente porque tolhimento de sua apropriação do gênero, isto é, tolhimento da via efetiva à apropriação e desenvolvimento *de si* –, mostra-o a si mesmo como ser descolado da vida objetiva. Em proposição mais rigorosa, este retraimento espelha-o a si, *aparentemente*, como um

---

30 *Homo Aestheticus*, São Paulo: Ensaio, 1994, p. 25-26.
31 Idem, p. 26.

ser meramente abstrato, como inteira e simplesmente não genérico. Aparência, não obstante, que, tomada e sentida subjetivamente como realidade, empurra as individualidades para longe do entendimento real da vida prática, da vida genérica, da vida dos indivíduos, arrojando-as para dentro de *seu* próprio mundo, que então se lhes faz predominante. Subjetivação, socialmente posta, que não apenas orienta o pulso interno do homem, mas marca-lhe a interioridade. E se essa clivagem entre indivíduo e gênero está geneticamente atada à Renascença – ao nascimento do homem burguês –, no século xx adquire impulso notável, um novo estatuto: se reconheço o "mundo romântico" enquanto mundo, o universo artístico do século xx só pode ser reconhecido pela ausência de mundo. Pois este mundo falto, *artisticamente*, não supera a individualidade abstratizada do artista, a não ser excepcionalmente. Kandinsky, ao afirmar que à vanguarda cabia a "expressão pura da vida interior", assentava em imodesto trono real a fundante dimensão *subjetivista* desse fazer artístico. Pintura como "expressão pura da interioridade" que está engendrando, isto sim, a pura ausência do mundo, na concreta medida em que esse *modus faciendi* configura o *não figurativo*, isto é, o não sensível, o não material, o não objetivo, o não social, o não humano. Trata-se, julga o pintor, de pela arte manifestar um singular *in abstracto*, o *Eu interior* do artista, o que, rigorosamente, atualiza-se como *arcana interioridade sem carnes*. Em reflexão convizinha:

> Se [para o pintor] é preciso acabar com a arte figurativa, se é preciso deixar de imitar a natureza, é para enfim estar plenamente à altura de exprimir a subjetividade, o que Kandinsky resume nesta fórmula capital: "*Essa total recusa das formas habituais do belo leva a admitir como sagrados todos os procedimentos que permitam manifestar a personalidade*"[32].

Personagem importante não apenas como artista de vanguarda, mas por suas sínteses teóricas, Kandinsky, pois, não deixa margem a dúvidas: "manifestar a personalidade" é o *télos* estético primário.

---

32 Idem, p. 276.

Télos e plataforma artística gerados por uma subjetividade que se cultiva no isolamento, pontualize-se; subjetividade egotista[33] que, *per se*, deseja instaurar e imprimir sobre a vida do gênero diretrizes humanas e estéticas. *Modus operandi* que anela fazer da arte "expressão" de um singular subjetivamente ermo. Perspectiva estética que, ao perder o gênero, não poderia não se consubstanciar em arte abstrata, humanamente *desmaterializada*, ainda que seu criador se entendesse e declarasse artisticamente objetivo, material, concreto, crítico, histórico.

E, se a (abstrata) manifestação *de mim* é pensada como categoria ordenadora da elaboração de vanguarda, ser *original*, disponha-se em completação, surge como condição artística primigênia. Em termos que desdobram, o "novo", a busca da originalidade, é substrato estético porque implica a compulsivamente perseguida e decantada ruptura estética com a tradição. Ruptura, de um lado, que é a negação absoluta das regras, procedimentos e *modus faciendi* legados pelo romantismo; de outro, das regras, procedimentos e *modus faciendi* concebidos pelo próprio criador de vanguarda, os quais, avaliam os artistas, pelo uso e reúso igualmente se cristalizariam, fariam impuros, inartísticos, tradicionais; tornados comuns, abastardariam o fazer. Assim, a originalidade engendra uma arte *maior* porque arte reinventada a cada obra, cujas regras e procedimentos, firme-se, somente a *uma* devem servir, e a nenhuma mais. A tradição – perigoso inimigo de uma arte que é minha interioridade nem a mim efetivamente familiar ou conhecida; que é minha inconsciência – pode irromper do *nada*, estimam frivolamente esses artistas. Então uma obra não pode ser de outra obra senão uma (presumida) antípoda. Arte, pois, que é parida não por uma *imitatio* – caminho conhecido e provado pela história; não por uma inter-relação entre subjetividade criadora e mundo objetivo, social; mas de um artista que se atualiza fora do gênero – que encontra em si, de um modo ou de outro, a fonte genética do conteúdo e da forma de sua criação. Então, essa

---

33 A título de ilustração: Marcel Duchamp intitula uma conferência sua feita nos Estados Unidos de "A propos of Mylself"; Pierre Boulez denomina uma autoentrevista "De Mim para Mim", publicada como apresentação em *Música Hoje*, 3. ed., São Paulo: Perspectiva, 1986, p. 7-12.

"novidade" reiterada, essa originalidade insistida, essa obra concebida como mônada arcana, como ente sem par, é a *singularidade abstrata tornada arquétipo* – como obra e como artista.

E se assim o é, pulsa no ideário da vanguarda, defronte-se uma questão apenas implicitamente aludida, uma velada concepção *evolucionista*. Ora, ao "novo" compulsivamente buscado, à originalidade formal almejada, confere-se uma dimensão e um valor hiperbólicos, alógicos: *innovatio*, na teoria e na prática, obsedantemente positivada como atributo estético superlativo. Entrepensa Kandinsky, e não só ele: essa arte, comparativamente, é mais substantiva, plena – a que, historicamente, melhor respondeu às necessidades e/ou mazelas humanas postas. Afagado pulso evolucionista que encerra em si não mera repulsa ou negação das obras do passado, mas, antes, a crença de que esta arte *a vante* se atualiza num grau superior de compreensão do mundo e de consubstanciação artística. Não se trata, do ponto de vista das vanguardas, de que o passado seja artisticamente menor, mas de que a arte, agora, alcançara um patamar inaudito de maturidade – evolvida, distinguiu-se singularmente na e *da* história. Na proposição que sintetiza e prepara o argumento sequente. Uma liberdade criativa excepcional, quase preternatural, irrompeu, estimaram músicos, pintores, poetas. Isto é, a subjetividade do artista, real objeto estético, projetou-se. Projeção que, originalidade e plenitude estética, evolução e maturidade, fez da arte, asseveraram seus expoentes, arte *in essentia*. Arte, não obstante, que inteiramente radicada na vida contemporânea – vida esta tão acoimada pelos artistas *do novo* –, transformaria este crítico num retoricão. Atine-se: a vida burguesa coeva, que a vanguarda toma *cabalmente* por decadentista, é a plataforma da histórica maturidade artística presumida e afirmada. Tomemos essa contradição que eiva a reflexão vanguardista, tomadia pela qual se conclui este espaço argumentativo.

A vanguarda primária – aquela nascida ao arrebol do século XIX – ancorou-se num artista que se substantificaria como imodesta *consciência solitária*. Concretamente: insulado, considerava-se superior, mais perspicaz, estreme. De fato, este artista era um homem que se isolava por opção, ao se perspectivar como um missionário. Ao pressupor que divisava socialmente *além* de todos, imergia na tristeza de uma solidão cultivada, por ele tomada como visionária. E reputava ver além porque a vida que o rodeava – assim entendia – estaria inteiramente subordinada ao delírio de um mercado humanamente derruidor que a todos reduz: nesse universo inculto, de homens passivos, espiritualmente pobres, conformistas, que transpiram rudeza e incultura, o artista é a contraparte crítica, que move o homem para frente, declarava. *Aparentemente* antiburguês e subversivo, ou mais propriamente, indivíduo em desculto face ao popular – pois este lhe parecia simples, tradicionário, inartístico, burguês –, acreditava que a si cabia projetar, através da arte que produzia, um caminho humano mais efetivo, pertinente, legítimo. Enfim, ao bombardear a tradição e propor sua implosão estética – e isso a partir, recante-se, tanto de um *retraimento* do mundo dos homens na obra, como de um desejo de chocar os valores de uma sociabilidade univocamente percebida e tida como banal –, o artista, que assim nega o humano ao negar a totalidade da vida cotidiana, postulava-se como consciência maior. O elitismo então irrompido é a contrapartida do mundo desprezado, da sociabilidade tomada apenas *in negatio* – tomada, e tão só assim, como a abstrata proponente da estupidez e da cegueira humanas. Universalização ideal do mal – assim tornado a própria vida burguesa –, que é criticidade incapaz, parcial, que inconsequentemente toma a parte pelo todo, com o quê a lógica verdadeira e a malignidade humana real desta vida não podem emergir, impedidas por um vozeio iconoclástico, como também não pode se substantificar uma arte que não seja abstrata, em conteúdo e forma. Seja como for, para este *antiartífice*, seu fazer de alma abstrata, histórica plenitude crítica, engendra um patamar jamais atingido anteriormente pela arte.

Da descrição traçada, a contradição aludida: a vida que o artista menoscaba por seu prosaísmo é o indelével fundamento humano, e a alavanca, desta arte que se crê mais sábia. Em asserção ôntica, a banalidade admoestada e que se entende artisticamente superar é, e não poderia ser diverso, o ventre da vanguarda, então, a conjuncionalidade entre a arte e o banal – o grotesco, o prosaico – é fato, nascido de uma práxis. Mas advirta-se, e grifadamente: nesta assertiva não existe, latente, a ideia banal de que o banal vivido pode apenas engendrar o banal ideal e artístico; de que o prosaico vivido gere tão só prosaísmo estético, mecanicismo teórico obtuso que se deve rechaçar *in limine.* Não obstante, no caso em exame, a negação do banal, porque abstratizada, em muitos e muitos casos objetivou-se no concretamente banal: a banalidade se aconchegou confortavelmente no leito real das artes evolvidas. Na palavra perguntante, que exemplifica:

> E se tivessem as vanguardas, desde o começo do século, secretamente e às vezes sem saberem, trabalhando para a abolição de toda distinção entre "subcultura" e "alta cultura"? O mictório que Duchamp introduziu no museu não é um símbolo dessa vontade de romper com a banalidade, vontade que se torna também banal e banalizante quando apaga toda a distinção entre obra de arte e objeto técnico?[34]

A subjetivação da vida é, *per se,* uma banalização: ao se desconsiderar a dimensão material, objetiva, bem como ao se tomar a parte pelo todo, a compreensão do mundo do homem se interdiz, é mutilada. O criador que entende ser ele mesmo o coração da obra tende necessariamente ao dessubstanciado, ao bizarro. Bizarro que, não incomumente, traduz simples egotismo, mas que na idealidade de seu executor é a substantificação de um mundo mais puro, orgânico, essencial. Idealidade abstrata que faz do *imediato,* do objeto *utilitário, inartístico,* suposto e matéria do *modus faciendi* da vanguarda: objetos investidos de um significado e importância metafísicos pela *abstrata volição irrealizável* do artista são "transfundidos" – *subjetivisticamente* – em "arte". Na palavra que substancia, vezes reiteradas as vanguardas "vivem da banalidade cotidiana: se não houver banalidade, não haverá vanguarda, já que a vanguarda é o movimento pelo qual um pequeno grupo, uma elite, animada por um projeto *novo,* rejeita radicalmente o conformismo ambiente, as ideias aceitas, as heranças da tradição"[35]. Para a vanguarda, pois, a arte tornada *artista* é sua maioridade. Maioridade que implicou incomunicabilidade incon-

---

34 L. Ferry, op. cit., p. 271.
35 Idem, ibidem.

tornável, porque arte da inobjetividade – da "expressão pura" do *Eu* pintor, músico, poeta. Ao romper com o passado e se abstrair do presente, o artista deseja engendrar o futuro, *in abstracto*. Futuro que se quer deixar como herança. Herança indecifrável, porém; o *de-onde-para-onde* desta *obra-futuro* é uma idealidade *insensível*, um imaginário que se estetiza, artista que, ao tomar o mundo como uma unívoca banalidade, empurra a vida do gênero para fora de seu fazer. Arte que, sem mundo, não é: se entende como projeção daquilo que seu autor entende por *sua* subjetividade. Numa consentânea e evocativa defesa do cubismo por J. Metzinger, pela qual esta zona temática, já não sem tempo, chega ao fim:

> Em resumo, o cubismo, que foi acusado de ser um sistema, condena todos os sistemas. [...] as liberdades parciais conquistadas por Courbet, Manet, Cézanne e pelos impressionistas, o cubismo substitui por uma liberdade infinita. Doravante, uma vez considerado finalmente quimérico o conhecimento objetivo, e uma vez provado ser convenção o que a multidão entende por forma natural, o pintor terá como leis apenas aquelas que regem as formas coloridas. [...] Só existe uma verdade, a *nossa*, quando a impomos a todos[36].

2.

Ao exposto se poderia contrapor imediatamente: a vanguarda não foi – ou não foi apenas – arte de um *Eu* fundante. E seu cientismo, seu pendor à geometria, sua preocupação, digamos assim, com as "formas" da realidade? No que segue, a tentativa de circunscrever esta questão.

O movimento de vanguarda foi fenomenicamente plural, seja do ponto de vista ideal, seja artisticamente. Em seu interior, uma corrente, expressiva, condenava precisamente os que tinham na originalidade o *télos* artístico. O original como perspectiva e atributo estético primário, afirmava Gino Severini, desfigura o ato estético. A originalidade, polemizava com vigor o futurista italiano, fez-se

---

36 Apud L. Ferry, op. cit., p. 309.

originalidade pela originalidade, lógica cujo substrato guarda uma dimensão perniciosa – um "ultra-individualismo", que distancia o artista daquilo que é sua tarefa primeira –, a manifestação, pela pintura, do "senso do real".

Severini não é voz isolada, marque-se. A ela se somam outras de ressonância histórica. Vozes que se acostavam às ciências para arrimar a atividade criativa. Ciência, declaravam, que faculta ferramental basilar àquele que deseja ser artisticamente efetivo. Aproximação às ciências?

Adentre-se no campo da pintura, caso esclarecedor. Dispondo, *in limine*, o cerne da questão, a saber, a crítica ao *originalismo* tem sua ancoragem num discurso e prática de natureza *geometral*. O cientismo que um conjunto de artistas e teóricos convoca às suas trincheiras estéticas traduz um objetivo comum que, mais ou menos aceito e consubstanciado em cada obra e artista, os coliga e marca: trata-se do desígnio de superar – ou suprimir – pictoricamente a *perspectiva*; esta, tida – e repudiada – como elemento falseador da realidade. *Realidade*, por sua vez, este o ponto a sublinhar, determinada como o campo próprio da arte; isto é, como o terreno verdadeiramente nutriz da subjetividade do artista e do conteúdo da obra. Quando Severini refere que nossa "obsessão de penetrar e de conquistar por todos os meios o senso do real, identificar-se com a vida, por todas as fibras de nosso corpo, está na base de nossas pesquisas e da estética de todos os tempos. É preciso ver nessas causas gerais as origens de nossas construções geométricas exatas"[37], esboça-nos este cenário artístico de orientação "realista".

O que Gino Severini pensa e propõe pode ser assim substanciado: ao pictórico, dispunha literalmente, cabe a *"conquista do real"*, real que a geometria euclidiana – cuja orgânica funda-se no reconhecimento das três dimensões espaciais – é incapaz não só de perceber, mas também de plasmar. De modo que cumpre à pintura moderna, sustentava Severini, avizinhar-se da matemática – mais especificamente dos estudos de geometria – a fim de encontrar mecanismos que lhe possam alavancar ao fim que lhe cabe, a saber,

---

37 Apud. L. Ferry, op. cit., p. 311.

penetrar *verdadeiramente* a realidade traduzindo-a em suas *formas* efetivas. Formas, considerava ainda o futurista, que não são *visíveis*. Em letra análoga, para Gino a perspectiva era apenas uma ilusão, uma distorção, uma mentira, uma convenção burguesa que, remontando ao *quattrocento*, perdeu sentido na contemporaneidade porque perdeu propriedade e função. Trata-se, ora, de buscar um novo realismo, efetivamente *real*. Realismo este que implica, de saída, a superação da tridimensionalidade, porquanto infiel à realidade. Realidade, afiançava esta corrente vanguardista, que *não se mostra*, ou mesmo silhueta-se, à experiência sensível do homem. As formas do real, na vida e na arte, desvendam-se em sua essência quando se vai *além* do concreto, do singular, do fenômeno *ilusório*, esfera, pois, que o artista tem de abstrair, simplesmente recusar ao criar. Vale dizer, o real *sensível* – o *singular* – é um *não real*, ou no máximo um real *enganoso*, que assim deve ser desconsiderado, negado, em conteúdo e forma, delineia o ideário pictórico abstrato-realista de Severini. Nesse sentido, a perspectiva não poderia deixar de ser entendida como um *ponto de vista*, apenas; como uma aproximação *exterior*, desfiguradora, do real tomado; por princípio, então, uma inverdade falseadora daquilo que se toma e refigura. Fonte de equívoco, de superficialidade, de incompreensão, a perspectiva é uma intromissão humana corrompedora da realidade, cuja supressão é necessidade pictórica fundante. Ora, a arte que realmente quer se realizar como tal tem de buscar e afigurar a forma *primária* dos objetos – sua oculta (e arcana) *materialidade genética*. Pois os objetos, os seres concretos da realidade, são entes isolados, abstratamente autonômicos, considera a vanguarda, entes que, quando abstratizados de um contexto e relações, ou *de per si*, é que se auto-desnudam em sua essência formante. Donde ser a perspectiva ferramenta inútil, e necessariamente ilusiva: em Severini, o todo anula a parte. Busca e afiguração desta (mística) materialidade genética, pontue-se desde já, que se atará às especulações geométrico-matemáticas da "quarta dimensão", então na moda. Na palavra de Ferry, roborante: essa pintura de vanguarda acredita que "é preciso superar as aparências (a tridimensionalidade e essa perspectiva que pressupõe um observador fixo) para atingir a verdadeira realidade, aquela que, a exemplo da quarta dimensão, ou das ideias platônicas, não é visível, mas somente acessível à inteligência"[38]. Citando Maurice Princet, universalmente conhecido como o "matemático do cubismo", concreta a reflexão:

> Você representa uma mesa através de um trapézio, tal como a vê *"deformada" pela perspectiva*. Mas que aconteceria se quisesse representar a mesa *tipo*? Você deveria ratificá-la sobre o plano da tela e, do trapézio, voltar ao retângulo *verídico*. Se esta mesa estiver coberta de objetos igualmente *deformados* pela perspectiva, o mesmo movimento de ratificação deverá ser realizado com cada um deles[39].

E então conclui, sintetizando os supostos dessa vanguarda: "agora é a perspectiva visível que se torna a aparência 'deformada' e a bidimensionalidade (sobre a qual dissemos como era a consequência plástica da quarta dimensão) torna-se o real, isto é, o *inteligível*"[40].

Impossível desdobrar efetivamente todas as questões estético-pictóricas aqui tangidas, mas alguns pontos demandam explicitação para que essa cena alcance nitidez aceitável.

A recusa da perspectiva é, do ponto de vista eminentemente técnico, a proposição de um pictórico bidimensional. Bidimensionalidade desejada que, de algum modo, se apoiava nas incursões "científicas" dos artistas pelo terreno duvidoso dos estudos sobre a existência de uma "quarta dimensão". Em termos mais específicos: a busca das

geometrias em quatro dimensões tiveram pelo menos um efeito decisivo: legitimar para os pintores a crítica da perspectiva tradicional como "ilusão obsoleta" e, em consequência, gerar a ideia de uma redução do espaço plástico à bidimensionalidade. O ponto é decisivo. Sem dúvida, era através

---

38 L. Ferry, op. cit., p. 312.

39 Apud L. Ferry, op. cit., p. 312-313. (Grifo nosso).

40 Luc Ferry, op. cit., p. 313.

dessa redução que as geometrias de quatro dimensões e as geometrias não euclidianas podiam unir-se na mente dos pintores[41].

Efetivamente, para esses artistas a perspectiva negada significou a elaboração de uma arte que presumia enformar a objetividade *primordial*, a materialidade *de essência* do "ente" plasmado. Procura da objetividade primígena, da forma fundante que, não sensível, mas pensada como a verdade deste "ente", positivou-se como a orientação pictórica peculiar dessa pintura. A supressão do *volume*, da massa do "objeto" configurado, bem como da *profundidade* – do espaço concreto em que necessariamente se insere e no qual existe, ocupa uma posição determinada e se relaciona com os outros seres – engendraria, faria visível, assim julgavam, sua natureza real linear, incomplexa. Denotar plasticamente – *sensivelmente* – a materialidade imaterial das formas das coisas: *télos* que lançou os artistas ao não concreto, isto é, ao bidimensional. Se a lógica da perspectiva é um falso produzido, uma convenção, o *real* está na "simplicidade", na verdade (arcana) das "formas puras" – "elementares"; isto é, o real está no abstrato – na *essencial materialidade não material*. E, atente-se ainda, denotação pictórica esta, declaravam, que primariamente devia estar *na cabeça* do artista. A afirmação de Picasso de que os objetos deviam ser pintados *como pensados*, não como vistos, permite atinar, mesmo que genericamente, com esta inclinação estética. Escavemo-la, então, *brevi manu*.

Partindo-se do ponto de chegada a que esta argumentação conduzirá: a obsessão "de penetrar e de conquistar por todos os meios o senso do real", a busca da "verdadeira" realidade, é ventre de uma arte não realista. A corrente estética que lucidamente condenava a *originalidade* por constatá-la subjetivismo inartístico, banhara-se igualmente, de corpo inteiro, nas águas da subjetivação artística. No tom incisivo e claro de Metzinger, que corrobora proposições dispostas e nos diz de um *realismo-subjetivista*: "Realmente, o cubismo *ultrapassa* a coisa *exterior* para a envolver e a captar melhor. Olhar o modelo já não basta,

---

41 Idem, p. 298.

o pintor precisa *pensar*. Ele o transporta para um espaço ao mesmo tempo *espiritual* e *plástico*, acerca do qual não é em absoluto leviano falar de uma quarta dimensão"[42]. Ora, subjetivo e objetivo, escava-se da letra de Metzinger, misturam-se numa mutuada indistinção pela qual a obra se arma. Em propositura categorial: o modelo toma forma a partir de um pincel que o elabora na *negação de sua forma sensível*. A *plasticidade espiritual* perspectivada é a positivação do abandono do ser enquanto ser sensível. Sensibilidade negada porquanto tida como muda, inexpressiva, não essencial, ilusória; então substituída, sustenta a vanguarda, por uma nova e autêntica objetividade, plasmada pela imodesta mão instauradora do artista: no lugar do ser, do existir, uma *hipótese formal subjetiva* como objetividade, feita arte. Criação espiritual que volitivamente descolada do sensível é, antes, um especular que engendra um abstrato; eventualmente, tal especulação poderá presumir-se como a objetivação plástica da quarta dimensão, vale dizer, como a positivação *plástico-conceitual* do próprio estatuto da realidade. Nessa pintura, então, não se trata de tomar um *singular in mímesis*, isto é, de *universalizá-lo*, de *expandi-lo*, mediação efetiva à expressão de sua orgânica e destino[43] – pense-se, por exemplo, no *Juizo Final* michelangesco, ou na *Expulsão de Adão e Eva do Paraíso*, de Masaccio. Trata-se, sim, opostamente, de anatematizar o concreto, de ultrapassar o sensível – as *formas* sensíveis, enganosas, dão lugar a formas abstratas, reais. O estético é aqui, rigorosamente, campo especulativo, subjetivação a pincéis, não a singularidade ôntica, que pressupõe contexto – *relações* entre coisas e seres –, *perspectiva* então. Num tal conceber e fazer, o concreto é a ideia, abstrato o concreto: a perspectiva é negada porque o concreto é negado. Irrompem a arte abstrata e a conceitual; esta, ainda em germe, desenvolver-se-ia no curso do século.

Em pulso sumarizante. A perspectiva e a tridimensionalidade ilididas é o abstrato acolhido como categoria artística. O homem – ao menos o real – é arrojado para fora da cena pictorial por uma bidimensionalidade ora ordenadora. O cientificismo é a contraparte

---

[42] Apud L. Ferry, op. cit., p. 315. (Grifo nosso).
[43] Cf. I. Chasin, *Ad mímesis*, op. cit., p. 338.

dessa ausência, mas ele não surgiu por uma demanda natural dos pincéis: só se fez necessidade porque a arte foi desacolhendo o humano, a vida genérica. Há um *modo de ver a vida* por parte de cada artista, modo que ao fundar sua obra determina-lhe a natureza. Se o artista parte *da* vida e a ela retorna como obra *da* humanidade, toma forma um determinado campo estético; mas se parte de si e a si retorna, nasce outro. Antinômicos, estes campos excluem-se mutuamente, posto que a arrenegação das formas do humano contrapõe-se à arte de Poliziano e Alberti, Monteverdi e Cervantes, Michelangelo ou Shakespeare. Na assertiva que robora e dispõe o argumento seguinte: a arte de vanguarda é esculpida por um *Eu* artisticamente fundante – que parte *abstratamente* de si e retorna à vida como obra *in abstracto*. À concreção desta determinação, a palavra de Schoenberg pode ser preciosa.

3.

No texto em que toma em exame Mahler e sua música, deparamo-nos a certa altura com a seguinte reflexão schoenberguiana, induvidosa no que estabelece e defende, a saber: "Verdadeiramente, existe apenas um meta para a qual o artista se afana em chegar: *a expressão de si mesmo*. Se nisto triunfa, conseguiu o maior êxito possível; depois disto, tudo mais carece de importância, porque 'tudo mais' está implícito no seu logro"[44]. Pouco à frente, na referência à obra sinfônica do compositor, itera o dito:

> Que inexistam imitadores destas sinfonias [de Mahler] que se assemelhem minimamente ao modelo, que esta música resista à imitação (como tudo aquilo que um homem consegue por si mesmo), é prova de que Mahler foi capaz de alcançar a máxima realização de um artista: *a própria expressão*! Somente ele ficou expresso [nas sinfonias], não a morte, o destino, ou Fausto. Pois isto outros também podem compor. Ele expressou apenas o que, independentemente do estilo e do adorno, o retratava, e nada mais que a ele[45].

44 *El Estilo y la Idea*, Madrid: Mundimúsica, 2007, p. 33.
45 Idem, p. 34. (Grifo nosso).

Da pena teórica de Schoenberg não escorrem, pois, ambiguidades: a música – assevera sem controvérsias – é o artista. A música é a expressão do sujeito estético, do artista em sua *pessoalidade*, em suas *particularidades* subjetivas individuais, e nisto reside o coração compositivo. No ratificador sintetismo de Adorno, igualmente inequívoco no que pontualiza: em Schoenberg, "o estímulo subjetivo e a aspiração a uma sincera e direta afirmação de si convertem-se em *organon* técnico da obra subjetiva"[46]. Ou ainda, ao artista – tomado kandinskianamente pelo compositor vienense como um ser alheio à pequenez do cotidiano bárbaro, tomado, então, como um ser superior, excepcional, capaz de isoladamente orientar com sua arte a humanidade prosaica –, cumpre a autoplasmação, entende Schoenberg, que é suposto e *télos*, afirma, de sua arte. Isto é: "Apenas nos é dado expressar o que possuímos em *nosso* interior"[47]. E se assim o é, "não é necessário que um artista ou autor acomode seu estilo à capacidade de compreensão do ouvinte. O artista não deve pensar muito; basta que pense correta e adequadamente"[48]. Em suma, a música e o compositor, no ideário schoenberguiano, amalgamam-se, são indistintos:

> O artista sente obedecer ao impulso de uma mola interior, ao impulso de se exprimir, como um relógio, que bate as vinte e quatro horas de cada dia sem se preocupar de que dia se trata, de que mês, de que ano ou de que século. Todos sabemos, exceto o relógio. A resposta do artista ao impulso de seu mecanismo se produz automaticamente e sem atraso, como um mecanismo bem azeitado[49].

---

46 *Filosofia da Nova Música*, São Paulo: Perspectiva, 1974, p. 54. No interior de uma reflexão sobre a *Suíte Lírica*, de Berg, Adorno corrobora Schoenberg em termos mais concretos: "Na introdução que escreveu para esta partitura, Erwin Stein definiu-a como uma suíte lírico-dramática. Tal denominação é legítima, se a compreendermos naquele sentido especificamente berguiano, assinalado nas *Peças para Clarinete*. O próprio *eu lírico*, que *se exprime* livre de qualquer reificação programática, é dialético em si: *deve apenas cantar aquilo que sente* e, graças à autêntica humanidade que lhe é inerente, é já um fragmento do mundo acerca do qual ele canta. Um mundo doloroso, *um mundo que permanece inacessível ao Eu* [Selbst] e que, todavia, está nostalgicamente ligado a ele", *Berg: O Mestre da Transição Mínima*, São Paulo: Unesp, 2009, p. 211-212. (Grifo nosso).

47 Op. cit., p. 72. (Grifo nosso).

48 Idem, p. 65.

49 Idem, ibidem.

Responder-se a si a partir de si – é o que anela, interessa e, artisticamente, perspectiva Schoenberg. Caminho estético escolhido que implica solidão, enaltecida, isolamento, que intimamente se acarinha e louva. Ora, essa música, avalia, que é *sua animea*, solitária porque verdadeira, não poderia mesmo ecoar num cotidiano que é descaminho de indivíduos insuficientes, justifica e justifica-se. Quiçá – assim deseja e postula – ecoe em homens mais densos, preparados para uma arte que então, mas apenas excepcionalmente, pode atingir, comunicar. Um homem maior para uma música maior: o schoenberguiano estado de solidão, afinal, não é uma escolha sua ou algo efetivamente anelado; antes, é impossibilidade de enraizamento social de uma arte que então se traveste de solitude, com a qual, sem dúvida, o músico gostaria de romper – como indivíduo e como obra. Numa carta a Kandinsky, de 1911, manifesta-lhe: "Foi provisoriamente recusado às minhas obras o favor das massas. Assim elas até mais facilmente atingirão os indivíduos. Esses indivíduos de grande valor que são os únicos que contam para mim"[50]. E se assim escreve Schoenberg, sua solidão seria para si, certamente, "o indício de sua personalidade, o sinal de sua *individualização* frente a uma massa *informe* que absorve cegamente os valores da tradição contra os quais o artista se revolta"[51]. Solidão, distenda-se frase anterior, que, na esteira de Kandinsky, Schoenberg debita ao ventre da vida burguesa posta, a qual, concebe o compositor, pare homens inteiramente dessubstanciados, privados de si mesmos – *integral* e *irremediavelmente* despossados de uma interioridade ativa e de vontade própria porque *integral* e *irremediavelmente* reificados. Vida irrevogavelmente marcada e destituída por um mercado que, desapaixonado e burocrático, devora a alma dos indivíduos ao fazê-los apenas burgueses irreligiosos. De fato, se deve generalizar: "Para Schoenberg a crise da subjetividade não se limita à sociedade burguesa: a crise toma toda a civilização humana e deita profundas raízes na história. A crise está conexa ao problema ético-religioso, à

---

50 Apud, L. Ferry, op. cit., p. 275.
51 Idem, ibidem.

perda do *Urgrund* [– dos *fundamentos originários* –] da consciência ética do homem"[52].

Então, a um mundo sem solução humano-social possível ou divisada, que não me responde e me isola, é o meu *Eu interior isolado – melhor* que o mundo – que lhe exponho e defronto. *Eu* artístico, e Schoenberg não aceitaria esta determinação, que *é negação de si* e *do mundo humano*. Na interpretação adorniana, ao feio da vida que enfeia e empobrece a vida, a resposta da arte exaurida: sua própria feiura humana alienada, sua desumanidade exposta; dodecafonia, "reação inumana a uma sociedade inumana que ela [a obra] estigmatiza"[53]. Em proposição categorial, lúcida: "*A música de Schoenberg desmente a pretensão de que se concilie o universal e o particular*"[54]. Inconciliação – e aqui me desconfundo da reflexão adorniana – que é arte *in negatio hominis*, isto é, música *do artista*: música *não genérica*, por suposto e resultado, então, associal. Na proposição de Adorno, que, se pelos *supostos* que a alentam não robora o dito, fundamentando-o dramaticamente, sem dúvida nos põe frente a um desumano estético que sobrepuja o desumano parido *in vita*:

> O sujeito [artístico] aparece na fase atual tão imobilizado [o filósofo se refere às décadas iniciais do século XX] que tudo o que poderia dizer já está dito. Está tão paralisado pelo terror que já não pode dizer nada que valha a pena ser dito. É tão impotente frente à realidade, que a exigência da expressão toca as raias da vaidade, embora por outro lado não lhe seja

---

52 Luigi Rognoni, *La scuola musicale di Vienna*, Torino: Einaudi, 1974, p. 203.

53 Marie-Anne Lescourret, De Schiller a Schoenberg: Da Ideia Moral ao Ideal Poético, *Artepensamaneto*, São Paulo: Companhia das Letras, 2006, p. 272. A essa citação, a justaposição desta outra, pela qual melhor se divisa a natureza da primeira; a partir de Adorno, assim considera Lescourret, no mesmo artigo: "Certamente, a música dodecafônica é ruptura subjetivista, expressionista, em face da sociedade e da música de uma época, como aconteceu também na pintura, os artistas exprimindo sua rejeição pessoal ao mundo através de cores violentas, discordantes e contrastantes. Originada de um impulso subjetivista de reação negativa diante da sociedade e da música de uma época, a técnica dodecafônica, na medida em que retém a criação do compositor no quadrado mágico da derivação das séries, abole o sujeito e, sob este aspecto, torna-se 'protesto objetivo' diante da tradição e do mundo" (p. 271-272).

54 *Filosofia da Nova Música*, p. 40. (Grifo nosso).

concedida nenhuma outra. Tornou-se tão solitário que já não sabe se alguém o compreende[55].

E Adorno concreta-se, pela avocação (nem tão velada) da estranha e *necessária* insubstancialidade de uma *lógica* compositiva à qual era profundamente afeiçoado e partidário, pois a entendera como o *menos humano que se fazia mais humano*, vale dizer, como a sáfara, mas real via de humanização em tempos da vigência atassalhadora da pecaminosa *ratio* ilustrada, a saber: "Com Webern, o sujeito musical abdica silenciosamente e se entrega ao material, que, contudo, somente lhe concede o eco de seu silêncio"[56].

Na tomadia de uma questão musicalmente central apenas roçada: a "expressão de si". A que isso remete de fato, o que efetivamente significa para Schoenberg? Na palavra polêmica, mas necessária porque fundamento da resposta que se constrói: não se pode afirmar que o atonalismo e a dodecafonia tenham nascido, como genericamente se postula, de uma intrínseca necessidade musical *de per si*, ou melhor, de uma demanda estético-social abstratamente existente e impositiva. É no mínimo imprudente firmar – apenas coerente quando se apela a uma teleologia metafísica da história – que a música de Schoenberg tenha por ventre uma exigência dos tempos; que, simplesmente, seja filha da vida humana e musical vividas; que seja a consequência *natural* do percurso histórico da arte sonora. Tal imprudência, sem dúvida, deriva de uma musicologia que, dominante, de forma mais ou menos consciente, tende a deitar raízes numa concepção *evolucionista* da história da música.

De fato, e inversamente a esta crença dominante, o dodecafonismo, assim como as vanguardas em suas diversas correntes e formas, foram caminhos abertos por *um indivíduo* – ou grupo – *isolado*, como se pode escavar da argumentação tecida por este ensaio. Na acareação que clarifica: o madrigalismo fez-se *a própria* "Itália" quinhentista, gênero universalizado, fruto do trabalho de um número incontável de artistas; a dodecafonia, a princípio foi Schoenberg;

55 Idem, p. 92.
56 Idem, ibidem.

Webern e Berg depois. Caminhos abertos pela vanguarda que, *individualistas*, ou mais precisamente, *não universais* e não socialmente universalizados, inscreveram-se na vida artística – analogamente a *todos* os outros da história das artes, atente-se –, não enquanto desaguadouros incontornáveis, não como etapas obrigatórias, não enquanto vaticinadas trajetórias inescapáveis. Marque-se: este determinismo – em qualquer esfera – a humanidade desconhece. Uma coisa é a relação ôntica entre arte e vida humana, humanidade que funda e *mediatamente* nutre e inspira o fazer artístico; outra, a esta opositiva, a ideia de que há uma via artística genérica, abstrata que, imperativa, autonômica e incontornável, paira sobre os indivíduos, conduzindo-os a despeito de si mesmos. O dodecafonismo, bem como o madrigalismo, não podem ser efetivamente compreendidos se os tomamos como etapas inescapáveis da história. O estatuto da vida é outro, a saber, *o indivíduo, in communitate* – a partir da vida gênero – é que esculpe *a história* – a sua, pessoal; e a da sociabilidade, que o parture, radica, permite e impulsa. Na ontológica frase marxiana, cujo espaço que se lhe abre aqui não pode ser maior do que de sua própria citação: "A história social dos homens é sempre a história de seu *desenvolvimento individual*, tenham ou não consciência disso"[57]. Retome-se o argumento central, a fim de se nitidizar a questão: no dodecafonismo, tal como os diversos procedimentos artísticos aflorados no século xx – e isto os distingue radicalmente em face de toda a história da arte –, as vias artísticas criadas foram picadas abertas por uma subjetividade *in subjetividade*. Picadas forjadas a partir de um sujeito artístico que, no interior de demandas subjetivas privadas, estabelece um modelo, um paradigma, um *modus* ou "saída" estética *pessoal* – ou que está descolada do gênero. A subjetividade artística de Michelangelo – singular e social, individuada e universal – consubstancia-se a partir e no interior do mundo dos homens – nele o artista se insere e por ele substantifica sua arte, que é parte de um universo artístico maior, universo que a acolhe ao mesmo tempo que sua obra lhe positiva e amplia. A subjetividade

---

57 Karl Marx, Carta a Annenkov de 28 de dezembro de 1846, em *Correspondencia*, Buenos Aires: Cartago, 1972, p. 15. (Grifo nosso).

estética de Schoenberg, por sua vez, enforma-se em função de um homem isolado, volitivamente alienado da vida cotidiana e que se crê o objeto da arte criada. A dodecafonia, pois, não se ancora na vida social, de modo que não reflete, *in negatio*, a vida do gênero, do indivíduo, logo, neste ponto, destoo decididamente de Adorno. A verdadeira raiz social dessa música é o *volitivo* ser solitário, a individualidade que voluntariamente, e apenas por isso, se abstrai do mundo, o indivíduo-artista que está *subjetivamente* distante do *de-onde-para-onde* da vida cotidiana. A música dodecafônica ou o cubismo de Picasso – diferentemente do trovadorismo, da ópera ou da sinfonia – gravita estruturalmente em torno de seu idealizador e nele se firma, em conteúdo e forma: isto é, e como insistentemente sustentado por Schoenberg, do artista *a própria expressão*.

Expressão? O compositor de vanguarda, *per se*, é o criador da própria malha de pressupostos, relações, procedimentos e mecanismos sonoros que põe em movimento, de sorte que um pulso subjetivista eiva, por todos os poros, a música engendrada. Da forma ao estilo, da arquitetura geral ao detalhe sonoro, é a mão compositiva de uma subjetividade abstratizada que molda a textura construída. Se a dissonância é tornada consonância (!?), com o que se entende refundar a própria materialidade objetiva do som, ou suas propriedades físicas; se uma hierarquia entre os sons desaparece dando origem à dissonância liberta, *modus faciendi* afirmado como passo musical avante, como evolução; se minha vontade, e apenas ela, instaura a série ou séries que me servem de fundamento compositivo, a partir do que se decreta, sem uma preocupação quanto à objetividade musical deste decreto, o fim da tonalidade, a qual, então, segue vigente em outras tantas praças e gêneros, estamos, pois, num terreno sonoro que existe como sonoridade intrinsecamente abstrata, isto é, que tende *a si mesma*. Em proposição categorial: esta música não se realiza como expressão. Não estamos, de fato, frente à exteriorização do que o compositor pensa interiormente ser: se o intento é este, forma e conteúdo das obras não o evocam. A *plenitude de uma anomalia abstrata* que as notas dodecafônicas parecem ressoar não é ou pode ser a interioridade de Schoenberg. Sua alma não é, e nem pode ser, aqueles sons inumanos; efetivamente, eles não podem refletir a alma de ninguém, porque não são mediação de uma *mímesis*.

Sublinhe-se este ponto: o próprio compositor não podia dizer do que sua sonoridade tratava, a não ser em alusões de natureza abstrata. A Kandinsky, em carta de 1911, mencionava: "Toda pesquisa que tenda a produzir um efeito tradicional está mais ou menos marcada pela intervenção da consciência. Mas a arte pertence ao inconsciente"[58]. Vejamos mais detidamente. A música concebida, pensa Schoenberg, é um movimento cunhado no e pelo inconsciente – música, insondável fazer. Significa que o próprio saber sobre o *como* e o *por que* do processo de elaboração artística é algo que se desentende, *por suposto*; mais: é algo que jamais se poderá conhecer. Inconsciência de um fazer que se consubstancia, não poderia ser diverso, enquanto o próprio objeto, isto é, enquanto o conteúdo deste fazer. A *inconsciência* do *como* de uma arte que sou *Eu*, de uma música que é *minha* interioridade, é a obra como inconsciência. E assim Schoenberg entremostra o que acredita ser sua sonoridade: inconsciência plasmada. Por sua assertiva: o músico deve servir-se da música "para, de maneira inconsciente, mostrar-se a si mesmo"[59]. E se assim o é, a criação musical postulada como expressão *do artista* é a manifestação de um *não saber-se*, a expressão de um movimento interior inextrincável e inexplicável que apenas a música, frisa o compositor de clara filiação schopenhauriana, alcança *per se* (– arcanamente –) tanger, esboçar. Esboço que, entendido como incompreensível e incomunicável – a música, afirma, é "*essa linguagem que a razão não compreende*"[60] –, é simultaneamente avaliado pela metafísica *ratio* schoenberguiana como compreensível somente para aqueles poucos de "grande valor". Ora, o inconsciente schoenberguiano, como se pode claramente divisar, não é uma categoria ontológica, real, vale dizer, não é simplesmente *o* não consciente; mas uma região humana com vida própria – autonômica região metafísica que apenas alguns seres especiais alcançam modesta e fragilmente adentrar e

---

58 Apud L. Ferry, op. cit., p. 323.
59 Op. cit., p. 181.
60 Idem, p. 25. (Grifo nosso).

vislumbrar: a música, via de acesso privilegiada. Autonomia então asseverada, e que Schoenberg entende compositivamente substantificar, que marca a existência em seu ideário do nietzcheano indivíduo *cindido*, de um indivíduo que é *abstrata dualidade* reificada: a arte dos sons, sustenta o compositor, é o ecoar de seu lado ou dimensão incônscia, obscura, inextricável, profunda, ininteligível, e que apenas a música pode tocar e tornar, de algum modo, audível, objetiva. Do ideário de Schoenberg colhe-se, assim, e isso importa aqui salientar, que música é esfera *absolutamente* privada, pessoal, ou substantificada *in abstracto*: manifesta ou busca manifestar, entrepensa o compositor, o meu mais recôndito, aquilo que nem *Eu* mesmo sei que sou, e que continuarei sem saber, porquanto *meus* sons são inconsciente tornado arte.

Postos tal contexto e perspectiva, é natural que a argumentação schoenberguiana fosse atravessada por *associações muito peculiares*. Deparamo-nos, nesse sentido, com um racionalismo teórico e metodológico que, sempre afirmado e exercitado por Schoenberg, é por ele atado à transcendência, ao irracionável. Atação que acaba por ser avantajamento do inconsciente frente ao consciente, à teoria (impotente), do arcano frente ao rigorismo teórico pretendido. Posto de maneira diversa, em Schoenberg a teoria busca ser mediação do metafísico, que é pessoal e artisticamente almejado. Por outro lado, a "*compreensibilidade*" é asseverada como atributo central dessa música, a qual, não obstante, o músico igualmente firma ser capturável *a poucos*: para o compositor, essa música que guarda em si a inconsciência, o indecifrável, deve, entanto, tender decididamente à clareza e ser apreensível. Numa tal lógica reflexiva, não pode nos soar estranho, por sua vez, que a *dissonância* seja proposta como uma *forma de consonância*, ou que esta práxis musical, fundada na desejada e referida *ausência de uma hierarquia funcional* interna, seja teoricamente declarada expressão de uma *funcionalidade superior*, mais plena, evoluída. Orgânica reflexiva esta, atente-se, posta em movimento por um artista de intrínsecas preocupações e valores religiosos, e que se inclina a uma clara misticidade. Na relevante referência de Rognoni: Schoenberg "confessou que a ideia [que muito lhe atraiu e tocou] do espaço sonoro a mais dimensões [isto é, a *quarta dimensão* "transposta" à música] lhe foi sugerida pelas teorias do místico sueco Emanuel Swedenborg, conhecido por ele através da exposição feita por Balzac na *Seráfita*"[61]. E, pois, se Swedenborg pulsa em Schoenberg[62], o *por que* dessas associações peculiares pode ser melhor divisada. Mais importante do que isso: a consciência de que o artista se avizinha idealmente de Swedenborg investe-nos de maior segurança quanto à sustentação do sentido que se afirma que Schoenberg cola à *"expressão de si"*; a saber, se para Schoenberg o homem se liga imanentemente ao cosmos, dele é parte e a ele se prende por cordas invisíveis que não lhe são ou podem ser entendidas porquanto transcendem seu ser e consciência, *"expressar(-me)"* é, rigorosamente, *manifestar o (meu) inconsciente* – dimensão incerta, dúbia, irracional, que traduz a essência da condição de meu ser cindido. Traduz porque o indivíduo, crê o músico, é determinado e marcado pela relação com Deus, com o universo, com o espaço sonoro de várias dimensões, ou seja lá como se queira designar a esfera da transcendência. Na palavra que então atinamos ser nem tão metafórica quanto aparenta, palavra que imbrica em tom nada imodesto o fazer do artista ao do Criador:

> Nós, pobres seres humanos, quando nos referimos a um de nossos melhores cérebros criadores, nunca deveríamos esquecer o que em realidade é o criador. O criador tem a visão de algo que não existiu antes dessa visão. E o criador tem o poder de dar vida à sua visão, o poder de realizá-la. De fato, o conceito de criador e criação tem de se formar em harmonia com o Modelo Divino; inspiração e perfeição, desejo e cumprimento, vontade e execução coincidem espontânea e imediatamente. Na Criação divina não houve nenhum detalhe que esperou resolução posterior; "Se fez a luz" imediatamente e em sua mais completa perfeição[63].

---

61 L. Rognoni, op. cit., p. 83. *Seráfita*, na edição brasileira da Globo, compõe o v. 17 da *Comédia Humana* de Balzac.

62 Idem, p. 204. (Grifo nosso). Necessária a corroboração, que envolve a *Jakobsleiter*: "Schoenberg, terminado o *Pierrot lunaire*, projetava um vasto *oratório inspirado nas teorias místicas de Swedenborg*, fundado sobre o sonho bíblico de Jacob".

63 A. Schoenberg, op. cit., p. 101.

No argumento que arremata a reflexão sobre o compositor. Inconsciente freudiano e misticismo se conectam em Schoenberg. Misticismo e religiosidade, que, ao referenciarem sua individualidade, marcaram suas *intenções* compositivas. Ao pensar sobre *Moses und Aron*, Enrico Fubini tece uma determinação que explicita não apenas as entranhas desta obra; generalidade determinativa alcançada porque destilação do caráter da música schoenberguiana. Pontualizando a profunda religiosidade do músico, refere:

Indubitavelmente a série dodecafônica é, para Schoenberg, um símbolo ou uma metáfora de sua maneira de conceber Deus; e isso não só porque – como ocorre em *Moses und Aron* – a série é apenas uma e toda a ópera nela se baseia e origina, mas porque também a série se converte em algo abstrato, não perceptível; analogamente, Deus é "irrepresentável, invisível e inexprimível". De fato, nem a série é perceptível ao ouvido, ao menos por via direta[64].

Schoenberg: alentado por uma forte misticidade, quer o homem voltado à transcendência, a qual, ao impregnar-se na arte, forjaria eticamente o indivíduo, que deve sempre se conectar *intimamente* a deus[65].

Música e deus!? Dodecafonia e sonoridade divina!? Da ponderação de Fubini – que robora com argumentação distinta o que este texto buscou plasmar – à universalidade aludida: a saber, o dodecafonismo, posta a *intrínseca abstratividade da série* – porque imperceptível ao ouvido, acusticamente imaterial, auditivamente intangível, isto é, música *não sensível*, mas *ideal*, "conceitual" –, engendra intrínseca

---

64 *El Siglo xx: Entre Música y Filosofia*, Valencia: Universitat de València, 2004, p. 94.

65 Numa passagem de *Jacobslieter*, Schoenberg, pelas intensas carnes religiosas de Gabriel, que traduzem as suas, diz: "A cada degrau se cai na culpa; e a prece de cada um pode superá-la. Ele, que está lá em cima, deve se distinguir daquilo que está abaixo: está próximo quem busca a Deus em toda a ação; cada um, porém, mediante a força de sua prece, alcança certo grau de proximidade. Ensinar--lhes a rezar é o dever de seus pastores. O milagre da alma: pronunciar uma prece que comova todo o ser, que tenha a força de impulsar até o Altíssimo. Este milagre, como nenhum outro milagre que contradiz a natureza, mostra à alma a existência do Eterno e o caminho para chegar a Ele. Assim os pastores se mostram dignos da preeminência sobre os outros homens, assim conquistam um grau mais alto à vista do Altíssimo. Ensina a rezar…Aprende a rezar" (p. 95).

abstratividade musical, buscada, desejada[66]. Abstratividade – inexpressividade – que Schoenberg denominaria de inconsciente, outros músicos e teóricos de subjetividade ou subjetivismo, outros ainda de cosmos ou infinito. E se este é o quadro, o músico vienense não poderia não imputar ao material sonoro – à nota *em si*, ao som físico – uma dimensão expressivo-subjetiva que ele não possui. Na justa determinação de Rognoni, sucinta: para o dodecafonismo, "cada nota musical é agora 'vista' na sua 'essência'; e cada qual aparece autônoma"[67]. Determinação genérica que a pena schoenberguiana esclarece ao marcar que no som *in natura* – musical ou não – pulsa expressividade intrínseca, a saber, "compreendi completamente as canções de Schubert, assim como seus poemas, somente pela música, e os poemas de Stefan George somente por seu som, e em tal grau de perfeição que dificilmente se poderia alcançá-lo mediante sínteses e análises, as quais, de certo, não o superariam"[68]. Tal qual pintores de vanguarda cujas pinturas se armavam sobre a materialidade – no *em si* das cores, das pinceladas, das texturas etc. –, materialidade à qual igualmente se conferia poderes imanentes, Schoenberg, como tantos outros músicos coevos e posteriores, insistiria na pregação de que o material sonoro possuía um valor humano, expressivo, *per se*. Expressividade entrepensada como algo místico. Ora, como tal

---

66 Desdobre-se, brevissimamente. Um tecido sonoro forjado por mediação serial é tecido de co-natural abstratividade musical porque a série, e as "relações" entre as diferentes séries, não podem substantificar regiões ou campos sonoros *sensíveis*. Na palavra de Flo Menezes: no dodecafonismo, "a funcionalidade acaba por se infiltrar no discurso serial. [...] Mas é preciso, contudo, que se pontue desde logo a essência de tal funcionalização: seja esta de qualquer natureza, ela será sempre fundamentalmente *harmônica*, e não *serial*. Não que as relações seriais em si e seus mecanismos de derivação e estruturação não possam ou não devam, eventualmente, ser percebidos. Mas o fato é que, de toda forma, qualquer que seja a identificação detectada pela escuta em meio ao processo serial, esta revestir-se-á de caráter antes de tudo *harmônico*, e não *serial* propriamente dito". F. Menezes, *Apoteose de Schoenberg*, São Paulo: Ateliê, 2002, p. 230-231. Conquanto não comparta com o autor a determinação de que "harmonia" dodecafônica exista enquanto tal, portanto que tenha uma funcionalidade, de sua assertiva se escava a dimensão não objetiva da lógica serial, na exata medida em que Menezes aponta à imaterialidade sonora da série. Série auditivamente impercebida que, por ser o tijolo compositivo, o material musicalmente estruturante, consubstanciará – isto o que importa marcar – *texturas necessariamente abstratizadas*.

67 Op. cit., p. 95.

68 Op. cit., p. 27-28.

imputação alquímica, que transforma som em expressão, em cosmos, em infinito, em inconsciente – imputação entendida pelos compositores, porém, como *reconhecimento de uma propriedade sonora imanente* –, não estaria ancorada numa visão transcendente? Como o som, pensado por estes músicos-alquímicos como expressão inata, não seria para eles algo conexo ao divino, que então o expressaria?

Inatismo expressivo: o que essa alquimia contém e denota artisticamente? O material *autonomizado*, isto é, (idealmente) transubstanciado em "expressão de si" pelo músico, é a substantificação de uma arte intrinsecamente abstrata que, travestida pelo compositor em subjetividade, de fato não o é. Se o som foi abstratizado, vale dizer, se entendido e "praticado" como expressão *per se*, nasce uma sonoridade que não aponta, que é carente de direção, de conteúdo, que é nuclealmente abstrata. O som musical se abstratizou – fez-se som no isolamento de seu próprio ser, som que, como nota, como frase, como timbre etc., assume centralidade composicional; então, o ressoar de si fez-se música, *in sonu*. Vale dizer, na ausência da vida anímica *in mímesis*, o material é já protoforma musical. Mas, pontualize-se, a arte de Schoenberg não é, simplesmente, o som como música, conquanto ele já se efetive como categoria compositiva estruturante. Significa, nesse sentido, que as preocupações composicionais schoenberguianas com a forma tendem a se ordenar pelo acústico, a se atualizar em função da busca de uma determinada sonoridade que subjetivamente se almeja *criar*. O som enquanto som – da nota à sonoridade como um todo – faz-se elemento propulsor, categórico, estrutural. O inconsciente não pode ser objeto da arte, pois não só não se constitui, *por si*, numa região ou esfera do indivíduo, como, caso se constituísse, não poderia ser sensivelmente representada, tal como a esfera da consciência, que igualmente não é um campo humano independente, separado, abstrato, no indivíduo. De sorte que nem é preciso argumentar sobre a impropriedade teórica schoenberguiana em tomar a música como manifestação do inconsciente. O inconsciente, de fato, é o nome dado a uma autonomia sonora não mimética: todos os rígidos regramentos dodecafônicos são mediações à criação de uma *sonoridade*, de uma já *pressuposta* orgânica *sonora*. Incontrastável predominância compositiva e auditiva de *sons* que, de algum modo, parecem evocar a obscuridade de uma alma irreversivelmente condenada ao inferno (quiçá por um deus hebreu carrasco); então, se pode atinar com a avaliação de Luigi Rognoni: "a pesquisa ético--religiosa que ocupa Schoenberg [entre os anos de 1912-1915] [...] tem uma importância determinante também para a individuação do espaço dodecafônico"[69], espaço, pois, conaturalmente abstrato. Porém, o *fato*, musicalmente estrutural, é que o som e a sonoridade se consubstanciam no *ponto de partida* e no ativo composicional *ordenador*, não a misticidade subjetivamente anelada pelo músico. Compositivamente, essa misticidade se concretiza no máximo como texto a ser musicado. O místico e o religioso, em verdade, existem, de um lado, tão só como talante subjetivo de Schoenberg; de outro, como uma de tantas interpretações possíveis que o ouvinte poderia colar àquilo que ouve. E, pois, desdobre-se ao final, se a sonoridade funda o fazer das obras, estas tendem a se avizinhar essencialmente, posta uma sonoridade que, não hierárquica, necessariamente é re--composta. Numa palavra, dado o estatuto dodecafônico, ou serial, não poderia não haver essa avizinhação ou univocidade de fundo: se a série – indistinção funcional entre sons – ordena a composição, obras distintas estabelecem uma identidade sonora plena. Em sentença impiedosa para com o *modus* da arte "doze sons", embora Adorno tivesse visto nessa música uma efetiva resposta estética à vida coeva, por ele divisada como o palco da consubstanciação de uma reificação incontornável nascida da razão burguesa, situação que a vanguarda artística parecia-lhe superar: na dodecafonia, "A eliminação de todo o elemento preestabelecido, a redução da música quase a uma monodia absoluta, fê-la rígida e destruiu seu conteúdo mais íntimo"[70]. E Adorno insiste: essa "rigidez deriva da angústia da obra diante de sua desesperada falta de verdade. Convulsivamente procura evadir-se disto, submergindo-se em sua própria regra, que,

---

69 Op. cit., p. 82.
70 *Filosofia da Nova Música*, p. 24.

no entanto, junto com a coerência, aumenta a falta de verdade"[71]. Na letra que conclui e prepara o momento subsequente: a arte da *materialidade abstratizada* nega o mundo social; a obra parida pelo desprezo face ao prosaísmo da vida é som vazio de humanidade, sonoridade que não representa *in concreto*, ainda que, muito estranhamente, entenda evocar a *interioridade atormentada que não se sabe*. Num dizer inspirado na razão adorniana: esta música é um Minotauro – uma resposta monstruosa à monstruosidade do cotidiano. Mas, atente-se, ela não é um Minotauro, bem como a vida não é simplesmente monstruosa, ou, ao menos, não é unicamente monstruosidade. Desfiemos a questão, modestamente.

4.

Na síntese que contextualiza: a arte das vanguardas é obra como subjetividade. O artista responde artisticamente *a si* – a uma subjetividade artística abstratizada. Nesse sentido, e contrariamente ao que se objetivou no Renascimento, a vida social não demanda arte. Situação que, esgarçando a relação do artista com a vida cotidiana, desenlaça objetividade e subjetividade estética. Porque o humano não se atualiza a não ser mediatamente como *télos* da comunidade, as forças sociais dominantes não invocam a esfera da arte, não impulsam a produção artística. Abandonados à própria sorte, literalmente, mas também, por seu lado, indiferentes à vida prática, despegados da humanidade e de seus destinos, desenraizados da vida do gênero – pois esta se lhes fez distante, avessa, opaca, impenetrável –, os artistas de vanguarda, radicados em si, realizam a partir e no interior de um vácuo humano, cultural, que os desordena e os torna ambíguos. Se já não se trata de responder *concretamente* à sociabilidade – na qual o indivíduo se entende como abstratamente autonômico, isto é, como ser meramente volitivo –, a arte como o *Eu* do artista irrompe enquanto via estética naturalmente precípua. Subjetividade artística que, artisticamente sem mundo e posta num mundo sem arte, faz

[71] Idem, p. 25.

de si a fonte de uma arte sem mundo. Assim, se o mundo humano porventura comparece, o indivíduo plasmado pela obra não se positiva como um indivíduo real, mas, estruturalmente, na e pela parcialidade de uma característica superficial, na exacerbação naturalista de um atributo meramente pessoal, que o deforma e abstratiza. A parte feita todo é a substantificação de um não indivíduo, mas que é apresentado por essa arte como um homem concreto da vida burguesa: do parcial, do não existente, do falso, da ausência de um *de-onde-para-onde*, a obra nutre seus indivíduos e sua "sociabilidade" inverídicos dispostos como realidade. A parcialidade naturalista apresentada como o todo é o degenerado afirmado como o mundo humano vivido.

A música de Schoenberg não é um Minotauro: "sua desesperada falta de verdade" deriva da *inverdade de ser uma abstratividade insuperável*, música, pois, que nasce de uma vida que não é simplesmente monstruosa, caótica, humanamente inviável. Não obstante, numa realidade que contrapõe radicalmente singular e gênero, vida individual e vida genérica, o indivíduo, que então se desindividualiza, perde generidade, *perde-se a si*, sente viver numa caotização da vida. Sensação irreal porque aos indivíduos está posta, sim, a possibilidade da conquista de determinada *autenticidade*, de certa generalização individual autorregida. A abstratividade da música de Schoenberg é então consequência de sua falsa *interpretatio* da vida. Tomada a realidade vivida como impossibilidade humana incontornável, a música – composta como abstrata resposta *pessoal* a esta realidade que se despreza e frente à qual o artista escolheu a solitude alienante – fez-se treva metafísica, inumana convulsão sonora impenetrável, embora para ele se tratasse de "inconsciente". Vale dizer, sua arte se abstratiza porque esculpida no retraimento do humano – seu e da obra. Retraimento que significou, compositivamente, som feito música: sua arte não é abstrata porque ele a ela cole, idealmente, uma áurea mística, mas pode até mesmo assumir ares místicos porque abstrata – isto é, porque música dos sons. Sons e sonoridades que, atomizados pela mão composicional, reciprocamente independentizados no contexto que conformam, relacionam-se, assim, em negação mutuada. Em dizer que concreta, a série tem seu *próprio* regramento sonoro, pelo qual se auto-ordena e realiza[72]. Sons dodecafônicos que tendem a uma autonomia compositiva que Schoenberg ainda controla, conduz, injeta conteúdo, em algum grau. A sonoridade inclinada sempre ao sombrio, ao insólito em tormento, ao infausto transcendente, denota essa situação. Em suma, a música está se fazendo som, *autocrático*. Na proposição de remate: na autocracia que da dodecafonia escorre, *modus faciendi* pensado como *solução musical do tempo*, mora a arrogância da personalidade que se acredita tornada som. Se o som sou eu, se eu sou a música, o autocrático é parido pelo ventre dessa *minha* arte. Que não ganha a estima dos ouvidos da sociedade porque fruto da volitiva subjetividade socialmente desenraizada do artista: música que, intencionalmente despossuída de *vida genérica*, não pode comunicar se não *in abstracto*. A série e seus regramentos sonoros são autocráticos, enfim, porque autocrática é a música que, som *in sonu*, entende *desvelar incompreensivelmente* o que sou. Oximoro que, em nada retórico, evoca aqui o coração arcano do ideário de Arnold Schoenberg. Ideário cuja lógica sonora pétrea imposta pela série – lógica esta entendida como *evolução* – é a consubstanciação do domínio do som sobre a expressividade, então subsumida a um regramento composicional imperativo que do humano desentende.

Um último movimento teórico, a saber: do quadro artístico hoje. Cumprindo intento disposto na primeira página, dessa questão complexa esboçam-se apenas alguns traços, e que fundamentalmente tangem a esfera da música. Pelo enlace de pontas teóricas ainda soltas, dá-se, pois, a conclusão deste ensaio.

Ao arrepio das tendências teóricas dominantes, é necessário pontualizar, *in limine,* que a música de vanguarda – de Schoenberg a Boulez, de Webern a Messiaen e Glass, de Schaeffer a Cage – compartiu

---

72 Na palavra que substancia a determinação, ou na qual pulsa a autonomia musical dos sons seriados: "A tolerância [compositiva] de Berg na dimensão da série abre espaço para a extrema diferenciação em todas as outras dimensões. Esta é, provavelmente, a verdadeira divergência técnica entre ele e os dois outros mestres vienenses, em sua época de sua maturidade [sic]. Ao dedicar sua atenção aos problemas da estrutura serial, Berg visava mais à flexibilidade dessa estrutura – em benefício da intenção composicional – do que à adequação de seus propósitos de acordo com a estrutura da série". T. W. Adorno, *Berg: O Mestre da Transição Mínima*, p. 149.

os mesmos supostos, as mesmas premissas estéticas. A diversidade entre as correntes se deveu, estruturalmente, ao plano *sonoro* – residia na diferença de *sonoridades*. No pulso de uma síntese categorial: o som foi o elemento catalisador dessa música novecentista. O som *in sonu*, premissa compositiva de artistas que no decorrer do século mais e mais assumiriam postura mística e/ou cientista, assemelharia vias, procedimentos e perspectivas musicais aparentemente antagônicos. Tomemos, sinteticamente, este problema chave. Como ponto de partida, um nome e texto relevantes neste cenário.

Um artigo de Pierre Boulez, cuja ressonância é ainda hoje plenamente audível e acolhida nos espaços musicológicos, permite-nos divisar com notável clareza o suposto composicional da música de vanguarda. Como criador, Boulez é um protagonista, ao mesmo tempo que sua pena teórica manifestou com lucidez o substrato de um *modus* musical que percorreria todo o século xx. Em *Schoenberg Está Morto*, texto de 1952, o argumento sustentante da reflexão em que Boulez afirma que Webern não apenas não se ata musicalmente à lógica dodecafônica nascida com Schoenberg, mas se consubstancia no real ponto de ruptura com a tradição, com a "decadência romântica", põe a nu o coração da música "nova". Este, rigorosamente, o argumento bouleziano: é Webern que engendra uma inflexão histórica, é ele que parture o novo – não Schoenberg, tido como um conservador musical – porque sua música se positiva como o intento de *extrair do próprio material sonoro a estrutura compositiva*. O que funda a pena compositiva weberniana, distinguindo-a como um passo histórico à frente, é sua busca pelo som, pela ressonância material da sonoridade. Som que deve funcionar como *mediação* da *estrutura* e orgânica da obra: esta deve se armar e desdobrar a partir e no interior daquele. Se, por outro lado, Debussy também é tomado como nome que abre as portas do novo, a razão que Boulez avoca para essa proposição é exatamente a mesma. Na assertiva de Fubini, que ainda cita o compositor-musicólogo: para Boulez, Debussy "minou a própria ideia de obra musical como esta foi forjada pela tradição ocidental. Com Debussy, e depois com Webern, escreve Boulez, tomou corpo a tendência orientada a 'destruir a organização formal preexistente na obra *recorrendo à própria beleza do som*, a uma pulverização elíptica da linguagem"'[73]. Vale dizer, o novo, em música, é o *som como música*, ou música como a *evidência* do som. Novo, compositivamente, é, pois, o intento de "reabilitar o poder do som", como textualmente sustentava Boulez. "Poder sonoro" que se positivaria como o atributo estrutural e peculiar dessa música. Positivação do som como suposto e *télos* compositivo que *per se* denota que o homem – a expressão do humano – não constitui o ponto de partida da criação, ocupado então pelo som em sua mistificada autonomia.

Pouco importa à argumentação em curso, dado seu objetivo, se Boulez está ou não correto em não incluir Schoenberg como personagem de uma práxis de vanguarda, ou a ela atar os nomes de Debussy e de Stravínski[74]. Pessoalmente não concordo com a reflexão de Boulez quanto a Schoenberg, músico que tem no *som*, como Weber, uma categoria artística estrutural, pesem as diferenças conceptivas e composicionais em relação a seu discípulo. Seja como for, o fato é que Boulez, a despeito de como entenda a música schoenberguiana, desnuda a alma – *acústica* – da música nova. Se Schoenberg ainda entende fazer do som uma *mediação*, sem dúvida Webern aposta decididamente na própria *fisicidade* de notas e espaços sonoros ora intrinsecamente atomizados[75]. Notas, intervalos e espaços que, embora webernianamente desejados como expressão, irrompem numa tal abstratividade

---

73 Op. cit., p. 23. (Grifo nosso)

74 Também o de Stravínski? Numa resposta apenas alusiva, porque para mais não há espaço: Stravínski é tomado como via do novo em função da orgânica de seu ritmo. Pontualiza Fubini: "No interior da tradição ocidental, toda a música, a partir da polifonia, baseou-se mais no intervalo do que no ritmo, tendo-se sempre subordinado este último à função privilegiada exercida pela harmonia. O problema implícito ao ritmo, ou melhor, o problema implícito ao ritmo como *temporalidade* [isto é, como uma temporalidade *abstrata* –] que dota a música de uma estrutura, erigiu-se num problema medular unicamente no seio do mundo musical contemporâneo, sobre o qual pesa a influência de tradições musicais extraeuropeias. Nisso residia uma primeira justificativa à invocação que se fez a Debussy e Stravínski, ainda que, no fundo, o problema da temporalidade da música *seja antes filosófico que musical*". E. Fubini, *Música y Lenguaje en la Estética Contemporánea*, Madrid: Alianza, 1994, p. 136-137. (Grifo nosso). Se assim o é, vejo na avaliação de Boulez – a saber, o Stravínski da *Sagração da primavera* é músico instaurador da vanguarda – um sentido real.

75 Numa palavra consentânea: "Webern não aceita a dodecafonia como simples método, mas dela faz um ponto de partida para depurar o material sonoro até reconduzi-lo à origem acústica do som…" L. Rognoni, op. cit., p. 337.

expressiva que soam como sons, não como alguma forma concreta, sensível, real, reconhecível, do humano, da vida anímica. Sons que, conquanto compositivamente pensados como plenos de valor semântico, de criticidade face à vida, assim o são na subjetividade do compositor, no seu desejo. Em termos análogos: num mundo composto por sons atomizados, que se autorregem (pense-se na absoluta e imperativa predeterminação compositiva do material no serialismo integral), que contam e valem por si, e aos quais o compositor imputa uma carga místico-expressiva que considera imanente e soante, o universo musical modelado, então, é a consubstanciação de uma sonoridade conaturalmente abstrata. Sonoridade esta que o ouvinte só pode "capturar" ao lhe atribuir, de fora para dentro, um sentido, que é inteiramente parido por sua própria subjetividade. Ainda que a música instrumental – *de qualquer tempo* – seja marcada por uma expressividade *indeterminada*, inexiste na "melodia" weberniana, na concepção rítmica de sua música, na utilização dos registros, qualquer dimensão objetiva que possa ancorar, orientar e mover a audição, como há na barroca, na clássica, na romântica, no jazz. No mundo musical do som como som, do som *em si*, onde se põe a impossibilidade de uma relação *concreta* entre sons porque o som ou grupo de sons *per se*, isolados, é a própria textura sonora, o resultado é o som, a acústica, queiram ou não seus proponentes. Ao dispor sobre o problema do *tempo* na música de vanguarda, Fubini não apenas robora a argumentação elaborada, mas a amplia, a saber:

Tal como concebe a vanguarda, o tempo pode ser identificado, em última instância, com o instante. Cada instante [musical] encerra um valor, não em função do que o seguirá ou do que está previsto que o siga, mas encerra um valor de *per si*. Um tema musical não é uma sucessão de instantes, mas certa organização racional do tempo baseada na sucessão. Como autossuficiência do instante, o tempo assume uma dimensão sagrada: então, o tempo é o ato, a própria vida em sua plenitude; empregando a linguagem nietzschiana poderíamos dizer, inclusive, que o tempo é o dionisíaco. A música como puro devir[76].

---

76 *Música y Lenguaje en la Estética Contemporánea*, p. 138.

Um *devir*, uma *sonoridade*, na qual se oculta, ao menos na intenção weberniana, o desejo – turvado, ambíguo, dessubstanciado, envolto em densa misticidade – de alguma expressão, seja lá o que isso signifique para Webern. Desejo que se extinguiria por completo no avançar da segunda metade do século – tempos de renuncia artística cabal do humano. E poderia ter sido muito diferente se Auschwitz estava literalmente às costas? Vejamos, como etapa final desta reflexão.

A afirmação é de John Cage, muito clara: "Com que fim, pois, se escreve música? Obviamente com um único fim: o de não ter fins, ou seja, há que se fazer algo, porém exclusivamente com os sons. A resposta deve assumir a forma característica do paradoxo: o fim de não ter um fim, ou, um jogo sem fim"[77]. John Cage, nome que, por sua prática e proposições teóricas, destila o estatuto sobre o qual a música de vanguarda de finais do século xx repousa, é induvidoso no que sustenta: o ato compositivo é um *jogo*, de *sons*. À música, escava-se da letra do compositor, não cumpre positivar-se como orgânica expressiva, como conteúdo; em última instância, não lhe cabe ou cumpre ser além de sua própria materialidade. Consubstanciando-se como um *corpus* lúdico, isto é, concebida e efetivada como um ato *sonoro* casual – aquele que, posta a ausência de toda a dimensão humana, não nasce de um *télos* –, a música, assim, é som *in natura*, som compositivamente *instaurador* que, ao ser, realiza-se já como arte. Significa que o corpo do som fez-se música. Ou ainda, a música, positivada como sons e/ou grupos sonoros que se sucedem numa contingência necessariamente não hierárquica, tece um universo cuja irracionalidade desejada funda, pois, a mão compositiva. Universo onde o som, abstratizado, transformou-se em imediaticidade fenomênica – a música fez-se puramente "*evidência*" do som, e nada mais, nem mesmo numa abstrata volição do artista.

E se este irracionável *in sonu* é a alma compositiva da música posta, não apenas a de Cage – porque o ato criador está implicando a individuação de sons que assim abstraídos abstraem o tecido musical; está implicando a indiferença reciprocada entre os sons, que

---

77 Apud E. Fubini, *Música y Lenguaje…*, p. 141-142.

surgem necessariamente inconexos; e está implicando ainda uma ausência expressiva, pois o compositor não almeja que efetivamente a obra disponha, comunique –, nessa música irrompe um formalismo que lhe é próprio, formador. Assim, embora esse atributo tivesse sido, do ponto de vista teórico, duramente combatido pela vanguarda, que inconsequentemente o atava apenas à tradição, ao romantismo, a música nova parture orgânicas formalísticas. E não poderia ser diferente se a sonoridade não é mais mediação, mas fim. Formalismo artístico, vaziez de conteúdo, que Cage qualifica, aberrantemente, de misticidade, traveste de sagrado, de excelso. Ora, a expressividade humana compositivamente abolida é, rigorosamente, o ventre de uma postura mística, *sempre e sempre* avocada. Vale dizer, "Todos os formalismos negam a expressividade num nível subjetivo para recuperá-la adiante num nível místico e irracional"[78]. Nesse sentido, nem mesmo Cage, como artista que era, poderia ser plenamente fiel à inumanidade do vazio sonoro que substantificara. De sorte que um pulso individual místico – que ele então transferiria aos sons, à música – é um efeito subjetivo natural frente à frieza – desejada – de um mundo estético sem mundo. O profundo misticismo de Stockhausen, misticismo que se misturava a um cientismo outrossim declarado, não é, pois, atente-se, caso atípico. Cientismo, pontue-se, que é apenas a outra face de seu misticismo ativo, pois a dimensão científica de sua música não foi mais do que retoricismo inane. Não foi – e não se precisa ir além de uma tautologia para se entender o porquê – na rigorosa medida em que música é arte, não ciência. De fato, o som *por si* tornado música – ou a partir de suas abstratizadas propriedades físicas, acústicas, "científicas" – é, para Stockhausen, e não apenas, a mediação de um encontro *puro, real, profundo* com a verdade arcana do universo, subjetivo e objetivo. O som buscado em sua *fisicidade reveladora* é uma *ciência da mística*. "Ciência musical" que, desenraizada da vida porque *metafísica desvelada pelos sons*, propugna assim a indiferença do artista face à realidade vivida, que pouco vale à música. Efetivamente, o mundo real pouco importa ao artista e à

---

[78] Idem, p. 145.

arte, avalia Stockhausen, então para ele a *expressão* não é o espaço musical que interessa e move. Como compositor-cientista, deseja o som, entendido como revelador, não o homem, em tudo tido como dessubstanciado. Impassibilidade com o humano que talvez explique esta sua "apreciação", que não apenas alarma:

> O que ocorreu – e agora todos vocês terão de reconfigurar vossos cérebros – é a maior obra de arte que já existiu. Que espíritos realizem com um ato o que em música não poderíamos nem sonhar; que pessoas, de modo completamente fanático, ensaiem loucamente por dez anos para um concerto e então morram. Esta é a grande obra de arte de todo o cosmo. Pensem no que lá aconteceu. Ali estão pessoas totalmente concentradas numa exibição, e então, num instante, cinco mil pessoas são arrastadas à ressurreição. Eu não seria capaz disso. Comparado a isso, nós compositores não somos nada. Pensem vocês que eu poderia criar agora uma obra de arte e [diante dela] vocês não apenas se surpreenderiam, mas despencariam de seus lugares, morreriam e depois ressuscitariam, simplesmente porque isso é uma coisa por demais absurda. Muitos artistas tentam, de fato, ir além da fronteira do possível e imaginável, no intuito de que despertemos, de que nos abramos para outro mundo[79].

Numa palavra, porque mais não se *deve* gastar com essa declaração: música, abertura para outra *dimensão* – para um campo imaterial, impalpável, hiperfísico, vital e maravilhador por sua transcendência e espetaculosidade, que ao som cumpre tentar apresentar aos mortais

---

79 Stockhausen, palavras proferidas na Norddeutscher Rundfunk, dias após o ataque de 11 de setembro. "Was da geschehen ist, ist – jetzt müssen Sie alle Ihr Gehirn umstellen – das größte Kunstwerk, dass es je gegeben hat. Dass Geister in einem Akt etwas vollbringen, was wir in der Musik nicht träumen könnten, dass Leute zehn Jahre üben wie verrückt, total fanatisch für ein Konzert und dann sterben. Das ist das größte Kunstwerk, das es überhaupt gibt für den ganzen Kosmos. Stellen Sie sich das doch vor, was da passiert ist. Da sind also Leute, die sind so konzentriert auf eine Aufführung, und dann werden 5000 Leute in die Auferstehung gejagt, in einem Moment. Das könnte ich nicht. Dagegen sind wir gar nichts, als Komponisten. Stellen Sie sich vor, ich könnte jetzt ein Kunstwerk schaffen und Sie wären alle nicht nur erstaunt, sondern Sie würden auf der Stelle umfallen, Sie wären tot und würden wiedergeboren, weil es einfach zu wahnsinnig ist. Manche Künstler versuchen doch auch über die Grenze des überhaupt Denkbaren und Möglichen zu gehen, damit wir wach werden, damit wir uns für eine andere Welt öffnen." [Tradução de Rainer Camara Patriota].

espectadores, gente não iniciada. Então, a morte monstruosa é uma forma de arte, tanto para quem a sofra como para quem a assista. Arte: *o espanto frente ao arcano que se deve artisticamente realizar* – negação do humano que faz do som estatuto do nada, porque tudo e nada se assemelham e mutuam. Assim, se vida e morte se imbricam e confundem, ao compositor o som: música, acústica como plasmação do não humano, como desejo compositivo que se fez abstratividade, ou um jogo aleatório-racionalizado de sonoridades formalizadas que pelo compositor é conferido estatuto metafísico. Nos termos de Adorno, que ao denotarem os supostos da vanguarda, não apenas os de Stockhausen, entremostram ainda a ausência de teleologia neste ato criador entendido por seus feitores como revoluteante:

> Na racionalização [dos elementos musicais] se oculta um péssimo fator irracional: a confiança no fato de que uma matéria abstrata pode dispor por si mesma um significado. Mas o sujeito está, ainda que não se o reconheça, na matéria, pois unicamente o sujeito pode dotar de algum sentido a matéria. O sujeito se deslumbra com a esperança de que as matérias com que se ocupa o possam subtrair do círculo mágico da própria subjetividade[80].

Numa proposição que sintetiza: a exploração do som, tida pelo artista como o real campo da composição, reduz o ato de criação a uma orgânica desantropomorfizada, pseudamente cientizada, que então se positiva enquanto música dos sons, música matemática, música lúdica, música dos timbres, música do cosmos etc. De sorte que, se em seus primórdios a vanguarda se havia pensado enquanto arma social crítica, essa ilusão transfundiu-se em sua antítese: a obra se fez explicita *acriticidade*, alienação aberta, e não poucas vezes pura insânia. Insânia, enfim, que entende ser denotação da *verdade*; verdade acessível aos homens se primeiramente acessível ao imodesto artista *solitário*, avalia este, artista que faz de sua música, assim crê, uma demonstração *iniciadora* do que importa, isto é, do não sensível, do que não é.

---

80 Apud E. Fubini, *Música y Lenguaje...*, p. 145.

A tempo. Uma assertiva que Adorno não desdobra, mas pela qual não se deve passar apressadamente, a saber: o "'som' era o conceito preferido de Berg, ao qual ele sempre subordinava os seus juízos musicais"[81]. Então, imediatamente surge a pergunta: e poderia o compositor não pensar assim, se de atonalidade ou dedocafonia se trata? Efetivamente, a predominância do som em Berg, que está teoricamente latente na frase adorniana – ainda que o filósofo sempre tivesse insistido na dimensão "desesperada" de sua música, desesperação que afirmava ser a marca dessa arte que tão profundamente estimava[82] –, é inerente à sua arte. Num fazer onde o melódico é uma orgânica *não mimética*, ou um fluxo que se substantifica pela sucessão de *instantes* – melódico que, desde os gregos e no curso da história, se consubstanciara enquanto um fluir mimético cuja plataforma era o *grau conjunto*, pois a *voz humana* está na *raiz ôntica* da música[83] –, a materialidade do som teria de assumir função musical proeminente. Proeminência, marque-se, que a letra teórica de muitos compositores testemunha, a começar por Schoenberg.

Predominância sonora que é arte ancorada não na vida social, na vida genérica, mas primariamente nos sons, isto é, na *mediação musical*, que para o artista adquire mística vida própria[84]. Seja a obra

---

[81] *Berg: O Mestre da Transição Mínima*, p. 40. Em outro passo, a propósito dos *Frühen Lieder*, o filósofo assim considera, *in sonu*: em Berg, a "instrumentação ambiciona a *indiferença recíproca entre música e sonoridade* [Klang]; não como sonoridade indiferente – no sentido da rigidez no tratamento dos instrumentos de sopro e dos níveis dinâmicos [Terrassen], característicos dos compositores neoclássicos –, mas *como identidade. A sonoridade é incumbida de manifestar toda a diferenciação da música*". Idem, p. 123. (Grifo nosso).

[82] Numa propositura adorniana que vale ainda dar ao leitor: "Que ele [Berg] tenha sucumbido a uma doença que subestimou e descuidou, que tenha preferido não ver o perigo ou que o tenha considerado exorcizado pela data do 23 – número do destino de seu excêntrico *misticismo* – foi o último subterfúgio melancólico de uma existência, a qual somente como subterfúgio do desesperado pôde manter-se por meio século entre o sono e a morte *em música*" Idem, p. 51. (Grifo nosso).

[83] Cf. I. Chasin, Voz e Mimese, op. cit., p. 33-50.

[84] Da letra de Giacomo Manzoni, que reflete tendência compositiva nada periférica, escava-se, sem dúvida, a *natureza sonora* da música de vanguarda atual. De sua intervenção no congresso "Palavras para Música", ocorrido em 1980, tomamos este passo esteticamente significativo, que parece consentâneo citar: "Aquele que [vos] escreve advertiu – como creio que fizeram todos os compositores – para a contradição que implicou a relação tradicional palavra-música, até que se deu conta que a possibilidade de sua superação estava em aprofundar, exaltar os valores *propriamente acústicos* da palavra, meter-se no material fonético, relacioná-lo diretamente com as alturas, com os modos de emissão,

o resultado de uma suposta expressão do *Eu*, a materialização de uma composição-jogo, seja a consequência sonora de um fundamento compositivo matemático, ou ainda gerada pelas manipulações acústico-laboratoriais de sons colhidos do cotidiano, o que ata, *in limine* e pela alma, estes diferentes fenômenos é o fato de ser o som o elemento artisticamente dominante, o pressuposto e *télos* composicional. Do serialismo à música concreta, da dodecafonia e do aleatório à música armada a partir de uma plataforma estocástica, o atributo compositivo fundante é o som, a sonoridade. A obra como abstração *de mim* e aquela que se pretende ressoar místico-lúdico do próprio som, são filhas de um mesmo ventre musical. Com o que não se assevera, sublinhe-se, que a música de Schoenberg ou de Berg forme com a de Boulez, Cage ou Stockhausen uma simples analogia. A busca de expressividade dos primeiros distingue estética e estilisticamente sua arte daquela arquitetada pelos segundos. Porém, se o som é a força compositiva primária de todos estes artistas, irrompe uma profunda imbricação musical entre o que parece ser reciprocamente antagônico, de sorte que todos se avizinham em mutuação. Enfim, a abstratividade de uma música cultivada *in sonu* torna coessencial sonoridades e procedimentos compositivos que são diferentes. Sonoridades diversas que, não miméticas, são essencialmente indistintas: objetiva e subjetivamente (para o ouvinte) são indiferenciadas quanto ao que propõem ou "exprimem", conquanto fenomenicamente diferenciadas e diferenciáveis.

Opostamente ao Renascimento, então, onde a demanda objetiva significava arte *in communitate*, vale dizer, implicava uma subjetividade artística *in* objetividade social, implicava *imitatio* – vida em ser e dever-ser –, a arte de vanguarda fez do artista figura socialmente isolada, que plasma a partir de si, em função de uma volição não radicada na vida cotidiana, na vida do gênero. Lógica

---

a dinâmica etc.; foi, em sua opinião, o caminho mais correto para dar sentido musical ao texto, ainda que, assim procedendo, de fato se dissolvem totalmente as possibilidades de compreender seu *sentido lógico*. Porém, é isto o que justamente não importa, pois o que conta, tanto para o compositor como para o ouvinte, é poder dar às palavras um significado realmente musical, realmente comunicativo musicalmente", apud E. Fubini, *El Siglo xx: Entre Música y Filosofia*, p. 82.

e práxis contemporâneas que opõem uma segunda vez o artista burguês insulado ao burguês artífice do gênero: ao contrário deste, aquele tende a negar a dimensão material da arte. A preocupação da vanguarda com a materialidade é, rigorosamente, *negatio* desta mesma materialidade, porque sua realização pressupõe a dimensão *mimética*, isto é, a condição da arte se fazer vida social, humanidade, vida cotidiana, *materialidade social*. O som musical que se faz apenas som se dessubstancia em sua condição material artística – a materialidade estética real é a que se objetiva enquanto *mediação* à *plasmação* do universo *humano-social*. A sonoridade que não acolhe em si o gênero, que não possui um determinado grau de universalidade – que é o que permite seu reconhecimento auditivo e fruição pelos indivíduos – é apenas materialidade fenomênica, materialidade artística *in abstracto*.

Entre o artífice e o artista, a existência, pois, de um fosso conceptivo e artístico. Da arte *no* mundo ao mundo *da* arte: via histórica do artista burguês, que no curso de sua autonomização social, na conquista paulatina da liberdade individual possível sobre seu ser e fazer, subjetivizou-se. Via em *nada linear*, pontualize-se, mas que de Monteverdi a Stockhausen foi sendo escavada. Autonomia social que não significou "evolução" artística, possibilidades criativas gradativamente mais verdadeiras. Compreendeu, sim, em dinâmica historicamente crescente, o *retraimento do mundo*[85]. Nesse sentido, quando o artista dos sons puder reconhecer que os seus oponentes – seus arqui-inimigos – não são a tonalidade e a consonância, o *mélos* fluente e a temporalidade articulada, isto é, uma dada forma de

---

85 Em palavra perguntante que tão só alude, mas que me parece importante firmar: Beethoven, que rebeldemente se negava a pôr-se em circunflexão frente a nobres, e que, ao menos simbolicamente, pode ser considerado o primeiro compositor "independente", isto é, que vivia a partir do que produzia (em parte sob encomenda) e vendia, foi, por isso, musicalmente *mais* que Mozart, este, certamente, uma das figuras da história da música que mais problemática e sofridamente se relacionou com seus patrões aristocratas? Por outro lado: a dimensão operista de Mozart – ópera, sublinhe-se, que constituiu sua *verdadeira paixão musical* – não significou, *lato sensu*, sua maior proximidade do mundo real, da vida cotidiana? A "independência" beethoveniana e a dependência mozartiana não implicaram, pois, do ponto de vista artístico, o surgimento de uma música mais plena; de fato, Beethoven, o revoltoso músico dos sons puros, tinha no mundo dos homens apenas um ponto de partida abstrato. Mozart, o servo, ao menos na música vocal, não.

materialidade, mas o derruimento estético do humano, talvez possa vislumbrar trilhas e estilos que reponham no centro de seu fazer a vida dial, o *popular*, a vida *sensível* em sua orgânica concreta, fonte e desaguadouro do autenticamente artístico. Na palavra categorial, eterna porque ôntica: "A epopeia e o poema trágico, assim como a comédia, a poesia ditirâmbica, e em grande parte a música de flauta e a música de cítara, são *mímesis*"[86]. Palavra aristotélica que a pena rousseauniana tão bem assimilou. Pena que, ao radicar a arte no humano, radica a música no mundo dos *afetos*, na vida anímica, radicação que todo o pensamento filosófico ocidental – de Aristóteles a Mei, de Platão a Rousseau, de Hegel e Schopenhauer a Lukács – propôs e sustentou; assim considerou o genebrino, para a história:

> Tal como os sentimentos despertados em nós pela pintura não vêm das cores, o império que a música possui sobre nossa alma não é obra dos sons. Belas cores bem graduadas agradam à vista, mas tal prazer é uma sensação pura. São o desejo e a imitação que conferem vida e alma a essas cores, são as paixões por elas reveladas que comovem as nossas, são os objetos por elas representados que nos afetam. O interesse e o sentimento não dependem das cores [...]. A melodia constitui exatamente, na música, o que o desenho representa na pintura – assinala traços e figuras, nos quais os acordes e os sons não passam de cores[87].

Sons musicais: *alma que sente*. Sons que pelo jazz mundial e pela música popular assim também tendem a se consubstanciar, algo que a arte contemporânea, hoje plenamente acolhida pela academia, não deveria simplesmente desconsiderar. Mesmo porque a grande arte encerra em si, como categoria primária, o *télos* pedagógico, formador, que hoje, salvo exceções pontuais, não surge – e nem poderia – como preocupação do artista. Na palavra monteverdiana reconduzida, que, ao ecoar Rousseau e apontar para o futuro, sintetiza todo o dito ao pôr no centro da música o que nela é ontologicamente central – o

---

86 Aristóteles, *Poetica*, 1447a, em *Obras*, Madrid: Aguilar, 1973, p. 77. (Grifo nosso).
87 J.-J. Rousseau, Ensaio Sobre a Origem das Línguas, *Rousseau*, São Paulo: Abril, 1978, p. 194, Coleção Os Pensadores.

homem: *"Como*, caro senhor, *poderei imitar o falar dos ventos se estes não falam? E como poderei, com estes meios, mover os afetos?* Arianna moveu-nos por ser mulher, e Orfeo também nos moveu por ser homem, não vento".

Ensaio Sobre a Expansão de Atividades Derivadas ou Relacionadas à Composição Musical

José Augusto Mannis

Transição, mudança, mutação: ações frequentes em processos criativos musicais. Porém percebê-las e saber lidar com elas fora do âmbito musical, na realidade das coisas, pode não ser tão trivial mesmo para quem busca dominá-las no plano da abstração musical.

O ofício de compositor se impregnou no século xx de transformações num processo expansivo, cada vez mais acentuado. Atividades emergentes relacionadas não somente à invenção musical, escuta criativa, imaginação sonora, mas também à predição acústica, organização e seleção de conteúdos e mais um sem número de outras coisas se proliferaram em torno da composição musical, transformando significativamente seu contexto em relação ao que havia desde o surgimento da ópera, no século xvi, até a expansão da revolução industrial, no século xix[1].

Seu núcleo original de atividades acabou se miscigenando com setores afins e outros ofícios, resultando em novas formas de atuação. O ofício de compositor expandido se caracterizaria então por uma acumulação gradativa de novas atribuições, aglutinadas

---

1 Ver *Figura 1* e *Figura 2*.

ao redor da composição, tal qual um cacho, um *cluster*, compreendendo variada paleta de atividades, todas unificadas pelo princípio da invenção sonora, como: criação, produção e realização nas artes e no entretenimento; gêneros híbridos (escultura sonora, poesia sonora, poesia vídeo-sonora, música-vídeo, vídeo-música, arte sonora, paisagem sonora, rádio arte, acústica arquitetural, cine-instalação-sonora-interativa, ambientes de imersão); integração, transmissão e provimento de conteúdos (incluindo fornecimento de *streaming* e acesso a repositórios organizados); conforto ambiental e *design* sonoro aplicados também a *marketing* e publicidade (*sound business*, *sonic branding*).

De fato, trata-se de um largo leque de contextos, alguns mais radicalizados: inventando sons para/sobre/a partir de objetos, personagens, ideias… dando-lhes vida (o som da porta de um automóvel, o crocante de um biscoito, sons de brinquedos), caráter (o timbre de uma logomarca sonora, a entonação da voz para um atendimento telefônico, a vinheta para um programa de rádio, a abertura de uma ópera), representando-os ou ilustrando-os (tramas para *back grounds*), dramatizando-os (trilha para cena de ação em audiovisual), radicalizando-os (numa instalação provocadora), projetando-os, limitando-os, reduzindo-os, traduzindo-os em sons.

Se por um lado a maioria das pessoas se atém a uma noção do ofício diretamente vinculada ao lugar comum do criador de músicas, por outro, o crescimento de atividades acumuladas a seu redor ampliou efetivamente o campo de ação de sua prática em expansão radial. O novo domínio ampliado suscita, portanto, questionamento e reflexão sobre o conceito de seu objeto.

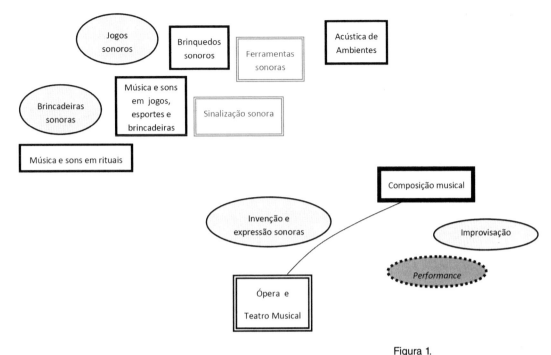

Figura 1.
Diagrama de atividades de invenção e expressão sonoras entre o século XVI e meados do século XIX.

Nas Figuras, as formas correspondem a:

- retangular: atividades de concepção sem realização sonora;
- ovoide pontilhada: criação na realização seguindo um dado fio condutor do discurso;
- ovoide: concepção e realização;
- retangular dupla: concepção envolvendo domínios externos à criação sonora;
- retangular pontilhada: concepção e realização envolvendo domínios externos à criação sonora.

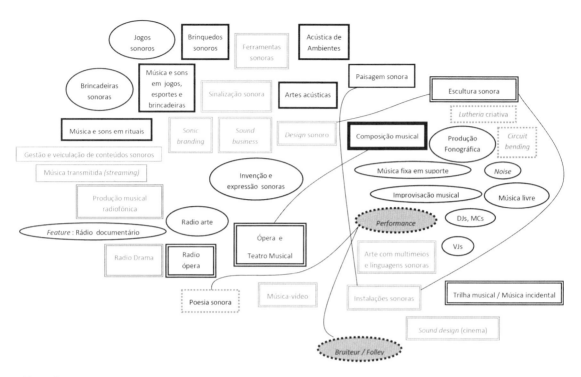

Figura 2.
Diagrama de atividades de invenção e expressão sonoras na atualidade.

Comparando a Figura 1 e a Figura 2, observa-se como novas atividades de caráter artístico ou artesanal floresceram ao redor do espaço do compositor, ora em arte, ora em entretenimento, ora em zonas indefinidas. Acompanhando retrospectivamente uma suposta transformação histórica da composição musical, poderíamos visualizar (na ótica deste autor) processos, verificando sua dinâmica.

"Ofício", do latim *officium*, tem como raiz *facere*, fazer. "Faz" música quem a realiza, produz, emite, tocando ou cantando. Reconhece-se que também a faz quem a imagina: percebendo-a[2] (considerando, supondo ou aceitando que os sons ouvidos sejam música, representando-os mentalmente) ou inventando-a (criando, concebendo, descobrindo). Nos primórdios, quem cantava ou tocava, necessariamente inventava o que executava. Invenções se salientando sobre as demais, foram repetidas. E assim, músicas foram reproduzidas

[2] John Cage com sua obra *4'33"* (1947-1948) enunciou que a música é feita em quem a ouve.

(copiadas, imitadas) por terceiros. Os mais destacados inventores de músicas não passaram a ser denominados compositores? Aqueles que reproduziam o que apre(e)ndiam, inventando sua realização, não foram chamados de intérpretes ou *performers*? E a sistemática dessa classificação não acabaria provocando ambiguidades e equívocos, como o de que a "simples" interpretação de uma obra já composta (publicada) seria uma mera reprodução da mesma, não caracterizando invenção musical, nem havendo em jogo processo criativo, sendo estes, próprios (e exclusivos) do compositor? Como se o compositor fosse inventor primevo absoluto, demiurgo. A tradição musical ocidental portou bizarras fraturas como essa. Não seria surpresa se uma hora ou outra a própria transformação da música suscitasse uma revisão dessa condição que lhe foi imposta.

A invenção sonora não é privilégio do compositor. Porém, a invenção de um compositor pode se distinguir da invenção dos demais artistas, artesãos, pensadores, cientistas, filósofos, tecnólogos e demais práticas, pois opera estreitamente com recursos específicos de escuta, representação, inter-relações coordenadas no espaço e no tempo dos parâmetros sonoros; estabelecendo elos entre os mundos sonoro e extra-sonoro (associações, correlações simbólicas, sensitivas, sensuais e emocionais), agregando à produção qualidades estruturais e formais enriquecidas por múltiplas leituras e significações.

As ferramentas empregadas no processo criativo composicional fazem, portanto, diferença em invenções e realizações sonoras, mesmo quando estas ocorrem em domínios distantes da tradicional composição musical. Ações de realização e finalização musical, atribuídas no sentido comum a *performers* e intérpretes, também agregam às produções valores intrínsecos à práxis musical, efetivando-se em instâncias próprias à modelagem (aqui no sentido da escultura) gestual e sonora, na finalização do processo musical (ou sonoro). Inventando, o intérprete/*performer* pode modular uma proposta musical, uma partitura, de múltiplas maneiras, encontrando com clareza e domínio a versão que convém à sua concepção de realização.

Curiosamente, a partir do século xx muitas das atividades inovadoras mesclam a concepção formal e estrutural preliminar (domínio do compositor) à concepção de realização e finalização (domínio do intérprete/*performer*). Artistas inventando o texto (sonoro/musical), a proposta ou o fio condutor, simultaneamente à sua realização e execução estão, na verdade: inventando e tocando (improvisando); jogando espacialmente e dinamicamente a partir da gravação de uma obra musical (produção fonográfica); emprestando referências e as manipulando ao vivo (djs, mcs, vjs); mesclando elementos de diversas origens em obras realizadas com controle estreito de ações gestuais e expressivas em estúdio (criação radiofônica); imaginando junções ou fusões entre domínios distintos, colocando-os em execução coerente e precisa, de forma integrada e orgânica (poesia sonora, *circuit bending,* lutheria criativa, escultura sonora).

O rumo da própria expressão artística promoveu o reencontro da composição e da realização, fazendo seus caminhos convergirem e confluírem. Muitas das ampliações das atividades referentes a um e a outro foram conquistadas durante o caminho de reencontro, construído não por inferência precisa nem por predição exata e calculada, mas por descobertas ocorridas em experimentos, ensaios, estudos, investigações, contemplações, devaneios, no próprio fazer artístico, heuristicamente. Uma sensibilidade táctil, própria a quem imagina ou busca algo estando diretamente em contato com o corpo vibrante ou o sistema/processador sonoro final. Algo que, apenas está surgindo, e já se transmite por nervos e veias em direção ao toque de controle.

De volta ao passado, no século xix o artista tomou ares de divindade. Um ser dotado de talento e imaginação criativa, vivendo numa dimensão mais elevada, acima da materialidade. O compositor, também levado pelo vórtice da consagração, era visto rodeado por uma aura. Na passagem ao século xx "suas" músicas puderam ser reproduzidas, distribuídas e comercializadas através de modernos meios e mídias. Novos negócios surgiram, com impacto no setor artístico. O valor da aura do artista foi mantido, porque todos a admiram, todos a querem consigo. Esse "semideus" mantém contato com o mundo terreno por seus agentes e editores. Companhias, empresas, organizações, grupos de empreendimento vêm a público através de "suas estrelas". Alguns compositores praticamente "se institucionalizaram" através de organizações, empresas, autarquias, fundações, associações, gerenciando, divulgando e promovendo sua obra, administrando negócios e provendo sustento. O compositor passa a ter a opção de ser mantido por organizações que se sustentam por meio de sua produção artística e de seu catálogo de obras, tendo como trunfo sua aura, à qual estão atrelados modelos de negócios.

Mas seguem as transformações. Surgiram outros recursos tecnológicos. Novos negócios também. E, de forma subjacente, outras funções se estabeleceram e se fortaleceram. Com o colapso dos antigos modelos de negócios, a nobre cortina começou a desaparecer e, no que diz respeito às artes e aos artistas, nos encontramos diante de uma estrutura social e econômica estagnada há praticamente um século, profundamente arraigada em modelos quase obsoletos, em extinção. Há um elefante na sala porque a casa do compositor foi construída a seu redor. E pela janela observa-se grande movimentação. São pessoas andando pelas ruas, pois não têm um grande animal a sustentar preso em seu pesado domínio. Os que vivem lá fora, circulam ágeis e soltos. Se parte da estrutura dessa casa fosse derrubada, o compositor poderia sair, se libertar. Tomaria um rumo próprio e então a antiga propriedade – antes estagnada, agora renovada – se integraria ao espaço externo. O compositor e aqueles passantes iriam então compor um novo grupo. O domínio, antes individual, passaria a coletivo – não mais uma casa, mas uma vila ou um parque de compositores renovados: fortalecidos, diversificados, integrados, com mais oportunidades, opções e facilidades. Entre inventores sonoros e sociedade, mais conexões e relações eficientes.

Uma maneira possível de iniciar essa transformação seria considerar a composição não somente como um "ofício", mas também como uma "atitude" permeando e adentrando várias áreas de atuação, em diferentes campos do conhecimento e setores produtivos, como por exemplo:

- Atuar ponderando diferenças ou polaridades: empírico vs. teórico, concreto vs. abstrato, permanência vs. variação;
- Compatibilizar e integrar numa mesma atividade: suporte + conteúdo; o técnico, o prático e o pragmático + artístico, idealizado, sonhado;
- Realizar, preparar, processar, tratar ou restaurar registro sonoro com ouvidos pan-atentos tendo o mesmo cuidado e preciosidade como se estivesse lidando com material composicional;
- Tocar como quem canta; cantar como quem ouve; abrir os ouvidos para o macro e o micro; ao escutar, apreender estrutura e forma; caso não as encontre, imaginá-las;
- Ouvir o ambiente sonoro mentalizando ações de complemento ou subtração harmonizando o contexto;
- Diante da diversidade de opções sonoras, perceber o que é supérfluo, o que é indispensável, para o equilíbrio do conjunto;
- Chegar a um achado mesmo operando num domínio desconhecido;
- Buscar através do fazer, aprender através do inventar;
- Saber para onde ir mesmo não conhecendo o exato caminho;
- Encontrar o que busca através da construção do que almeja.

É oportuno revisitar a composição, a tradicional composição musical, com espírito renovado. Isso poderia contribuir significativamente para o aprimoramento desse "compositor", transformando-o num "inventor de músicas e sons", de estruturas, de formas, de aplicações; um inventor de novas músicas e novas maneiras de propor músicas, e também num inventor sonoro, ou artista sonoro, ou artesão de sons. Arte aliada a artesanato. O foco sendo a "atitude de compositor", aplicada num leque amplo de atividades, sobretudo requerendo sensibilidade artística aliada à eficiência técnica, o que o aproxima do perfil de um *arquiteto sonoro e acústico*.

Que se reflita sobre a formação dos compositores, pois estranhamente insiste-se, ainda na atualidade, em se manter grades curriculares aprisionadas, enrijecidas e antiquadas para "nobres criadores musicais", desovando anualmente na sociedade centenas de bacharéis sem perspectivas profissionais quanto às aptidões adquiridas, levando-os a se aventurarem por ocasionais demandas de setores externos. Se as grades de ensino fossem renovadas observando os novos contextos, os estudantes poderiam ser adequadamente instrumentados e de fato preparados para sua realidade, estando capacitados para intervir construtivamente no processo de mutação da sociedade.

Itinerário de Orfeu – Música e Experiência

Marco Scarassatti

Faço alguns apontamentos aos leitores deste trabalho. Ele procura transparecer em criação literária, relatos e memórias circunscritas à época na qual recebi e desenvolvi a proposta, o que penso sobre o ato de compor na atualidade. Algumas reflexões já estavam contidas na minha tese de doutorado, outras se desenvolveram durante a feitura de um projeto composicional para o II Festival de Música Experimental do Ibrasotope.

Aproveitei o ensejo para reunir os percursos e, desse modo, refletir e escrever sobre o assunto no mesmo momento em que criava a proposta de composição para o festival. Alinhavei numa escrita que julguei dar conta dos temas aqui apontados. Pensei nesse aproveitamento porque todas as questões envolvidas estariam ali. No entanto, ao longo da jornada me pareceu mais premente juntar a isso a criação de uma personagem idealizada no perfil de um compositor hoje, que seria uma maneira de dialogar as anotações do que faço, no momento em que faço, com a idealização do que e como fazer.

Imaginem um quarto de estudos, isolamento e lar de um músico, cama, armário, um piano encostado, acrescentaria ainda um computador, microfones, um rádio junto a cama, uma interface de áudio, cabos, alto-falantes, um tanto de livros e cds espalhados, uma garrafa de vinho, uma taça e a espingarda que sempre deixou atrás do armário. Nada que faça lembrar a simetria de Adrian Leverkünn, até porque não se trata de edificar a grande obra revolucionária, erigida nos escombros da tradição do novo. Nem haveria Mefistófeles que desse conta de hoje dar o Tempo necessário para que um compositor chegasse a qualquer grande obra. O tempo é outro, embora ainda muitos esperem protagonizar algum capítulo do Groves. Há tempo?

A primeira reflexão que faço é sobre meu próprio trabalho e no quanto ele se insere muito mais no campo da Arte Sonora do que propriamente na música. Aliás, sem desprezar a consolidação dessa produção sociocultural humana ao longo de sua história, mas até por isso mesmo, ao se considerar o quanto o fazer musical expandiu-se, principalmente após a segunda metade do século xx, creio ser mais oportuno pensar hoje em Arte dos Sons, Arte Sonora, ou mesmo Sônica, ainda que a posse desse território, no primeiro caso, ainda esteja sob o domínio dos artistas plásticos que apreenderam o conteúdo material, conceitual e plástico do universo musical.

A abrangência do fazer musical, desde o que o senso comum conhece como música, passando pela relação de inserção e contágio desta com o visual, o contrato audiovisual e, por conseguinte, a utilização sistemática do ruído, música concreta e eletrônica, a música eletroacústica, a aproximação da música às demais linguagens e expressões, a paisagem sonora, o desenho de som no cinema, o fenômeno da música pop e sua apropriação, colagem e deformação pelos dj's, a radioarte, as esculturas sonoras, o *circuit bending*, música para celular, a criação de ambientes e instalações sonoras, os *happenings*, performances e ação política de intervenção sonora em espaços públicos; todas essas manifestações retratam a paleta de atuação artesanal e conceitual daqueles que intencionam fazer do som seu veículo de expressão, filtro da realidade, leitura de mundo.

Isso posto, a verdade é que o campo de atuação do compositor hoje tornou-se mais vasto e abrangente do que a capacidade do conceito música de se expandir. A música, dessa forma, torna-se apenas mais uma das artes ligadas ao sonoro, ou à arte sonora.

Cabe aqui falar que, diferente desses processos de artesania sonora, o compositor, talvez por advir do pensamento musical como estruturante e estruturador do seu fazer, é aquele que carrega o incômodo som e isso o obriga a refletir, sistematizar esse conjunto de experiências e, a partir delas, de algum modo, pensar em estratégias de incorporação ao seu processo de criação, à sua *poiesis*. Isso não o coloca em um patamar acima de qualquer artista sonoro, apenas define melhor suas demandas.

No meu caso, ilustro o que faço, ou como faço, com a recordação dos dizeres do Swami Sivananda, colocados na mesa do café da manhã de um hotel onde se realizava um retiro de Bakti yoga, no qual uma das práticas desenvolvidas era a do *Nada yoga*, ou melhor, dizendo a yoga do som: "Sons são vibrações e dão origem a formas. Cada som produz uma forma no mundo sutil, e uma combinação de sons criam formas complexas". Ele estava falando da importância da repetição do Mantra, mas num certo sentido isso está muito ligado com a maneira de eu conceber meu trabalho de composição. Sons que geram formas.

Representar uma sonoridade através da forma plástica e, ao mesmo tempo, dar a essa forma a possibilidade do som musical que a completa como estrutura, é certamente uma influência do contato com a obra de Walter Smetak. Construir a música materialmente, com as minhas próprias mãos. Inventar um instrumento musical composto por pedaços de outros instrumentos, quebrados e/ou rejeitados, pedaços de outros objetos abandonados, juntar com fragmentos conceituais de outras culturas e moldar essa junção com práticas de exploração sonora através da improvisação dirigida. Não diria livre porque o formato do objeto novo é proponente no nível exploratório da interação.

Dessa maneira cada fragmento ou pedaço encontrado contém em si um som cristalizado em forma, é vibração ou memória advindas dela. Fora do contexto inicial, vinculado ao objeto, instrumento, conceito inicial do qual ele é proveniente, esse fragmento abre-se na possibilidade de se juntar a outros fragmentos, de outros objetos e, a partir daí, compor com eles uma forma complexa, composta por um aglutinado de pequenos símbolos que se desdobram em potência latente para uma sonoridade resultante. A esse aglutinado simbólico dou o nome de emblema sonoro.

O emblema sonoro, nesse caso, tenta ser uma composição musical em forma plástica, também sonora, literária, ou ainda, uma tentativa de construção poética de um campo espacial pelas sonoridades relacionadas a objetos, imagens, textos, conceitos e histórias. Aglutinações simbólicas em formas plástica e sonora das memórias recolhidas em um percurso, que é o da criação dele próprio.

A ideia de símbolo nesse caso corresponde aqui à acepção de Gershom Scholem quando este trata do símbolo religioso:

[Os símbolos] servem para descrever uma experiência que em si carece de expressão. Mas este aspecto psicológico ainda não é o problema todo. Símbolos também têm uma função dentro da comunidade humana. [...] A riqueza de significado que eles parecem irradiar empresta nova vida à tradição, sempre exposta ao risco de ficar congelada em formas mortas – processo este que prossegue até que os próprios símbolos morram ou mudem[1].

A maneira com a qual abordo o conceito de emblemas relaciona-se também aos emblemas renascentistas, em especial os de Lorenzo Lotto,

imagens simbólicas que manifestam um pensamento secreto, nos meandros do inconsciente humano.

Pensamento abstrato que colheu, por um átimo, mas não completamente, a presença divina, de tal forma que a mente torna-se uma imagem hieroglífica que somente o olhar do coração consegue desvelar[2].

---

1 *A Cabala e seu Simbolismo*, São Paulo: Perspectiva, 1978, p. 31.

2 Conforme tradução livre de Milton José de Almeida, do livro *Lorenzo Lotto e l'Immaginario Alchemico*, Clusone: Ferrari, 1997. L. Lotto foi um artista italiano, nascido em Veneza, que viveu entre os anos de 1480 e 1556.

Os emblemas sonoros que construo são pensados como formas complexas que potencializam a obtenção do som, embora muitas vezes sejam formas abstratas de sonoridades desejadas. Não há aqui esoterismo ou misticismo, embora isso sempre dependa do sistema adotado para ler o mundo e cada um é livre pra adotar o seu. De qualquer forma, ao pensar assim reencontro o escrito de Swami Sivananda: som como gerador da forma e, nesse caso, forma como geradora do som.

Enquanto pensava e escrevia sobre isso, precisava pensar também na estrutura de apresentação e consequente composição para o festival. Resolvi dar vazão a um desejo que era o de aproveitar minha tese de doutorado, cujo nome é *Emblemas Sonoros, Emblemas da Memória*. Seria uma alusão ao processo alquímico que trato na tese e comporia peças-solo utilizando os emblemas sonoros que construí ao longo da pesquisa. Essa, em princípio, seria a motivação da minha composição. Num primeiro momento, projetei fazer sozinho e, ao mesmo tempo, pensava na personagem que surgia, como fio condutor desse escrito:

Voltando ao quarto, as paredes manchadas pela umidade seguram um quadro, o ambiente é viscoso, latente. Cada objeto, cada escolha, cada canto do quarto é o próprio ente manifestado. A gaveta, cada uma delas é guardiã dos segredos, músicas silenciosas depositadas, fragmentos de ideias manuscritas, anotadas em diversos tipos de papel, em momentos e situações igualmente diversas.

O músico, ao qual me refiro, afastou-se do pequeno nicho da música de concerto, que não absorve a pulverização das poéticas musicais. Ele divide seu tempo entre projetos de composição que em geral ficam arquivados e a perspectiva do compositor-performer. Dirige um grupo de música improvisada que insiste em chamar de coletivo, embora seu ego de compositor resista às construções que fujam das suas projeções e convicções do que seja a música improvisada não idiomática. Além disso, ainda dá aulas, cria projetos de instalações sonoras e intervenções em espaços públicos.

Está diante de uma partitura, estuda em seu contrabaixo alguma peça do repertório contemporâneo, porém devaneia e perscruta imagens-sons de uma memória fantasiosa, encruzilhada de sentidos, desenha na tela escura da visão o tema inicial da ópera La Favola d' Orfeo, *de Claudio Monteverdi. As notas se sucedem delineando uma variação em cima da linha de baixo-contínuo do Prólogo composto pelo músico cremonense. Essas mesmas notas que delineiam o tema musical, desenham também esse mesmo compenetrado músico tocando agora, numa viola-da-gamba, a transcrição desse trecho primordial para o surgimento do gênero operístico. Não há anacronismo, há a tensão latente entre um compositor com mais de trinta anos e sua realidade de músico profissional, professor de uma faculdade particular, que divide seu tempo entre preparação de aulas, correção de trabalhos, escritura de projetos para leis de incentivo, angústias pessoais, desejos de desistência e algumas persistências.*

Essa imagem sonora evoca e reverbera um mito, recolocado no ambiente da mente contemporânea fragmentada de um compositor em busca de fundamento. No devaneio, as separações temporais inexistem, persiste o quarto, morada desse músico-criatura, criado por uma memória auditiva, acompanhando a partitura. Ele é o quarto, na medida em que propaga a partir de si as ondas sonoras por todo o entorno.

Olha a partitura que guia o seu tocar e devaneia, as linhas estremecem, na realidade, agora é ela, a partitura, que conduz a sucessão gráfica, se amalgama na percepção com os sons dela sugeridos. O olhar atento do músico se revela pelo movimento do olhado, nota por nota, tempo a tempo. O entorno se reorganiza na medida da aparição de cada nota e com a persistência das que já contaram ao espaço a qualidade e o sentido da atmosfera criada.

Na medida em que se sucedem as frases musicais, o olhar e a sonoridade se aproximam da partitura como num zoom *cinematográfico. O pentagrama se transforma em uma grade, janela que separa dois mundos. Os sons tocados livremente pelo músico aproximam-se dos limites dessas barras que aprisionam as notas num* locus *temperado. A medida da aproximação abre um potencial audível de sonoridades periféricas às notas consonantes tocadas: grades, grilhões, gotejamentos, frequências agonizantes ao fundo, momento do temperamento. O músico em transissom, ou agora, músico-som penetra, perpassa, transpassa a partitura e antevê um saguão em ruínas. Não se vê mais o músico, tampouco o quarto. Olhando-se para trás, apenas uma janela que mais parece um pequeno ralo com cinco barras horizontais. O agora antigo fraseado proveniente do instrumento desprendeu-se do quarto e penetrou, exilado, na agonia do desconhecido.*

Empurrado por correntes de vento, o músico-som foi levado como que de um riacho a um grande lago de viscosidade que é este salão em ruínas. A dramaticidade do seu canto, que antes preenchia o quarto de estudos, torna-se um pequeno traço em meio aos escombros dessa zona intermediária. As sonoridades agonizantes do princípio se transformam no gotejamento agudo e espaçado desse ambiente febril e de tempo condensado.

Lembro-me quando de uma temporada em Portugal em que, por razões emocionais fortes, escolhia passar horas e horas fechado no banheiro do apartamento alugado, no bairro de Benfica. O prédio era antigo, o elevador era daqueles com uma grade entrelaçada que precisava ser fechada para que o maquinário se pusesse a funcionar. O apartamento era simples, pelo menos a parte que havia alugado, o banheiro também, não tinha nada de especial além da banheira em que me deixava ficar por horas, esperava a água aquecer o ambiente, o vapor subir, adensar e condensar na parede gelada, escorregar por todo o teto e começar a pingar. Escutava religiosamente o gotejar por todo o espaço da casa de banho, como que diante de um processo alquímico. Sentia-me febril, como o próprio banheiro estava, quente, intenso, não pensava em nada. Era o próprio banheiro. Ali ficava, ali me recolhia. Subia ao teto também, me esfriava e dele despencava para iniciar ou encerrar o dia.

Pensei que essa pudesse ser uma estrutura interessante para a obtenção de música. Um alambique sonoro, em que o som primordial pudesse sofrer a transformação e evaporação através do calor, se resfriar num teto frio para se condensar e iniciar um gotejamento de sonoridades advindas dessa destilação.

Nesse banheiro havia também uma pequena abertura, não era uma janela, e era uma abertura que me comunicava com o terraço do prédio. Entre os gotejamentos e os pensamentos desconexos que acompanhavam meu silêncio de ideias, escutava também os pássaros que gorjeavam, piavam e ciscavam quatro andares acima. Essa companhia sonora me ligava ao exterior do prédio; eles não sabiam, tampouco desconfiavam, mas estava eu à espreita, acompanhando suas movimentações até que, de uma hora para outra, todos saíam em debandada. Ficava eu no banheiro, e o pensamento sumia, me faltava.

O músico-som investiga cada um desses espaços febris em que as sonoridades doíam-se nas molduras e, diante do devaneio, escorrega e derrama-se no chão. Desliza entre as poças, entre folhas e engenhosos inventos desfigurados e destroçados pelo tempo. Três cabeças surgem. Seis ouvidos. Transverbera-se e desloca o silêncio-corpo em três vetores sensíveis.

As três cabeças alternam-se em planos fechados, ouvem-se os repetidos ataques como se fora de um vagonete contra o trilho, que não é visto, é pressentido e ouvido, memória repentina que confunde a percepção do músico-som que se esconde. Prossegue a audiovisão da tripla cabeça se alternando enquanto os intervalos percutidos distanciam-se e modificam-se, voltando a ser apenas o gotejamento do saguão.

Fareja e percorre as poças, transpassa gravuras e partituras desgastadas, esfaceladas pelo tempo e úmidas, embaralhadas por gotas que refratam e ondulam.

No saguão, a atenção volta-se para a dispersão unitária controlada pela tripla cabeça. O olhar não foca, ignora o parentesco sincrônico que há entre gesto/som estabelecido pelo contrato audiovisual da percepção. Os encontros perceptivos coincidentes pulverizam-se no emaranhado ruidoso e ruínico da cave. Não há produção inteligível de sentido, apenas a persistência cada vez mais vaga do tema orfeônico mimetizado no espaço em forma de ruína.

Transformado em seu próprio som tocado, conscientiza-se de que o que ouve e vê se faz no entorno da percepção de um ser mitológico. A imagem é potente e inesquecível, guardiã desse espaço transitório, a figura do Cérbero surge rastreando o ambiente, suas cabeças sincronizam a busca perceptiva. Não há como se esconder. As vibrações acústicas se adensam babelicamente numa espiral totêmica.

O músico-som desprende-se da sua experiência vivente e, assim, incapaz de fugir à apreensão tripla da audição do cão, é percebido, ouvido, absorvido como que sugado pela intenção de escuta do Cérbero. Nesse momento, tranquiliza-se em ressonante silêncio, aprisionado na percepção do ser mitológico. Reverbera as reflexões dispersivas do movimento.

Percebe o espaço. Percebe-se no espaço. Persiste o espaço como uma construção poética de sons alocados em devires emergentes. Microtoniza-se em átomo-som. Olho que escuta-vê ao redor.

Ouve ainda frases musicais em durações sonoras que escorregam pelas paredes, intensidades que derramam-se ao encontro do chão. Viscosidades que texturizam as alturas das vozes que parecem clamar... parece que cada uma de suas cabeças está atenta a uma propriedade do som: Duração, Intensidade e Altura, mas unidas ao corpo Timbre. Não há qualidade sonora que fuja à sua apreensão. Uma das cabeças aproxima-se de um busto recostado a um pilar semidemolido. O busto canta e conta murmúrios de algum lugar. Aproxima ainda da boca esculpida e ali uma janela sonora se abre para um pátio distante no qual pessoas conversam, tocam e brincam sem a dimensão da vigilância e mesmo da espreita. As outras ainda ressoam a sonoridade recém engolida, enquanto farejam o chão úmido da ruína.

O antes-músico, agora sonoridade ressonante na apreensão do Cérbero, parece pulsar constantemente e se percebe influenciando as demais percepções do ser mitológico. Este, avatarizado pelo audível, adormece.

Nos últimos anos, meu trabalho esteve centrado no processo criativo do escultor-sonoro Walter Smetak. Minhas referências advinham da formação em composição musical bastante ligada às correntes da vanguarda do século XX, mais precisamente na sua segunda metade, em particular a obra musical e os escritos de John Cage, Pierre Schaffer, Giacinto Scelsi, Murray Schafer, Karlheinz Stockhausen, Cornelius Cardew e o próprio Smetak e, por consequência, Julian Carrilo, Harry Partch e os irmãos Baschet. Smetak afirmava que som e luz advinham da mesma natureza, o éter – e esse pensamento, era muito semelhante ao dos alquimistas renascentistas, e, em particular, ao que dizia o jesuíta Athanasius Kircher, que viveu entre 1601 e 1680.

O primeiro contato que tive com a obra de Athanasius Kircher foi através da reprodução da imagem do órgão mecânico automático, que ganhei do meu orientador, Milton José de Almeida. Essa imagem encontra-se no *Musurgia Universalis*[3], que podemos traduzir como a Composição Universal. Nesse grande tratado sobre o som e a música, Kircher desenvolve uma série de estudos a partir de um invento do alquimista inglês Robert Fludd, chamado *Nostrum magnum instrumentum*. Kircher estuda e esboça esses diversos experimentos partindo da ideia do órgão hidráulico, experiências essas ligadas à técnica, ao princípio mecânico e sua aplicação prática. O jesuíta aproveita esses esboços e experimentos feitos no campo da "ciência nova" para, depois, colocá-los em gravuras de representação de um mundo mítico, de funcionamento mágico, como se a máquina fosse a representação do princípio divino de operação do mundo.

A imagem é surpreendente; por si só revela um conflito entre uma visão de mundo mecanicista, ligada à ideia do mundo como uma máquina, e um funcionamento mágico ativado por um elemento relacionado à vida, a água. Kircher, aparentemente, pensa a máquina como um organismo mágico guiado por uma força maior. Ele é conhecido também como um dos precursores da Teoria dos Afetos e inventor da Lanterna Mágica. Pertencia à Companhia de Jesus e, durante seus anos de atividade, estudou, se especializou e escreveu sobre temas diversos, desde o mundo subterrâneo até a harmonia das esferas, passando pelos estudos de culturas orientais, tais como a chinesa, astrologia, a decifração dos hieróglifos egípcios e a matemática. Mas o interessante é que fazia todas essas aventuras do conhecimento sem sair do seu Museu fixado no próprio Vaticano. Lá recebia os relatórios e pesquisas dos jesuítas que viajavam o mundo. Lá também realizava experimentos alquímicos. Na verdade, uma de suas incumbências era combater a alquimia, rechaçando seus experimentos, porém ele próprio executava processos muito próximos aos considerados alquímicos.

Também no livro *Musurgia Universalis*, Kircher aborda temas como os instrumentos musicais da época, a magia da música, como, por exemplo, o fenômeno chamado de tarantismo, que ocorria entre

---

3 A. Kircher, *Musurgia Universalis II: sive ars magna consoni et dissoni*, Roma: Ludouici Grignani, 1650, f. 342-343.

os nativos de Pulia, no sul da Itália. Ao serem picados pela aranha, eles dançavam, freneticamente, ao som de uma melodia (a tarantela) executada, repetidamente, até que o efeito desse antídoto bloqueasse a ação do veneno. Para Kircher, a cura se dava mediante a transpiração do veneno e o tipo de música tocada que deveria estar de acordo com a constituição física da vítima.

Em outro capítulo do *Musurgia*, Kircher chega a criar uma máquina para se fazer música, a *Arca Musarithimica*, que continha padrões musicais que poderiam ser combinados com outros para a produção de composições harmônicas e variáveis. Era quase o que hoje faz um sequenciador musical.

Num outro trabalho, chamado *Phonurgia Nova*, que é um tratado acústico, relaciona o som à luz e desenvolve suas teorias de reflexão, propagação e refração acústicas, a partir do que experimentara com a luz. Kircher assume que o som viaja em linhas retas, como a luz, mas de modo muito mais lento: "O som do eco é um imitador ou seguidor da luz".

O jesuíta alemão dedica muita atenção e esforço aos projetos de escuta clandestina, que poderiam ser usados para vigiar, espionar, controlar. Era algo como a escuta do rei no conto de Ítalo Calvino, *Um Rei à Escuta*. As tubulações condutoras de som, que chamava de canais, ligavam um cômodo a outro distante, ou a uma praça, servindo como tecnologia de escuta à distância. Uma das suas teses centrais refere-se à relação diretamente proporcional entre volume e velocidade. Como Kircher assume que o som será refletido – como a luz, que se reflete nos espelhos – ao atingir uma superfície sólida lisa, podendo até ser amplificado por reflexão, ele prefere canais em forma de espiral, com uma superfície interna polida, para a transmissão efetiva. Suas construções arquitetônicas para a escuta clandestina e conversação amplificada possuíam estruturas similares à concha do caracol, dando-lhes também um caráter zoomórfico[4].

O impacto diante do trabalho de Athanasius Kircher impulsionou minha pesquisa de doutorado, pesquisa essa que propôs a

---

4 Siegfried Zielinski, *Arqueologia da Mídia: Em Busca do Tempo Remoto das Técnicas do Ver e do Ouvir*, São Paulo: Annablume, 2006, p. 148-149.

construção de emblemas sonoros a partir do estudo das imagens do jesuíta alemão. Nesse trabalho, as imagens foram tratadas e vistas como aglutinações simbólicas, potencialmente sonoras. Os emblemas foram trabalhados e recriados nas formas literária, de imagem e musical, na construção de um campo sonoro/espacial relacionado ao pensamento do padre alemão, bem como nos arredores simbólicos da sua época e nas ressonâncias artísticas de outros períodos.

A atenção do músico-som-criatura desperta. A absorção é contínua, agora experimenta a aprisionada liberdade do passeio por entre as galerias e passagens. Adentra, retrai e expande frente às gravuras encontradas, o autômato órgão hidráulico funde-se à imagem de ninfas mecanizadas num balé aprisionante, à sonoridade densa de uma nuvem dos ricocheteados sons metálicos. Os ferreiros também aprisionados trabalham para a observação pitagórica. O temperamento virá. A densa nuvem será partilhada e partida em sete vestidas notas musicais. Sete como sete as ninfas acqua-dançantes e os sete sátiros que giram no mundo intermediário. Aqui arde o fogo ferreiro, estala a brasa amalgamando os libertos sons às notas musicais.

A ideia da mecânica, o instrumento autômato e mesmo o cinético, que depende da motricidade humana, sempre me despertou interesse, assim como a relação da luz com o som, seja pela relação música-filme, seja pela relação luz-cor-forma-som encontrada em Smetak. Outra questão, que também é subjacente à própria música no século XX, envolve o espaço, a relação da difusão com a arquitetura e até mesmo a escultura sonora como um espaço miniaturizado. Na verdade a questão espacial se encontra na própria fixação dos intervalos, na alocação das frequências nas notas musicais, no campo de forças da harmonia, na ideia de sistema tonal, ou mesmo microtonal.

Particularmente procuro não afinar meus instrumentos seguindo qualquer padrão, tampouco repito as afinações, me interessa o desafio da afinação do grupo, não no sentido das afinações dos instrumentos em particular, mas na singularização dos instrumentos/performers e sua interação com o coletivo. Intervalo é território e cada instrumento inventado circunscreve o seu próprio território em cada situação na qual ele é empregado.

Quando nos juntamos, Marcelo Bomfim e eu, depois de uma experiência interrompida de um grupo de intervenção sonora em espaços públicos, queríamos retomar o trabalho, mas potencializando as relações entre som e forma do instrumento e a interação musical. Eu estava já estudando Kircher e queria muito desenvolver novos instrumentos, os emblemas sonoros. Nossa fixação era em trabalhar com sons acústicos e, se possível, lidaríamos com a ideia de pequenas plateias para que não precisássemos sequer amplificar o som dos instrumentos. Na época, isso foi em 2004, eu gostava muito de falar que o ouvinte deveria esticar seus ouvidos pra alcançar a música. Empreendemos um projeto independente que era a Casa Acústica, minha própria morada que nos recebia para os ensaios toda segunda-feira, das 23 horas até mais ou menos as três da manhã tocando a casa, os instrumentos por lá dispostos, os objetos e experimentávamos gravações do ambiente dentro e fora da casa.

O Marcelo construía instrumentos inusitados como um pequeno banjo feito a partir de uma frigideira, além das flautas, que era sua especialidade. Eu desenvolvia instrumentos considerando a forma plástica, bem como me preocupava sempre com a forma musical da improvisação. Conversávamos por horas, tocávamos outras tantas. Mas sentíamos falta de uma captação melhor dos detalhes, dos sons periféricos, dos sons de menos potência acústica, mesmo no corpo do próprio instrumento.

Foi então que convidamos Nelson Pinton – compositor, pianista e desenhista sonoro – para se juntar a nós. Em um primeiro momento ele foi convidado para nos gravar, mas a qualidade e entrega dele como pianista e desenhista de sons, fez com que sua presença se tornasse imprescindível no grupo. No entanto, o piano em si era pra mim um problema por conta de ser o instrumento que talvez mais represente o desenvolvimento da maquinaria tonal. Demoramos a conseguir adequar linguagem, gesto e sonoridade, mas creio que o sentido da utilização tem sido como a de um filtro acústico, tonal, o que cria contrastes interessantes com o material desenvolvido pelo grupo.

O Sonax, formado em princípio por nossas três cabeças e percepções, se define como um grupo que busca a comunicação pré-palavra/devires e sons, interação entre sujeito-ambiente e sonoros-objetos, na construção/intervenção (mito)poética do espaço sonoro. O grupo desenvolve o trabalho de criação de esculturas musicais e intervenções sonoras com *live eletronic* em espaços públicos e privados.

Em termos da performance, utilizamos objetos criados de resíduos e vestígios da sociedade contemporânea: caixas de madeira, tubos de PVC, sucatas, polias, molas, cordas e cravelhas. Na criação desses objetos, as possibilidades de interatividade musical aliam-se à apreciação plástica e a performance é criada a partir do inventário dos fragmentos musicais extraídos das sessões de improvisação e interação com os objetos, com a manipulação desses sons eletroacusticamente e a relação dos mesmos com o espaço da apresentação.

Embora façamos no grupo a utilização da eletrônica e da eletroacústica, meu interesse maior é sempre o som acústico, a invenção de novos instrumentos que conjuguem a busca de uma nova sonoridade com a questão da forma plástica. Nesse sentido, o instrumento inventado atua como um campo novo de possibilidades gestuais e de ideias distintas do repertório ligado ao instrumento tradicional, mesmo em se tratando de instrumentos preparados. De alguma forma isso desterritorializa o que se concebe como música, desmecaniza as relações, muitas vezes já prontas e pré-estabelecidas no obter da sonoridade e potencializa um novo campo de possibilidades interacionais, individuais e coletivas no fazer musical.

No início nossas improvisações eram longas, porém as peças e sessões mais sucintas intensificam o potencial formal e gestual, assim como a mescla entre o todo e as partes, variando instrumentalmente solos, duos e trios, me parece fortalecer o material. Nos últimos anos venho buscando inventariar em cada instrumento as zonas de obtenção de som e delas abstrair uma simbologia gráfica que permita que outros músicos explorem os emblemas sonoros. Para o festival Ibrasotope, pretendia juntar alguns dos emblemas inspirados na obra de Athanasius Kircher e criar no palco um pequeno livro de emblemas, em que fossem tocados como se cada peça circunscrevesse um *autoretrato* de cada um deles. Faria isso como uma apresentação solista, mas a verdade é que o desafio e a condição para a entrega a esse desafio me obrigaram a rever o projeto inicial. Não foi ruim, ao contrário, poder contar com os músicos do Sonax para compartilhar o projeto. Isso nos colocou um desafio rico e interessante.

Volta-se para um jato de água que percute a parede de um reservatório com força e pressão. A sonoridade proveniente dessa ação ressoa em todo o reservatório oval como se criasse, a partir de então, um pedal sonoro contínuo, grave, que se desprende do som percutido do jato. De onde vem essa água não lhe parece claro. Ela vai: escoa por um ralo tangendo, na caída, um moinho. Mais uma vez escuta, nessa cena, o jato, o contínuo ecoado no reservatório agora adicionado ao escoar e ao tanger do moinho. Escuta como planos de sons sobrepostos, assim como a mecânica do engenho que range e pulsa num movimento circular.

Para onde, agora, vai essa água? Cai, mas antes vira energia que move uma engenhosa pianola, um cilindro que lembra o som de uma caixinha de música. Mas esse cilindro, por sua vez, pinça hastes em três claros registros sonoros. O músico-som-criatura acompanha-os com o olhar e a escuta antes tripartida, torna-se, agora, estranhamente una: o primeiro registro alcança uma ave e dois tubos acionados por teclas, canto animal e canto mecânico-divino; o segundo, alcança um pássaro um tanto maior, altivo mensageiro e, conjuntamente, toca, também, três tubos igualmente deitados e acionados por três teclas; o terceiro registro toca um órgão de uma oitava de extensão. O interessante é que, ao seu lado, profano, um fauno toca sua flauta improvisando livremente e acompanhando a música maquinal. Acima dele, uma entrada pressupõe a liberdade de entrada e saída do ser bestial. Uma parede de pedra separa essa galeria de uma sala na qual uma ninfa apoia-se num outro órgão. Abaixo dela, um canal conduz o ar proveniente do reservatório desde onde parti. Encerra quem a vê num moto continuum.

E parecia, nesse momento contínuo, que não se podia fazer nada além de se deixar deslizar pelo emaranhado de situações sonoro- -tempo-espaciais; aos poucos percebe sua nova condição, passeia pelo sonho do ser mitológico e ouve/vê pelas suas cabeças, agora unidas à sua percepção. Aproveita a situação de estar à espreita e observa espectros caminhantes, pessoas, situações, tensões, texturas, ressonâncias. Está atento a tudo. Cada fragmento de partitura caída no chão ou mergulhada nas poças, podem ser, não lidas, mas vivenciadas como uma experiência sensorial rara, uma encruzilhada de sentidos, um folhado sincrônico de espacialidades e tempos. Absorve tudo como quem reúne os objetos encontrados e tenta deles materializar um pensamento, formas sonoras que comuniquem algo, pois os pensamentos, que desconexamente se formam, se movimentam como os pássaros. Quando se acostuma com eles, revoam.

Saiu em busca da música, sua música, feita de fragmentos, vestígios e pensamentos encontrados nos escombros materiais e imateriais do seu trajeto.

Estávamos caminhando, eu e o Marcelo Bomfim, pelas ruas de San Telmo às vésperas da apresentação do Sonax na Argentina. Na minha cabeça passavam algumas possíveis situações formais da nossa apresentação, mas aos poucos nossa conversa passou a girar em torno da necessidade de diminuir a lógica da produção-descarte-produção.

Lembrei, por alguma associação, do livro *Pensamento Selvagem*, de Claude Lévi-Strauss, e a oposição entre o *bricoleur* e o projeto engenheiro ocidental. Ainda no plano da divagação, julguei em termos de uma poética, uma poética política, a do objeto encontrado, quem sabe um possível *modus operandi* para o mundo atual.

Nossa conversa prosseguia, o devaneio também. Não haveria mais produção de nada, apenas viveríamos da coleta de objetos e fragmentos de objetos ao nosso redor. Compondo e recompondo utensílios, aparelhos, roupas, artefatos em geral. Partindo da lógica de que tudo já foi produzido e em excesso, lidaríamos com a reinvenção da bricolagem no sentido que Lévi-Strauss aponta como estrutura pensante dos povos primeiros.

Para nós, no tempo do diálogo, isso poderia ser feito com a música também. Não haveria mais nova composição, no sentido do esforço em produzir algo sonoro que reorganize a escuta naquilo que convencionamos como musical. Apenas interagiríamos com o ambiente sonoro ao redor, captando, com a escuta, os sons da composição dos nossos trajetos e encontros. A celebração em oposição ao espetáculo, o instrumento formado por pedaços de outros instrumentos, os carros montados por peças de outros carros, só haveria negociação e permuta. Feira de trocas, interações.

Bom, outras conversas surgiram em relação à preparação para a apresentação. Chegamos ao *hostel* e a noite também chegou, veio a madrugada e com ela uma forte chuva. Todos dormiam e resolvemos tocar no hall de entrada. Faríamos uma improvisação com os instrumentos que estivessem ali e, assim, usamos a viola de cocho, o violão microtonal, com as seis cordas Mi graves, distanciadas a primeira da última com um intervalo de um semitom, uma bicicleta velha, alguns tubos de pvc, cerâmicas e outros objetos encontrados.

O som da chuva protegia-nos, sabíamos que não estaríamos importunando ninguém. Durante a improvisação, o que aconteceu foi surpreendente: iniciamos, cada qual no seu caos primordial, um *nigredo* alquímico e, aos poucos, os elementos puderam ser separados e trabalhados individualmente e dualmente. Movimentos contrastantes, gestualidade sonora, formamos, em tempo real, como um banco de situações sonoras que eram postas e disparavam relações de memória coletiva: as ideias resgatadas e relançadas pelo outro. As texturas musicais densificaram e uma pulsão rítmica complexa e indeterminada foi trazendo uma sensação de acesso à música, algo indescritível, singular, mas que de alguma forma Cornelius Cardew aborda no texto *Por uma Ética na Improvisação*: uma situação em que a música se manifesta, como uma força da natureza. Ao invés das terminações típicas em improvisações livres, terminamos não diluindo o material musical. Como que convencionado previamente, acentuamos um crescendo e interrompemos ele abruptamente. Sobrou o silêncio, a ressonância interna em cada um de nós do que havíamos feito, sobrou a chuva. Saímos do hostel e ficamos debaixo de sua marquise, com as costas na parede e vendo a chuva cair quase tocando nossos pés, ouvindo o atrito sonoro da chuva e de pneus de carro passando no asfalto da rua. Estávamos e permanecemos em silêncio. A chuva aplaudia nossa música ao mesmo tempo que através dela os sons se dispersavam.

Nos recolhemos, ainda em silêncio.

O caos se precipita na noite ancestral.
Nele estão contidos, incontidos,
os fragmentos/elementos das formas mortais e imortais;
matéria-prima da obra porvir.

Devir de um demiurgo, o poeta
colecionador das luzes e sons traduzidos em palavras,
gestos criadores de um cosmo, organismo animado d'alma,
rotacionado na aquisição do movimento.

No alto a cabeça/cabaça,
Olho e vaso
penetrado pela serpente vital, força criadora, conservadora.
Destruidora
estilhaça luz e som
Emanação do movimento dividido em
Nove céus/sons,
Cordas de aço
que percorrem o caos inicial ressoando e repercutindo a noite ancestral
fazendo ressoar e repercutir o ferro/ fogo, arado aquecido em madeira

as chamas não se veem,
são vistas em audição.

Enquanto vislumbra no audível os espectros caminhantes, relembra os seus passos até ali. Retrospectivamente consciente do caminho percorrido, sente pela primeira vez a ausência do próprio corpo, do quarto, do instrumento, distingue-se dos que vê, pela sua condição de espreita. Encara tudo dentro de sua invisibilidade. Porém não é invisível a todos, há o assombro da própria consciência e o vigiado sonho do cão dos infernos. Se almeja algo nessa busca, é o sentir a própria música, permanecer e retornar com ela, para que a experiência perdure e anime a própria existência.

Seu locus é a encruzilhada resultante das três audições do Cérbero, essa é sua morada. E dali, por onde entrou em forma de som, sairá talvez expelido e fugido. Assimila tudo e aguarda a oportunidade da volta ao quarto. Ele próprio adormece dentro do adormecimento do cão. Sonha dentro do sonho, alucina, seu quarto...

Adormecido junto ao rádio,
vagarosamente –
entre os pulsos de uma reforma –
um canto coral tomou de assalto minha atenção
Ao fundo e abaixo
crianças pareciam grasnar
concorrentes aos roncos dos
motores a passar.

No cômodo ao lado, uma criança
brincava os dedos mergulhados à
pia do lavabo –
me via ao longe – e,
o som da água,
meus ouvidos também banhava.
Atordoado, percebi meu corpo
distanciar-se das ações.

Nem mesmo as vozes transmitidas,
entoadas pela frequência transistorizada, ainda
prendiam minha atenção
Esta vagava,
seguia a esmo
num bosque frio onde o vento
pressionava o peito, rosto e ouvidos.
Porém caminhava.
A vista turva me guiava, indicava
a quente luz que lavava

o interior de um casebre
Alguém me esperava –

Meus passos, confusos cadarços à procura do laço,
ralentaram ao perceberem
os pés tocarem, estalarem
secas vagens decaídas, repousadas
pelo chão
Já não escutava os sons de
onde eu partira, entretanto
de alguma forma eles me acompanhavam
à espreita do que se passava.
Mal senti e, à porta estava –
humilde casa –
Alguém já esperava –
"Percorrestes um longo caminho,
podes deitar: esta é tua nova morada".
Quando me vi, assim estava,
aprisionado num ritornelo do caminho
Adormecido junto ao rádio,…

Convivi com Ignacio de Campos uns bons anos: fomos colegas na Unicamp. Formou-se em contrabaixo, mas especializou-se em música eletroacústica. Foi aluno de Stockhausen na Alemanha, Philippe Manoury, Kaija Sahariaho e Salvatore Sciarrino na França e José Augusto Mannis e Rodolfo Caesar no Brasil. Ignacio era rápido e criterioso com as palavras. Nos últimos anos estreitamos a relação e sempre que podíamos organizávamos jantares para a degustação de um bom vinho, uma de suas paixões. Era extremamente generoso, mas de personalidade dura, talvez mais consigo mesmo. Dedicava-se à musica eletroacústica e também desenvolvia projetos de instalações, bem como fez parte de alguns grupos de improvisação, com destaque para o In Sanum, no qual participaram os também compositores Alexandre Lunsqui, Frederico Grassano Jorge (*in memoriam*).

Travamos longos diálogos sobre música em geral e improvisação em específico. Fizemos um trato que eu não cumpri de publicarmos algo em conjunto sobre a improvisação livre e não idiomática. Fiquei com esse escrito, que na feitura desse texto encontrei e colocarei aqui como uma citação sem comentário algum, até porque não precisa de retoques. Fica como uma provocação a quem gosta de pensar a improvisação. Ignacio morreu em dezembro de 2009. E aqui segue, na íntegra, o seu escrito:

Assertivas Pessoais
Acerca da Improvisação Livre

- Antes ouvir sem nada tocar que tocar sem ouvir.
- Excessos verborrágicos sempre escondem problemas do performer, problemas esses conscientes ou não.
- Sem o conhecimento musical mútuo entre os *performers*, o resultado da improvisação torna-se uma sequência desconexa não desejada de "momentos" sonoros.
- Deve-se buscar sempre coerência, mesmo na disparidade.
- A dinâmica é tão importante quanto qualquer outro elemento musical, não menos que isso; se a variação dinâmica inexiste, pare de tocar e ouça música sem compressor.
- A forma e a recorrência são possíveis e importantes mesmo na improvisação, pra isso existe a memória.
- O conhecimento de um vasto repertório musical é um dos pilares da improvisação.
- Ter domínio do instrumento não significa ter boa técnica, mas, antes, conhecer amplamente suas possibilidades e não depender (fazer uso) de formas mecânicas e automáticas de tocar.
- Todos os instrumentos devem ter condições iguais de intensidade sonora, pois ninguém deve ter *a priori* mais destaque que outro.
- Numa improvisação não há um ou outro *performer* "principal", todos são principais; se não for assim, é preferível parar de improvisar e consultar um bom psicólogo.
- Improvisar não é tocar sem pensar, é pensar muito rapidamente antes de tocar.

- A improvisação em grupo é criação musical e atividade camerística simultaneamente, igualmente importantes.
- Uma improvisação deve almejar um resultado tão bom quanto o de qualquer outra composição; se não for assim é preferível compor com lápis e papel pautado.
- Numa performance de improvisação, as pessoas (em geral) vão ouvir música, não ver catarse alheia; pra isso serve o psicodrama.
- A ampla liberdade de criação na improvisação não a torna mais fácil, mas sim mais difícil, porque não há regras explícitas que conduzam a improvisação a um "bom termo".
- A aleatoriedade na improvisação deve ser controlada pelo *performer*, não o contrário.
- Uma improvisação musical com mais de um *performer* deve ser uma improvisação coletiva, não uma série de improvisações individuais simultâneas.
- A consciência de cada momento da improvisação conduz a uma boa improvisação.
- As ideias musicais propostas devem ser aproveitadas tanto quanto o material, as relações sintáticas e as relações entre os *performers* permitirem; o desenvolvimento não é exclusividade da forma-sonata.
- Um bom improvisador também sabe a hora de parar de tocar e "como" parar.
- Na improvisação não há tempo para hesitações; ou sabe-se o que fazer e faz ou espera-se esse momento em silêncio e pacientemente.
- Existem tantos improvisadores quanto inexistem parâmetros claros de julgamento.
- O silêncio não é o espaço de tempo entre um som e outro, ele é uma entidade em si e assume funções diversas e importantes na música; ele não é um entreato, ele é "um ato".
- O silêncio é tão importante quanto qualquer som; não o menospreze.

Ignacio de Campos

O músico-som-criatura desperta do sonho, mas ainda dentro do sono do ser mitológico se vê no canto de onde iniciou a jornada. O olho que escuta-vê fareja o espaço gotejado e encontra sua própria face globular refletida na poça embaralhada. Só que seu olhar golpeia o entorno revertendo em som a imagem refletida. Ecoa seu olhar.

Mira através da fina camada aquosa a imagem refratária de uma gravura em profundidade. Um universo de escuta. Percebe-se no subterrâneo enclave, com ricocheteados sons de metais percutidos. Os Ferreiros ainda temperam tons moldados a pancadas laborais. Os sons refletem-se como raios luminosos que, aprisionados, não fogem, refugiam-se em repetidas e desgastadas idas e vindas timbradas a cada encontro marretado entre pedras, martelos e o ar.

Os ouvidos subvertem o som, a tudo transformam, transbordam, como em pigmentos etéreos da lembrança. Nesse ínfimo momento, interlúdio intimista que separa o real da interpretação pessoal, a percepção abstrata forma seu corpo na tela escura, negativo do olhar canino, escorre concreta, umedece a face e verte ao chão.

Assim o músico-som escapa como uma lágrima e reconstrói seu próprio corpo sonoro fora do corpo do Cérbero ainda adormecido.

O músico-som vislumbra a saída. Carrega consigo a experiência da escuta múltipla, memória das audições sonhadas pelo Cérbero, textura e densificações das ruínas subterrâneas que sustentam o simulacro das criações contemporâneas. Traz ainda a experiência de ser uma forma complexa de sonoridade composta de atenções periféricas, audiovisões táteis e olfáticas, enquanto escuta cada vez mais presentificado o todo que era seu som no quarto.

Seu retorno ainda está inacabado, o desejo de escapar pelo ralo de cinco grades horizontais era o mesmo de constatar que tudo aquilo que pra ele era experiência, pudesse ser confirmado pela visão do ser mitológico adormecido. Ainda pulsava constantemente como o fizera dentro da percepção do Cérbero.

O músico em transissom escapa à grade, mas seu destino é o próprio deslize fatídico de Orfeu. Inseguro da experiência vivida, não crê no que escuta, olha pra trás e escutavê, pela última vez, aquilo que perscrutava: a predominância do que antes era periférico na escuta, se desintegra-se como uma sutil lembrança, ficou pelo caminho em um estado encantado e potente de vir a ser.

O músico, já de volta ao quarto, para de tocar, olha a partitura e apenas intui não mais distinguir as ruínas representativas do passado e a natureza fragmentada do que se convenciona chamar presente.

"Obscurum per obscurius, ignotum per ignotius", do Pequeno Livro de Emblemas Sonoros.

Som, Emblemas e Alquimia compuseram a estrutura da apresentação formulada para o II Festival de Música Experimental do Ibrasotope. Na proposta que foi gerada concomitantemente a este texto, que por sua vez tem por base minha tese de doutoramento, foram utilizadas esculturas sonoras criadas a partir do estudo das imagens contidas em Athanasius Kircher. A leitura dessas imagens, bem como a estrutura formativa dos emblemas, desdobram-se para serem tomadas como aglutinações de símbolos em formas plásticas e musicais. Os emblemas sonoros são como disparadores de processos individuais na constituição de um coletivo criador. Os emblemas usados foram: O *Tzimtzum,* o *Magnum Chaos,* as *Esferas,* a *Flor* e o *Tubal,* além da criação virtual alusiva a um emblema inacabado, o *Gênese da Retorta.* Não criei propriamente uma composição para ser seguida, apenas estabeleci pontos de partida e um núcleo de chegada que seria em torno do emblema sonoro *Tzimtzum,* construído a partir da imagem da Sephiroth hebraica encontrada nos estudos de Kircher. No mais, cada qual dos participantes, Daniel Dias, Marcelo Bomfim, Nelson Pinton e eu, iríamos compartilhar da criação da obra.

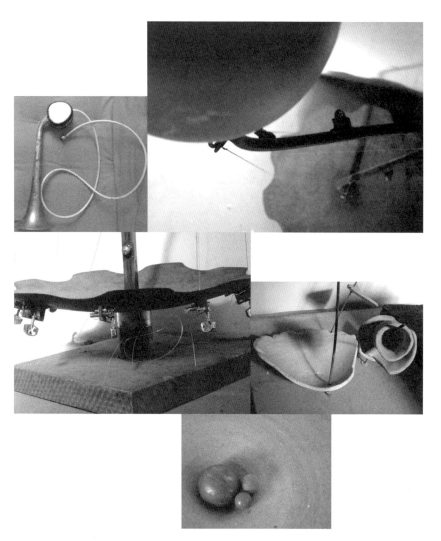

Figura 1. Da esquerda para direta, de cima para baixo: Tubal Cretino (detalhe, foto de Marco Scarassatti); Magnum Chaos (detalhe, foto de Alan Vitor Pimenta); Magnum Chaos (detalhe, foto de Alan Vitor Pimenta); Flor (detalhe, foto de Alan Vitor Pimenta); Do Equilíbrio às Esferas (detalhe, foto de Alan Vitor Pimenta).

Peças de metal, fragmentos objetos.
Na retina se forma um contorno, ouve-se sua iminente sonoridade.
A gravura vista
vira a junção dos fragmentos
engendrados entre forma, cor e imagem
de uma audição por vir
Emblemas sonoros

[...]

Tzimtzum

O Todo em sua existência,
sem começo, meio ou fim
era nada o seu todo
era tudo.
Sem espaço.
Sem vazio.

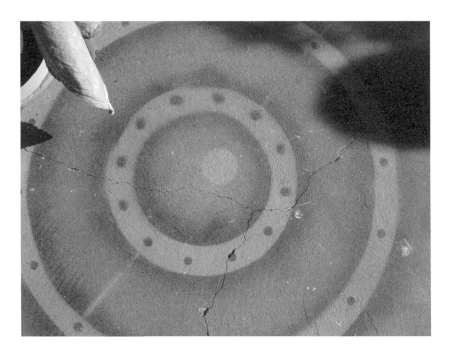

Figura 2. Tzimtzum (detalhe, foto de Alan Vitor Pimenta).

O quarto era o ente
o ente era o músico
demiurgo era o todo, em existência
a existência sem espaço
existência sem vazio
existência sem o quarto
crise do devir criador
sem criatura
sem criação

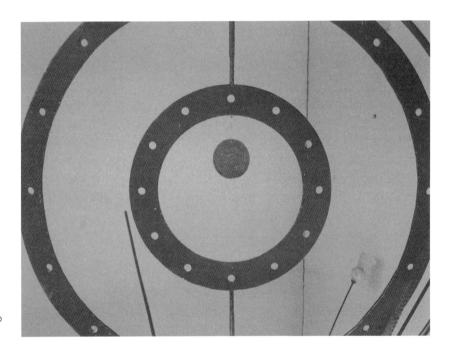

Figura 3. Tzimtzum, (detahe, foto de Alan Vitor Pimenta).

a existência torna-se a memória.
Anterioridade
à emanação

Figura 4. Tzimtzum, (detahe, foto de Alan Vitor Pimenta).

O músico adentra o quarto
adentra a partitura
adentra ao som
[...]

Figura 5. Tzimtzum, (detahe, foto de Alan Vitor Pimenta).

Em meio às gravuras e às viscosidades da cave,
o olho tateia,
vestígios de um mundo parente e distante.
Atordoa o sentido a lembrança da absorção,
o tema ainda ecoa, distante e disforme,
memória encruzilhada do ensimesmar.

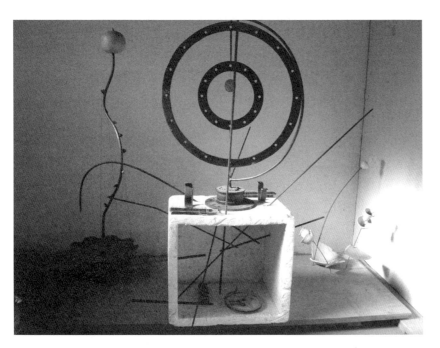

Figura 6. Emblema sonoro Tzimtzum – Palácio e Refúgio (foto de Alan Vitor Pimenta).

O emblema *A Gênese da Retorta* está totalmente identificado com o processo alquímico aludido, a *Grande Obra*, pelos alquimistas – uma alusão à obra divina da criação que coloca o mediador desse processo, isto é, o alquimista, na condição do criador. E sua atuação é indissociável da própria obra, pois o processo interior do alquimista é revelado no próprio processo alquímico. Na *Gênese da Retorta*, a matéria é progressivamente transformada, possibilitando a libertação harmônica dos potenciais masculinos e femininos, para que eles possam, depois, serem juntados e transformados em um só. A libertação da harmonia perfeita era, para os alquimistas, a Pedra Filosofal, o *lapis philosophorum*. Juntando o experimento científico com o princípio de obtenção do *lapis*, pensei em um emblema sonoro que pudesse sintetizar esses princípios. Em primeiro lugar, consegui um alambique pequeno. A ideia era reformá-lo para que, ao invés de uma serpentina saindo do capelo, tivesse duas, fazendo com que o álcool destilado caísse tanto de um lado como do outro, separando as potencialidades opostas nesse momento do processo.

A música seria obtida ao longo da destilação, com a sonoridade do fogo, a fervura e os estalos do cobre. No momento final, quando a destilação estivesse completa, cada serpentina gotejaria sobre um recipiente, separando o que chamo de "potencialidades opostas". O gotejar no recipiente proporcionaria um som como o de um copo enchendo, com o aparecimento das alterações de afinação na medida em que o líquido preenchesse o recipiente. As duas sonoridades seriam gravadas e processadas no computador, de modo a ficarem atreladas, novamente, uma à outra, mesclando-se, também, às sonoridades do fogo, dos estalos e do líquido escorrendo e gotejando. O processo, assim, estaria representado e realizado no que se pode chamar de destilação musical.

Porém, como esse emblema segue inacabado, no conjunto instrumental criado para o festival se desenhou o itinerário da apresentação, com cada um dos emblemas sendo tocado de maneira individualizado, exceção feita ao *Tzimtzum*, que seria tocado em conjunto por todos os músicos participantes. Ao longo da apresentação, todos os sons tocados foram captados, armazenados e passaram pelo processamento de uma Retorta Virtual, uma espécie de alambique que capta e destila os sons em processamento.

Na parte final do concerto, a gravação, os instrumentos – fluídos a serem destilados – então processados foram difundidos em gotejamentos como os que acontecem no processo de destilação. Esses sons processados se juntaram à música produzida em performance, convertendo-se numa obra coletiva, improvisada e inesperada com a utilização de todo o instrumental.

Figura 7. Projeto em 3D do emblema sonoro A Gênese da Retorta.

Reunidos os percursos e pensamentos que cincunscreveram o período de criação desse texto, com a escolha de uma escrita menos objetiva no sentido da condução de um pensamento acerca da composição, chego ao fim do texto. Trazendo à tona imagens ruinosas e alusões aparentemente anacrônicas, concluo que o gesto de composição, hoje, é emblemático, no sentido da aglutinação simbólica, é pensamento selvagem, atento aos arredores e aos fragmentos encontrados e, principalmente, o gesto é o do *Tzimtzum*. É retração do ego compositor para a gerar espaço e situações de criações singulares para que estas se desdobrem em outras retrações e, por consequência, em novas aberturas de espaço. É processo alquímico coletivo, desempenhado por singularidades.

O Compositor de Hoje, Visto Ontem

Rodolfo Caesar

Um amigo compositor americano me contou sobre uma palestra que ele assistiu em Freiburg, dada por uma compositora canadense. Ela falava de sua música para um grupo de estudantes e professores, tendo sido bastante taxativa ao declarar que havia composto "unicamente por instinto". Por variadas razões, esse tipo de retórica tem receptividade garantida em algumas instituições acadêmicas norte-americanas. De um lado, "instinto" pode ser entendido como valioso contrapeso às tradições europeias modernistas envolvendo sistematização e coisas afins, ou aos tipos de formalização e procedimentos aleatórios empregados na produção de alguns trabalhos composicionais emanados da América e do Canadá, como p. ex. de John Cage ou Milton Babbitt. Mas, talvez ainda mais significativo, o uso da palavra "instinto" ressoa bem entre diversos ideais feministas, pelo menos em países de língua inglesa, como o valor do suposto "instinto feminino", tal como ele vem oposto à "racionalidade masculina", ou algo do gênero. Muitos compositores na América do Norte (ou na Grã-Bretanha) podem se sentir confiantes de uma boa receptividade quando com isso defendem seus métodos composicionais. Mas aqui a situação era diferente. Durante a palestra, um musicólogo alemão de meia-idade levantou-se para comentar em resposta. Ele disse algo como: "o que você disse a respeito de instinto…, isso seria impossível para nós aqui na Alemanha. Porque, olhe bem, no passado nós fomos acreditar no instinto e veja só para onde isso nos levou!"[1]

Os Ossos do Compositor

A percepção de um membro-fantasma após amputação é um tópico muito estudado pelos neurocientistas. V. S. Ramachandran dedica

---

[1] Ian Pace, em B. Heile (ed.), *The Modernist Legacy: Essays on New Music*, Inglaterra: Ashgate, 2009.

um de seus livros[2] ao assunto, explicando como consegue curar dores em regiões específicas de membros inexistentes graças a técnicas que empregam a visualização, por meio de um espelho estrategicamente situado, do membro-irmão restante no lugar do faltante. Uma espécie de exorcismo pela imagem propicia a extinção de dores crônicas e sensações perturbadoras.

À luz de velas no sótão, cabeleira desfeita, tísico de um pulmão ou dois, o compositor resiste em rarefeitas aparições, em pleno século XXI. Memórias de um contexto cultural ainda favorecem e estimulam a sobrevivência desse fantasma, sem mais lhe garantir o lugar "real", remunerado e com reconhecimento, correspondendo ao mecenato que Tchaikóvski teria gozado com sua dedicada baronesa. Nós, que estudamos nas escolas de música e fomos educados para o desempenho desse papel, nem sempre aprendemos que as baronesas já viraram pó. O compositor – vou falar só desse formado nas escolas, conservatórios e faculdades de música – é um membro-fantasma da cultura de seus séculos anteriores. Por falta de um membro-irmão sobrevivente, a milagrosa eliminação do mal via neurociência se distancia. Conserva-se o compositor, assim, como se fosse o fantasma de um pênis saudoso da baronesa, incurável porque nasceu solitário. O leitor se assustará de fato quando souber que não me oponho à existência dessas fantasmagorias[3]. Afinal sou uma entre elas!

Esboçarei algumas linhas em defesa de nossa preservação, ressalvando, porém, a limitação do nosso papel como mantenedores de uma cultura relativamente passada, interessante, rica, merecedora de um lugar forte e atuante no meio de tantas forças antagônicas, sendo exatamente a nossa errância o melhor meio de conservar o conhecimento específico que ficou – bastante exageradamente – conhecido como História da Música. O que move essa escrita é um sentimento ecológico, preservacionista de culturas, militante pela biodiversidade geral, em esforço último contra homogeneidades e hegemonias que cada vez mais configuram o horizonte. Essa é uma

---

2 V. Ramachandran; S. Blakeslee, *Fantasmas no Cérebro*, Rio de Janeiro: Record, 2002.

3 Tenho até mesmo vários CDs com obras da Musique Spectrale francesa.

tentativa, talvez já no berço frustrada, de fincar posição contra o sucesso, na música, do mesmo processo ocorrido no DNA do trigo, que, em sua depuração, perdeu a força da diversidade genética. Pelo menos a intenção eco-política está nítida e manifesta já nos primeiros parágrafos.

Para abreviar a introdução, pela palavra *compositor* me refiro ao agente produtivo pertencente a um pequeno porém significante universo de criação da esfera da música "de concerto", ou "erudita". Embora eu seja favorável à erudição da "Música Erudita", para compositores como eu – sem interesse pela ruptura total com a esfera que nos gerou, e sem a pretensão de eliminar as diferenças entre essa e as "outras" esferas – tem sido absolutamente pesado carregar sozinho o adjetivo "erudito". Chegou, em nosso socorro, o compositor Paulo Costa Lima, que, nos eventos artísticos que promove em Salvador – BA[4], evidencia a manifestação de erudições das mais diversas proveniências sociais e étnicas, que assim se tocam – e são muitas! – e se fertilizam mutuamente. Desse modo, a relativização não opera como rolo compressor, mas como estímulo ao convívio. Portanto, sim, o texto é a favor de erudições.

Habitat

Em trinta e tantos anos de trabalho como compositor, dou-me conta que uma temporada multicultural relativista afetou meu trabalho com um sacolejo saudável, principalmente porque as evidentes transformações no ofício prestam atendimento a uma vasta quantidade de urgências sociais. Infelizmente grande parte das políticas culturais burocratizadas costumam despejar o bebê, ao jogarem fora a água do banho. Assim aconteceu na passagem entre o milênio II e o III, quando as autoridades federais, estaduais e especialmente municipais de cultura pretenderam estimular culturas de "periferia", ao preço da retirada de apoios a artistas locais, "concentrados

---

4 Mercado Cultural, 2005. Cf. Paulo Costa Lima, *Invenção e Memória: Navegação de Palavras em Crônicas e Ensaios Sobre Música e Adjacências*, Salvador: Edufba, 2005.

na faixa litorânea carioca" (reduzindo, exemplifico com o que me é mais próximo). Assim, por exemplo, desceu ralo abaixo um determinado dispositivo musical experimentalista, calando toda uma geração mais "experimentada", em nome dessa descentralização que, efetivamente, não ocorreu! E o setor que ela prometia socorrer não ganha existência somente a partir de apoios dessa ordem, enquanto aquelas experimentalidades, sim.

Por que insistir nisso? Porque esse é o efeito colateral de ideologias pós-modernizantes aninhadas nas agendas de autoridades políticas de meia-leitura, de lá requentadas ao senso comum pela via de seus "formadores de opinião". Contribuindo para o desestímulo a produções musicais de esparsas procedências, por tabela terminam consolidando ainda mais a universidade como último recurso para refúgio e expressão dessa Música Contemporânea (MC). Sendo este o meu caso, e o de tantos colegas estimados, será o assunto das próximas páginas.

A Arte Contemporânea (AC), porque se manifesta em outro domínio, com nicho e mercado próprios – por isso usufruindo de outra realidade alimentar mais aquecida – ultimamente atrai para sua égide produções que teoricamente – e apenas teoricamente – poderiam ter surgido no território da MC. No da AC, encontram existência de verdade, prática e financeiramente verificada, bastando, para tal, ou agremiarem-se em torno do novo gênero intitulado Sound Art, ou simplesmente por atuarem "trans-genericamente" nesse espaço mais acolhedor. Em 2007 realizei um trabalho in-sonoro intitulado *Tristão & Isolda*, que consiste em um alto-falante de 15 polegadas (*subwoofer*) reproduzindo frequências infrassônicas. Por conta do fato desse trabalho se apresentar como instalação, não encontra imediata realização física nos salões da música. Embora o trabalho tenha sido exposto em duas mostras de artes plásticas, ele não se filia à linhagem da *Sound Art*, porque é música, isto é, foi concebido a partir de reflexões musicais, utilizando suporte eletroacústico. Ou melhor: em vez de se fechar centripetamente em torno dessa nova categoria – uma nova espécie – anacronicamente criada pelas injunções do mercado das artes plásticas, *Tristão & Isolda* orienta-se centrifugamente na direção de limiares *trans-sensoriais*[5] e transgenéricos. Em vez de "fetichizar" o som como faz a Sound Art, propunha o caminho inverso, não só abolindo a noção de espécie, mas a de gênero, e a de sentido perceptivo (que a música concentra no tímpano).

Evidentemente segmentos da MC conseguem se manifestar em domínios extra-universitários, através de alguma singularidade conjuntural. Tenho vários amigos que assim conseguiram obter e manter expressão e sucesso. Para os que se inclinam para uma composição "radical" e autônoma, no sentido adorniano, pode ser penoso o esforço de evitar a adoção de temáticas ou sistemáticas com suficiente apelo midiático para garantir uma captação legitimada de recursos públicos ou privados. Não sendo este o perfil médio dos compositores brasileiros, como o deste que escreve, resta-lhes encontrar os meios de sobrevivência na universidade, atuando como professores, onde é relativamente fácil ser "radical"[6].

H. J. Koellreutter predizia a passagem da música "erudita" à funcionalidade, ou seja, a música "de concerto" estaria com seus dias contados. Não teve a oportunidade de presenciar a migração de músicos para as artes plásticas, e não avaliou de perto a construção da rede protetora que a universidade estende para acolher as produções musicais rejeitadas pelo mercado. Há muito se argumenta contra a sobrevivência da MC na academia. É dito entre muita gente – principalmente ex-universitários – que o habitat da música deveria ser extramuros, porque somente a experiência do livre-mercado coloca a obra e seu autor de frente para o verdadeiro Público, sem intermediários. Isso denota um entendimento de arte, de público e de verdade bastante impregnado daquele idealismo romântico e conservatorial semelhante ao que eventualmente educou o compositor. Ou seja: o aprendiz de fantasma, que já não tinha sido instruído para viver em um mundo sem baronesas, também é instado a procurar refúgio longe da própria academia. Aqui devemos abrir parênteses para mencionar um novo segmento, concentradamente formado por universitários e

---

5 Michel Chion, *Le Son*, Paris: Nathan, 1998.

6 Sobra ainda a opção de experimentar a vida em outro país, com minguadas chances de encontrar uma situação melhor.

Figura 1. O *circuit-bending* atinge proporções profissionais nas apresentações da Ibrasoctopus S.A.

egressos, que vem aos poucos propondo novas soluções. Fernando Iazzetta comenta: "Um certo caráter de subversão desses modelos tem servido de ponto de partida para criações que encontram seus espaços apenas entre as fissuras institucionais e fora dos círculos comerciais e acadêmicos"[7]. Estamos colocando todas as nossas fichas nesse esforço, porque: "A sala de concerto torna-se imprópria para esse experimentalismo e é frequentemente abandonada em favor de espaços mais comunitários e mais abertos à experimentação"[8].

Que isso esteja acontecendo, é um dentre poucos bons acenos do futuro. No entanto o fantasma ainda vagueia pelos corredores de fábricas desativadas e aposentos em ruínas, lugares de predileção para os eventos *off*-circuito. Pois quem, dentre todos nós e incluindo os "alternativos", recusaria uma generosa encomenda de peça para orquestra? Trocando a neurociência pela boa e velha psicanálise, pode-se dizer que a academia ocuparia então o lugar de uma Jocasta hiperzelosa, que publicamente prepara seu filho Édipo para que ele saia pelo mundo, secretamente saboreando o momento de seu retorno. Se alguém pensa que a universidade é um refúgio estéril, eu até concordo em termos, mas tendo deixado claro que essa noção resulta de um tropismo acadêmico: e quem entrou nessa deveria dar-se conta de estar

---

7 *Música e Mediação Tecnológica*, São Paulo: Perspectiva, 2009, p. 211.
8 Idem, ibidem.

em *loop*[9]. O que se pensa, com parcial propriedade – e sobre isso discutirei adiante –, é que as produções universitárias, em forma de composições, não passariam de meros exercícios de estilo sem direcionamento real a um público-alvo. Isso porque o emprego de professor, já garantindo o ganha-pão do compositor, assim o protege, mas também lhe retira a possibilidade de conhecer o calor do ardente fogo do mercado de trabalho. Não acho que seja necessária ou exatamente isso, mas até pode se tornar, e sinais não faltam. Gostaria, então, de me estender sobre alguns prós e outros tantos contras, começando pelos primeiros.

Homo Sapiens

Um primeiro ponto que tenho a favor da academia evidentemente vem expresso na minha gratidão por ter tido a sorte de estudar música em universidades públicas e gratuitas, tanto no Brasil quanto na França. Gratidão maior ainda por ter sido financiado, por instituição pública brasileira, para realizar pós-graduação em um país onde os estudos estão longe da gratuidade.

Um segundo ponto provém da capacidade de enxergar um belo sentido a atribuído à palavra *academia*. Fui aluno do ex-Instituto Villa-Lobos, dirigido então por Reginaldo de Carvalho, que, no final dos anos de 1960 e início dos de 1970, montou uma escola vanguardista no Rio de Janeiro. A quem me diz que não preza a vida de universidade, eu me sinto confortável para responder que não conheceu aquela.

1972 – TV TUPI, Canal 6, Programa Flávio Cavalcanti, o quadro poderia se chamar "Caguê-TV". Entra o brylcremoso detetive Nelson Duarte (posterior-

---

9 Lembro-me que, ao pensar sobre o que gostaria de ser quando crescesse, odiava a hipótese de me tornar um "intelectual". Queria ser um homem-de-ação, fosse isso com a lupa de um detetive, ou como aventureiro, explorador, capitão, advogado do tipo Perry Mason etc. Até ser cientista(-louco) teria admitido. Mas artista, professor, não! E cá estou eu, escrevendo essas linhas na qualidade de artista, professor e pesquisador, portanto, um deles. Aparentemente traí radicalmente os anseios da juventude. Na verdade mal sabia eu que já estava em *loop*, ou melhor, já era um "intelectual", mais um "deles", sonhando com os heróis dos livros.

mente autoagraciado por comenda em cerimônia no Teatro Municipal do Rio de Janeiro, alugado por ele para essa finalidade), agradecendo ao público pelas denúncias que levaram ao "estouro" da casa do professor do IVL, que ouvia música com alguns alunos e certa quantidade de maconha para uso pessoal. Duarte ordena a um de seus esbirros que relate sua experiência. "Sacumé, dr. Flávio, eu já tinha experimentado o LSD conforme o dr. Nelson mandou, pra gente saber como é o efeito. Então, quando cheguei na casa do professor, olhei praquele pôster que tinha lá, com a foto do tal macaco [King Kong], que identifiquei ele igualzinho ao que me assustou quando fiquei maluco de LSD"[10].

Esse relato policial, difundido pelo primeiro programa televisivo em rede nacional, marcou o recrudescimento de uma imbecilidade social e o fim daquela bela experiência acadêmica, que, entre outras coisas, havia propiciado encontros dos estudantes com professores, artistas e críticos notáveis, tais como Cartola, Anabella Geiger, Helio Oiticica, Ronaldo Brito, Frederico de Morais, Marlene Fernandes, Waltércio Caldas e até Pierre Schaeffer (em visita em 1971), entre tantos outros. Pouco depois o "Villa", como era carinhosamente chamado, passou a ser dirigido por um general interventor, conhecido nos meios militares por seu livro antidrogas[11], sendo esta (ou estes) sua única e exclusiva afinidade com grupos de alunos daquela escola que "dirigiu" até 1978. Se houver futuro, nele, algum musicólogo haverá de se interessar por essa história. Nesse presente, podemos exercitar a lembrança como provocadora de modelos, e esperar pelo dia da revanche, quando um músico, do IVL ou de fora, puder ocupar algum comando militar por seis anos. Pode-se dizer que Karlheinz Stockhausen logrou, vinte e três anos depois, na Alemanha, uma pequena prévia desse dia, estreando seu *Helikopter Streichquartett*.

---

10 Programa Flávio Cavalcanti, algum domingo à tarde, de minha própria memória.
11 Jaime Ribeiro da Graça, *Tóxicos*, Rio de Janeiro: Renes, 1971.

Eles Estão Entre Nós

O compositor norte-americano Milton Babbitt foi protagonista de uma discussão que, aparentemente, já pode ter sido encerrada em seu lugar de origem. Mas vale a pena relembrá-la para situar seus respingos sobre nossa condição. Conta-nos o musicólogo norte--americano Joseph Kerman:

> [Nos anos de 1950] o compositor Milton Babbitt, em Princeton, sublinhava que a música de vanguarda podia descobrir seu lugar, no final das contas – embora apenas através de sua exclusão de um baluarte da cultura da classe média: a sala de concertos –, transferindo-a para um outro: a universidade. Tal como a ciência pura, argumentou ele, a composição musical tem direito a um lugar para se manter como protetora do pensamento abstrato. [...] Em vez de lamentarem o óbvio e irreparável rompimento entre a música de vanguarda e o público, [para Babbitt] os compositores, assim como os matemáticos, deveriam voltar as costas para o público e exigir seu lugar legítimo na academia. Caso contrário, "a música deixará de evoluir e, nesse importante sentido, deixará de viver". Assim, Princeton estabeleceu um programa acadêmico para a concessão do diploma de PhD em composição musical, para o qual o exercício final consistia na apresentação de uma composição musical e de uma dissertação ou ensaio teórico[12].

A *new-musicologist* Susan McClary explora o assunto citando artigo do próprio Babbitt, originalmente intitulado "The Composer as Specialist", eventualmente republicado com sarcasmo editorial sob o título "Who Cares If You Listen?" Dizia Babbitt:

> Ouso sugerir que o compositor faria um grande favor a si mesmo e à sua música transferindo-se total, resoluta e voluntariamente do mundo público para um de performances privadas e de mídias eletrônicas, com a possibilidade real de eliminação completa dos aspectos públicos e sociais da composição musical. Em fazendo isso, a separação entre os domínios

---

12 *Musicologia*, Rio de Janeiro: Martins Fontes, 1987, p. 135. Modelo este, por sinal, não muito diferente do requisito para obtenção do meu doutoramento na Inglaterra, em 1992.

seria definida para além de quaisquer confusões de categorias, e o compositor estaria livre para prosseguir sua vida particular de feitos profissionais, em oposição a uma vida pública de comprometimentos não-profissionais e exibicionismo[13].

O comentário de McClary teve muita repercussão no meio musical norte-americano. Disse ela:

> O poder do *lobby* da vanguarda no meio do ensino superior é tal que tanto as músicas populares quanto as pós-modernas foram marcadas como inimigas, havendo ainda considerável esforço no sentido de deixá-las de fora do currículo regular. Quando ensinada em departamentos de música, a música popular [norte-]americana é usualmente apresentada como parte da "etnomusicologia" – a cultura dos "primitivos", o "Outro" étnico, claramente indicando serem resultados de uma economia de prestígio. No mais das vezes, essa música popular é deixada para os departamentos de sociologia ou de Estudos Americanos, com base na noção de que nem se trata de música[14].

Todo esse debate é muito interessante. Entretanto, de um lado, parece distante da nossa realidade universitária, e, de outro, é tão endêmico! Leituras de discussões de cunho igual ou semelhante (cf. a narrativa na epígrafe) impregnam hoje nossa burocracia, o senso comum e a própria academia, olhando para dentro e fora da universidade, de dentro e de fora dela, com as mesmas suspeitas, sem buscar as diferentes gradações cinzentas entre o branco e o preto. Até que eu bem que gostaria de me dedicar a exercícios formalistas à la Babbitt, de vez em quando! A bem da verdade, na hora H do ofício, quando o trabalho de composição fica de fato enrolado, nesse momento – não há outra alternativa – o que se faz é forma. Então, essa discussão fica interessante quando se reflete com calma sobre cada lado, sobre cada cinza. Apressadamente, como vem sendo feita, a discussão só serve como trator para deslocar um fantasma.

---

13 *High Fidelity Magazine 8*, n. 2 , p. 126.
14 Terminal Prestige: The Case of Avant-Garde Music Composition, *Cultural Critique: Discursive Strategies and the Economy of Prestige,* XII, p. 57-81.

Minha primeira sugestão, para compreender o que se passa aqui, é transportar a questão com todo o peso de seu hemisfério. Assim eu diria que setores "mcClaryanos" empregam seus termos não para pós-modernizar os setores acadêmicos e culturais em geral, mas para algum propósito diferente disso, já que essa nossa modernidade não é de jeito algum a mesma a que McClary se refere. Por aqui os discursos pós-modernistas estão excessivamente carregados de tinturas nacionalistas, jdanovistas, lukacsianas (sim, por incrível que isso possa parecer!), populistas etc. Parecem efeito de um projeto apenas antimoderno, empregando anacronicamente modelos sem encaixe. É mais uma entre tantas importações de noções legitimadas em bibliografia já nem tão *new*, visando não só a produção "universitária" como também aquela que se fazia fora dela. Desastrosos têm sido os resultados. É assim, mais ou menos como se um projeto pós-modernista fosse utilizado para combater o modernismo que, no Brasil, nem chegou. E, na sequência de McClary, indicará Laurie Anderson como modelo de superação. Dona de uma obra muito apreciável, espetacular, a própria artista não estaria de acordo se lhe perguntassem se o cuidado com a forma é uma doença a ser erradicada.

Mas quem disse que não existem Babbitts (no sentido de defensores de uma praxe de isolamento) no Brasil? Aqui peço atenção pela aparente incursão no paradoxo. Imitamos tanto tudo (e isso nem sempre é ruim!), que até temos alguns hiperformalistas. Para encurtar o debate de maneira radical basta invocar Jacques Rancière: "A arte faz política antes que os artistas o façam"[15]. Nada como um filósofo francês para me ajudar a sustentar que o que vale não é tal ou tal segmento, mas a existência do conjunto.

---

15 Política da Arte, *São Paulo S.A.: Práticas Estéticas, Sociais e Políticas em Debate*, São Paulo: Sesc Belenzinho, 2005. A frase começa assim: "A ideia de uma política da arte é portanto bastante distinta da ideia de um trabalho que visa tornar as frases de um escritor, as cores de um pintor ou os acordes de um músico adequados à difusão de mensagens ou à produção de representações apropriadas a servir a uma causa política".

Cadeia Alimentar

1985. Atrasado para minha aula de estreia – como professor em faculdade particular – tomei um táxi no largo do Machado até a rua do Bispo. O trajeto de quinze minutos custou o equivalente salarial a uma hora/aula naquele estabelecimento. Comentei com o motorista sobre sua melhor sorte, medida pela diferença entre tempo e custo investidos em nossas respectivas formações e seus rendimentos. Olhando-me com complacência ele disse: "Tenho sorte, sim. Até posso pagar os estudos de minha filha, que já vai se formar, aqui mesmo, nas Faculdades x. de y."

Minha primeira aula iniciou-se somente depois que um jovem, investido na função de representante da turma, dividindo sorrisos com seus representados, fez questão de afirmar que meu predecessor tinha sido despedido por esforço conjunto dos alunos, porque aquele professor não "ensinava nada que fosse útil às necessidades do grupo". Poderosíssimo proprietário de seu próprio nariz, esse grupo representativo de uma espécie de Sindicato de Alunos de Faculdades Particulares não queria iniciar um trabalho sem deixar claro que quem mandava ali eram eles, os consumidores do ensino.

Em um só dia fiquei sabendo que meu salário era pouco para pagar o táxi, cujo motorista ganhava tão mais do que eu que até financiava os estudos de sua filha, possível aluna daquela turma. E ainda que, a julgar pelo acontecido com meu predecessor, deveria me submeter às ameaças de alunos insatisfeitos com a "inutilidade" do conhecimento a ser "transmitido" por sua possível insignificância como amortização de seu investimento mensal. Não se tratava de formular, naquele momento, uma pergunta do tipo: quem deve decidir pela orientação, escolha e distribuição do saber? Porque ela já estava respondida. Em resumo: no dia em que passei a trabalhar mais no ensino e menos em estúdio de gravação, dei de cara com a complexidade de ser professor. Não sendo classista a natureza do meu texto, ou seja, não se tratando de criticar a classe dos motoristas por serem mais ricos, restava uma questão de fundo: qual o valor, ou melhor, quanto esse país aprecia a instrução?

Antes mesmo de aceitar entrar para esse serviço – evidentemente por necessidade de sobrevivência – sabia que tampouco haveria contabilização do trabalho de pesquisa, ou seja: se quisesse reformular meu modo de entender a matéria para apresentar e discutir em classe, deveria fazê-lo por minha própria conta. Ali, o pé da pesquisa não tem fomento. Então: como deveria eu proceder para produzir o conhecimento que passaria por um visto de controle dos alunos? Ainda iriam me custar três anos até conseguir sair daquela faculdade, em busca do doutorado que me permitisse ingressar no ensino público.

Na universidade pública, uma tendência magnetiza o vetor em sentido perigosamente contrário ao do aluno poderoso. O interesse imediato deste é menos determinante na escolha de matérias e professores. Os docentes precisam, entretanto, lidar com uma certa tensão que, em péssima instância, pode encontrar uma falsa distensão prejudicial aos estudantes. Na verdade, nunca há repouso – o que é bem-vindo –, somente tensão entre as balanças e os pêndulos do mercado, das tendências das indústrias, das "tecnociências"[16], dos saberes "desinteressados", das orientações políticas, das escolhas filosóficas e estéticas etc., ou seja: tudo!

No entanto, ao contrário da particular, a universidade pública sustenta a pesquisa, que se transforma em matéria para as disciplinas. A particular, desprovida dessa mecânica, fica destinada à reprodução de uma bibliografia produzida em outras universidades, sejam elas públicas como as nossas, as francesas, as alemãs e outras, sejam mistas como as norte-americanas, as inglesas etc. A quantidade de títulos originados em universidades particulares é significativamente menor.

---

16 "'Tecnociência' é um conceito amplamente utilizado na comunidade interdisciplinar de estudos de ciência e tecnologia para designar o contexto social e tecnológico da ciência. O termo indica um reconhecimento comum de que o conhecimento científico não é apenas socialmente codificado e socialmente posicionado, mas sustentado e tornado durável por redes materiais não humanas. O termo 'tecnociência' foi criado pelo filósofo Gilbert Hottois em fins dos anos de 1970" (<http://pt.wikipedia.org/wiki/Tecnociência>. Acesso em: 17 out. 2011). Mais tarde Hottois revê seu conceito (G. Hottois, *Technoscience et sagesse?*, Mayenne: Pleins Feux, 2002) em interessante debate com diversos autores. Mas prefiro o uso já quase de senso-comum, denominando incursões da ciência em territórios tais como o da bomba atômica, do gás Zyklon B etc.

Quem está na academia não pode de modo algum ignorar a posição delicada que ocupa no escalão político da distribuição, ou melhor, da aplicação do Saber. Para aquele compositor-fantasma vindo do mundo das artes carregando a respectiva aura, esse ato implica na aquisição de uma autoridade extra, uma responsabilidade a mais. Desde Foucault e Barthes, essa corda está expostamente bamba. Um assunto desses não poderia ser esgotado em artigo sobre o meu ofício, mas é constante problema para mim, que sou compositor, professor e pesquisador. Resumirei, apontando o que entendo ser a questão mais ampla, que não é tão somente a seleção de conteúdos (como justamente vem debatendo a comunidade acadêmica), mas a remoção dos obstáculos à *emancipação intelectual*, da qual nos falava o *maître* Jacotot (lembrado por Rancière): "Se cada família fizesse o que digo, logo a nação estaria emancipada – não dessa emancipação *dada* pelos sábios – com suas explicações *ao alcance* das inteligências do povo, mas da emancipação que se toma, mesmo contra os sábios, quando a gente se instrui a si mesmo"[17]. Depois disso, nosso papel pedagógico não pode mais ser o de empurrar materiais cabeças adentro, mas estimular processos de busca, mesmo que não sejamos versados nas matérias que querem aprender, conforme a experiência de Jacotot, que viu seus alunos belgas aprenderem francês sem que ele, o próprio professor, conhecesse o idioma flamengo.

Até aqui já se viu uma certa quantidade de problemas que faz com que o compositor-professor se pergunte se não daria para voltar atrás e sair, procurar uma terceira via que possibilitasse tanto o trabalho alimentar quanto o "radical". Claro que existem vias, mas a essa altura já tomei gosto pelo ensino, que pode ser uma atividade prazerosa.

A Origem da Espécie

Como nem tudo nessa vida segue em linha reta, grande parte da colônia (eletroacústica) de onde provenho não pensa como Jacotot

---

17 *Le Maitre ignorant: Cinq leçons sur l´émancipation intellectuelle*, Paris: Fayard, 1987.

e Rancière. Muitas coisas mudaram nela desde seu surgimento em estações de rádio e estúdios espalhados pelo mundo a partir dos anos de 1950. Sua posterior entrada na universidade representou ao mesmo tempo a sobrevivência da espécie e, no caso brasileiro, a mistura de sua consagração estética com o início de uma fase oficial, chapa branca, acompanhada de uma considerável perda de dinâmica, que comentarei adiante.

Não há dúvidas de que o problema maior de ensinar arte na universidade reside principalmente na falta de sincronismo entre o tempo do fato artístico e o de sua absorção pela instituição acadêmica. Não me arriscaria a afirmar que com outros segmentos e outras artes seja exatamente igual, mas certamente a música eletroacústica, que entrou para a universidade brasileira, já o fez na passagem de fato musical a tópico em história. Não há nada de errado nisso, pois ali também se aprende a forma sonata, a fuga etc. Nada de errado se e quando ela mantiver alguma dinâmica extra-muros, o que cada vez menos se observa, fazendo acreditar que aos poucos ela se transforma no latim que nem mesmo compositores-fantasmas usariam para suas conversas particulares.

Não é difícil encontrar testemunhos desse hiato temporal e cultural. Não me surpreenderia se viesse a saber de algum curso de música eletroacústica baseado na morfotipologia de Pierre Schaeffer, ou na espectromorfologia de Denis Smalley, que, conforme comento adiante, são tema para discussão, e não para assimilação passiva. Até mesmo as bibliografias adotadas (e de sustentação) revelam exemplos insinuantes: um livro recente sobre processos analíticos aplicados à música eletroacústica refere obras musicais dos anos de 1980 (significativamente!), explicitando seu impacto no que se conhecia sobre a percepção. Nesse mesmo livro, as obras mais recentes são estudadas por outros motivos: seus aportes tecnológicos, sua complexidade analítica, os procedimentos composicionais etc.[18]

Uma vez assim "instituída", a música eletroacústica já tende a se perpetuar isolada ali dentro da universidade, aos poucos enfraquecendo

---

18 Mary Simoni, *Analytical Methods of Electroacoustic Music,* New York: Routledge, 2006.

seu relacionamento com a sociedade como um todo. Por conta da posição protegida, consegue garantias de sobrevivência dentro de um novo bioma confortável, montado para a proliferação de pesquisas de ferramentas (*hardware* e *software*), analíticas etc. Diante de uma construção do conhecimento musical, percebe-se uma nítida oscilação, deixando o polo estético para se apoiar em um (tecno)-científico.

Um fator de grande peso nessa mudança de foco é efeito colateral do fato da pesquisa ser subsidiada por instituições pertencentes ao desenvolvimento de ciências e tecnologias, colocando, na mesma mesa de discussão, o julgamento de projetos visando a cura da Aids, a criação de novos combustíveis eco-sustentáveis e os projetos das Artes, inclusive Composição. É notória a velocidade com que a música, na universidade, absorveu uma fala inspirada no modelo discursivo advindo das ciências biológicas. Os artigos, dissertações e teses o comprovam. A música eletroacústica corre o risco de se transformar em uma colônia científica cujo objeto de estudo é a sua própria colônia, sonho digno de um Babbitt em *loop*. Ou em curto-circuito.

Isso foi dito com relação ao ensino. Quanto à pesquisa eletroacústica, ela parece estar conseguindo fundamentar a construção de conhecimentos capazes de indagar a respeito de tudo, menos sobre sua própria finalidade. De um tempo em que pensar sobre música levava a questões políticas e estéticas remetendo a Heidegger, Adorno, Benjamin, Jonas, Marcuse, Althusser, Freud e Lacan, MacLuhan e tantos mais, passou-se a uma prática de se criar *patches* de MaxMSP[19]. Vai saindo a cautela tecnológica de Pierre Schaeffer para entrar a tranquilidade assustadora de Pierre Lévy, Mark Hansen etc. Silencia a música que questionava a autoridade de todo um aparato teórico musical para voltar como nova autoridade, exaltando uma indisfarçável ingenuidade política herdada do futurismo marinettiano. Quando indagado sobre alguma agenda política, esse segmento coloca, no topo de suas metas, a defesa da distribuição e do uso de *software* livre, como se todo o planeta já dispusesse de computadores.

---

19 Programa para criação de ferramentas computacionais para uso musical. Cá entre nós: adoro!

Homo Incipiens

Reverter o procedimento cronológico habitual. Todas as histórias da arte começam na era das cavernas para vir chegando à era contemporânea. Por que não inverter o sentido, partindo de nosso presente para voltar no curso do tempo? Adotar a marcha retrógrada do caranguejo, ler a história ao contrário, como sugeria Marc Bloch, permitiria ao mesmo tempo não ser iludido pela ilusão teleológica e substituir um relativismo subjetivo por um relativismo histórico. Nessa perspectiva, a atualidade não se apresentaria como resultado pré-determinado de uma evolução necessária, mas como motor de invenção de um patrimônio em contínua reconstituição[20].

Antes de sua entrada para a universidade, a música eletroacústica no Brasil apresentava-se como alternativa para aqueles que, como eu, não se reconheciam em nenhuma das sobras da famosa disputa dos anos de 1940. Não perfilávamos nem entre os guarnierianos, nem entre os koellreuttianos (de quem, no entanto, éramos mais próximos). Mesmo entre nós os sub-matizes eram dos mais variados. A produção e a vida musical daquela parcela que envolvia o uso de equipamentos eletroacústicos, nos anos de 1980, representou um momento musical que não foi devidamente avaliado. Se e quando isso acontecer, ficará evidente a diferença entre o universo filosófico daquele tempo e o deste. Qual a diferença entre uma peça para fita e atores como *Salve o Brasil!* (1982), de Tim Rescala, ou a *Carta ao Oprimido* (1985) para fita e barítono, de Guilherme Vaz, e os atuais concertos para computador, orquestra e duzentos alto-falantes? Nem é preciso apelar para temáticas políticas textualizadas ou referenciais daquele tempo: em sua generalidade, eram obras que propunham mergulhos na situação de perplexidade relativa à própria escuta. E é principalmente este o seu interesse estético, desdobrado ao político. A audição de minha peça *A Paisagem*, em 1987, com uma sala lotada, constituía acontecimento esteticamente muito mais significativo do que em recentes, simpáticos, porém museológicos encontros univer-

---

20 Philippe Junod, Dans l'oeil du rétroviseur. Pour une histoire relativiste, em J. Grabski (ed.), *Artibus & Historiae*, S.l.: Irsa, 2002, XXIII, n. 45, p. 217.

sitários. A peça não perdeu sua força por conta da aderência a um contexto datado, mas esse contexto, sim, perdeu, pois a condição intramuros é incapaz de reproduzi-lo.

Afetada pela presbiopia natural de sua idade, a História Oficial da Música Eletroacústica Brasileira já adotou uma visada daquele período. Chama-o de "incipiente" (com "c") porque de fato havia nele, entre tantas outras coisas mais interessantes, a incipiência que permitiu que mais tarde florescesse a Música Eletroacústica Institucional Brasileira, a qual, hoje ocupada na fabricação de sua história, enfatiza, naquele passado, o que mais lhe é próprio no presente. Comprova-se assim que tanto faz Broch ou Junod epigrafado, o fato é que "fazer história" é um ato posterior, em todos os sentidos do termo. Outro ramo mais juvenil da mesma escola chama aquele período de "insipiente" (com "s"), palavra cujo significado é "sem sapiência", "ignorante", ficando isso para ser provado não só com relação aos autores e obras que mencionei, mas a outros tantos do período. Comprova, sim, uma de duas coisas, ou as duas: ou o autor da afirmação era incipiente como pessoa no momento do ocorrido, ou – no duro esforço de se harmonizar com a ideologia eletroacústica dominante – foi insipiente na escolha da consoante.

Evolução

A chegada da música eletroacústica na universidade brasileira ocorreu em atendimento a diversas demandas, duas das quais eu considero fundamentais: a primeira, de ordem artístico-cultural, reconhecia a presença crescente do repertório eletroacústico no cenário musical brasileiro e internacional. Reginaldo de Carvalho, o diretor do Instituto Villa-Lobos substituído pelo general interventor, como já mencionamos antes, ocupou esse cargo depois de uma viagem a Paris, onde, por sugestão de Villa-Lobos, havia tomado contato com a *musique concrète*[21]. (Seria totalmente anacrônico e impossível estabelecer algum

---

21 É de 1956 seu *Sibemol*, a primeira peça brasileira esteticamente eletroacústica (porque não basta ter sido feita eletronicamente).

vínculo entre Villa-Lobos e a futura música eletroacústica? Pensemos nas densidades de massas em algumas de suas obras.) Mais tarde diversos cursos de música ansiaram por renovação e atualização. A segunda demanda proveio do relacionamento entre as músicas "usuárias" das novas tecnologias e um projeto nacional de investimento na indústria da computação. Evidentemente esta é a perna de sustentação mais forte, aquela que estende à arte musical a chance de se manifestar como coadjuvante de processos industriais.

As linhas de pesquisas musicais associadas às ciências perfilam--se assim: a robótica alimentando-se das obras musicais de interatividade e automações, a produção de *software* beneficiando-se da análise de obras e de estudos de performance. Atualmente estudadas na esfera da Composição, as ciências cognitivas e sua antagônica Inteligência Artificial legitimam-na enquanto fomentam o interesse *supra-software*, em que modelagens de programação e do cérebro humano comungam para finalidades práticas. A composição, que até o início do século XX legitimava-se por uma associação matemática com a natureza (por via da série harmônica, a divisão da corda etc.), tomava como parâmetro de seus acertos e erros as leis de harmonia e contraponto daí deduzidas. Atualmente, como se a falta de leis naturais fosse a mais insuportável das liberdades, o compositor busca novas balizas. Pouco a pouco entra em um regime de Acertos & Erros em que as respostas não são mais dadas pelo recurso àquela natureza, mas por uma interpretação da consciência humana, feita agora sobre dados científicos e comprovados (até outra ordem). Ao compositor restarão opções seletivas com bases científicas, aplicadas pelo instrumental técnico adequado, destinadas a um *público* que já nada mais terá daquilo que hoje entendemos por essa palavra. Quando o público passar definitivamente a *consumidor-cliente*, nesse momento o compositor finalmente exorcizará seu fantasma, passando a trajar nova indumentária, talvez a serviço de uma indústria bioquímica de entretenimento.

O ouvinte (que não mais ouvirá por seus orifícios auriculares – talvez adquira músicas em cartelas de doze comprimidos com sabor de hortelã, quando Realidade Virtual prescindir de qualquer outro *hardware*) será conduzido em alguma tecnoterapia que, melhor do

Figura 2. A habilidade e a experiência do operário especializado, resultantes duma longa tradição, são os elementos essenciais da indústria musical Sonsanto.

que qualquer concerto ou festa *rave*, receitará o melhor programa para o tratamento de sua moléstia. Poderá ser receitado com o *replay* integral da ópera *King Kong* em quatro dimensões, no torto cumprimento ao desejo premonitório daquele policial de vanguarda. Passou com a música assim como aconteceu com a alimentação, que nos últimos anos deixou de ser "comida" para se transformar em nutrição[22]. A música, o cinema etc. deixarão para trás o espaço de atuação de ordem estética para entrarem no de uma terapêutica laboratorial. Se ainda não sabemos dizer para que serve o Conhecimento, então já estamos todos trabalhando para esta empresa.

Homo Capes

Se tudo na academia é tão complicado e apocalíptico, por que me mantenho nela? Porque ela ainda provê o melhor lugar para refletir, inclusive sobre si mesma, através do acesso bibliográfico, da discussão, da pesquisa, da publicação e mesmo da feitura de trabalhos artísticos, pois esses também "refletem". Certamente só a universidade pública (com raras exceções privadas) propicia esse espaço-tempo. O que, em minha experiência pessoal, sustenta essa noção? Ou melhor, o que foi que "descobri" conceitualmente, depois de entrar para a academia, que tenha resultado ou desaguado em música? Ou, inversamente: o que foi que, pensado em música, contribuiu de algum modo para o conhecimento?

[22] Michael Pollan, *Em Defesa da Comida: Um Manifesto*, trad. A. C. Silva, Rio de Janeiro: Intrínseca, 2008.

Tendo sido um aluno de Pierre Schaeffer, fui impregnado por seu *Traité des objets musicaux*, publicado apenas sete anos antes de meu contato. Dele me tornei uma mistura de apóstolo & desconfiado, passando a admirador & descrente somente ao longo de meu doutoramento quase vinte anos depois. De lá para cá tenho reforçado essa posição, tensa, porque em geral nos cobram uma posição "clara", que se define por torcer por um time ou por outro. Em arte isso não parece dar muito certo; em música, em pensamento... quem consegue? E quais foram as dúvidas que se apresentaram para que eu deixasse de professar o *Tratado*?

Uma primeira dúvida procedia da aplicabilidade de seu quadro morfotipológico – onde Schaeffer busca superar os modos clássicos de descrever os sons (os objetos sonoros e os objetos musicais). No meu entendimento, havia um esforço anacrônico na construção de *gammes*, ou seja, de sistemas. Eu pensava que sistemas ainda tinham validade como procedimento composicional, e não como modelo a ser universalmente adotado. Esbarrava, assim, no universalismo de Pierre Schaeffer, que sem dúvida não teria proposta diferente, porque dirigia um centro de pesquisas subsidiado por um ministério de comunicações. Então: em vez de eixos universais, os sistemas, para mim, não passavam de procedimentos poéticos, como ainda creio que sejam. Ou talvez como eu prefiro que sejam, porque me assusta bastante praticar uma arte que, dominando universais, se preste ao controle.

Uma segunda dúvida provém dos limites propostos pela Morfo--tipologia, que se limita a descrever experiências de virtualidade e metáfora plástica, quando a música, na verdade, me transporta além disso, e não por efeito de combinações de matérias densas e rugosas, timbradas tonicamente ou complexas. O limite experimental da "escuta reduzida" tornou-se um domínio composicional que a segunda geração de compositores schaefferianos já desafiava com o uso de materiais referenciais, a se escutar nas peças de Bayle e Parmegiani, que, no entanto, não teorizaram sobre o alcance disso. É igualmente plástica, mas carregada de dinâmica, a espectromorfologia de Denis Smalley, que introduz, para estender o campo da escuta musical, entre outras modalidades, a atenção às energias, gestos, movimentos e "pronúncias" (*utterances*).

A virada do milênio encontrou-me discutindo as noções de imagem, som e sentido, que exercitei em trabalhos relacionando "áudio" e "visual". *Ranap-gaô* (1999) é a segunda peça resultante de minhas dúvidas com relação aos limites entre esses termos: a primeira foi *Fragmentos do Paraíso* (1980). Ela marca o tempo em que abandonei a crença na palavra "imagem" para designar figuras, abstrações ou paisagens visuais projetadas, assim como já não distinguia, desde a leitura de Pierre Schaeffer, entre sentido e som (veja--se o que ele escreveu sobre *objet sonore* e *objet musical* e de como separá-los apenas por conta de seus sentidos). Em 2003 compus "3 CLIPS", uma obra catalogada como "música-vídeo", que, se não fosse por esse nome, teria inserido meu trabalho, sem minha intenção, na categoria de "artista multimídia", sendo essa mais uma expressão equivocada[23], pois afunila toda a questão estética na direção do suporte. Afinal, o que nos define: o meio sobre o qual trabalhamos, ou o sentido (perceptivo) que privilegiamos? Não sei, e o assunto só me interessa por conta dos problemas… Há pouco mencionei um trabalho que fiz sem som, mas que é música… não porque se dirija a algum outro sentido "auditivo" localizado perto dos buracos laterais da cabeça, mas porque se originou de uma reflexão do campo da música. Endereça-se, sim, a qualquer sentido perceptivo disponível, a partir da visão e da transmodalidade das percepções.

Essa não é minha objeção maior à identificação da música com as análises a partir da notação ou da escuta morfo-tipo-espectrológica, mas o desconforto proveniente da sensação de crescente ignorância com relação à música, tão logo e a cada vez que percebo como tudo está envolvido na sua escuta. Qualquer esforço para compreendê-la sempre resulta em mais uma redução, mesmo quando sou capaz de atribuir aos sons de cigarras de *Presque Rien 1*, de Luc Ferrari, à capacidade de evocar uma experiência térmica, e mesmo quando identifico na espacialidade o poder de me lembrar ou de me livrar da

---

23 Nada mais desagradável para quem ficou irremediavelmente conhecido como "compositor eletroacústico" do que trocar uma inadequação por outra.

angústia. A *écoute réduite* (escuta reduzida) de Schaeffer representou nada mais que a abertura a uma sempre e cada vez mais vasta *écoute étendue* (escuta ampliada). Resumindo: meu ofício é o da dúvida, que se manifesta tanto nas obras compostas quanto nos textos em que tento dar forma verbal a ela.

Não se Faz Mais Música como Antigamente

três paisagens sonoras introspectivas
e três improvisos livres para pessoas singulares

Sérgio Pinto

Na música interessa o que não é música[1]

I

0'00" – 02'00"
(Fundo de vozes de crianças brincando no quintal, alguns carros passando pela rua, um velho rádio mal sintonizado transmite canções dos festivais dos anos de 1960, ou qualquer outra canção de sua própria memória afetiva, e árias de ópera misturadas com os aplausos e as vaias do público. Após dois minutos de escuta interna desse cenário, comece a ler o texto abaixo)

Tio Carleto é o mais velho de seus irmãos. Pela proximidade maior com o pai, nascido na Itália, entre os irmãos é o que o mais adquiriu trejeitos italianos: o sotaque carregado dos bairros operários Brás-Mooca-Tatuapé, o falar alto (quase grito), os gestos exagerados, a frequente irritabilidade (que sempre soou engraçada para toda família). De formação simples, trabalhou como pedreiro toda a sua vida, sem tempo para passeios, viagens e prazeres pessoais. Por

---

1 Adaptado do poema "Interessere", de Décio Pignatari.

conta de seu ofício, foi responsável por quase todas as construções e reformas das casas de seus irmãos, filhos, netos e sobrinhos. Além do comportamento, deve ter herdado de seu pai (o qual não cheguei a conhecer) o gosto pelas árias de ópera e das canções italianas. Os domingos pela manhã eram reservados para ele ouvir suas músicas preferidas, que eu nunca soube exatamente quais eram, mas hoje imagino que deviam ser gravações com Gino Bechi, Francesco Albanese, Beniamino Gigli ou Tito Schipa. Entre cantores brasileiros, disso me lembro, ouvia apenas Vicente Celestino. O volume alto difundia a cantoria pela rua e, junto com meus primos, achava graça naquela música velha e ficávamos jogando bola na rua, rindo e imitando os dó-de-peito daqueles cantores.

Tio Carleto foi também o primeiro a comprar uma televisão e era para a casa dele que íamos todos assistir aos desenhos animados, comédias e programas de auditório da tv. Depois, é lógico, de ele acertar a posição da antena em cima do telhado, num ritual que acontecia quase todos os domingos. Dos programas que passavam nessa época, gostávamos de assistir os festivais da canção, com direito a torcida, mas não apenas pelas melhores músicas: minhas primas e tias preferiam torcer para os cantores mais bonitos. Eram justamente os festivais que, ainda hoje, permanecem nas pautas da crítica musical como um momento único e insuperável da história da música brasileira, que ainda se discute, para uma plateia talvez não tão numerosa, se dividir o primeiro prêmio entre Chico e Vandré foi uma decisão acertada ou não. Pois todo o canto (quase fala), da maioria dos intérpretes (Chico, Caetano, Edu, Roberto Carlos, Gil etc. etc.) incomodava profundamente ao meu tio, que, a cada apresentação dos concorrentes, esbravejava mal humorado, dizendo: "esse camarada não canta nada... não se faz mais música como antigamente".

Com esse azedume, ele deve ter sido a única pessoa que conheci que não viu valor algum naquela produção. Tenho certeza de que ele, ou qualquer outra pessoa da família, nem se lembra mais disso e não faça a menor ideia do quanto essa frase me marcou. Vendo em retrospectiva, noto que foi a primeira vez que alguém me apontou haver maneiras diferentes de se fazer música, que as formas de produção e as técnicas de composição se transformavam ao longo do tempo. Em meio à unanimidade daqueles festivais, mesmo com a qualidade e o frescor que aquelas músicas traziam, havia uma pessoa que não as aceitava. Mas só muito tempo depois é que fui perceber não existir música com a qual todo mundo se identifica. Ou mesmo que as canções não dizem respeito a todos que as ouçam.

Em uma daquelas noites, Sérgio Ricardo brigou com a plateia e quebrou seu violão. Eu, minha irmã, meus primos e primas nos divertimos, é lógico, chamando-o de El Kabong (um personagem de desenho animado, que era um cavalo que caçava bandidos batendo com um violão na cabeça deles). Anos depois, vim saber que ele não foi o único a quebrar um instrumento; havia um guitarrista negro norte-americano que não apenas quebrava o seu próprio, mas também o queimava e que esse gesto foi comum nesse período.

Quando fui estudar música, poderia ter me dedicado a entender a maneira como ela era composta e praticada no passado, me especializando em ópera italiana ou na história da música brasileira. Mas, no fundo, a atitude do Sérgio Ricardo chamou mais a minha atenção do que os vencedores do festival e o meu interesse sempre esteve voltado para singularidades musicais, fossem obras, movimentos ou pessoas. A procura por algo expressivo, mesmo onde supostamente não há nada musical (quase música?), sempre me pareceu uma aventura mais fascinante. Como uma arqueologia musical que desvela os significados de fragmentos de discursos e de artefatos sonoros em seu estado bruto, sem juntá-los artificialmente em uma restauração, e que mantenha a riqueza e o brilho de seus cacos, sem aplicar camadas de vernizes ou sobrepor novos discursos em sua reconstrução.

Se algum dia tiver a oportunidade de visitar meu tio, penso em perguntar se ele mudou de ideia sobre esses artistas e o que acha da música feita hoje em dia. Não sei se ele entenderá a minha pergunta ou por que isso me preocupa. Mesmo porque, como a forma de se quebrar um violão também se transformou, eu tenho concordado com ele e também venho dizendo, mas com um sorriso no rosto, que não se faz mais música como antigamente.

Improviso Livre para Gatorra
(Ad libitum)

Seu nome é Tony e ele resolveu montar um instrumento, para falar, se expressar e protestar[2]. Gaúcho, de Cachoeira do Sul, fez apenas o curso primário em internato religioso, de onde saiu aos treze anos. De família simples, ainda adolescente começou a trabalhar em uma metalúrgica, como torneiro mecânico. Nesse período aprendeu eletrônica em um curso por correspondência, através do Instituto Universal Brasileiro, e passou a viver do conserto de televisores e videocassetes na garagem de sua casa, trabalho que o sustenta até hoje. No final dos anos de 1990, sem nenhum conhecimento musical, somente com os de eletrônica e de torneiro mecânico, criou o instrumento que lhe deu notoriedade: a gatorra. E como passou a tocá-la, compor, gravar e se apresentar, acrescentou a invenção ao nome de sua persona artística: Tony da Gatorra. Assim como existem Paulinho da Viola, Nelson Cavaquinho ou Jackson do Pandeiro. Ao contrário de construir um protótipo e replicar seus moldes, Tony faz cada um de seus instrumentos manualmente, como um velho luthier, e até o ano de 2010 havia construído treze deles. Ao contrário de madeiras e metais nobres, ele usa sobras de móveis e eletrodomésticos. A forma do instrumento se assemelha a uma guitarra, com corpo e braço, e pode ser tocado de pé com uma correia sustentando-o no pescoço. Os tampos são de fórmica, dessas usadas em mesas de cozinha, com cores e padronagens simples, como as velhas mesas que se encontram em qualquer casa de praia. Como somente os circuitos eletrônicos são os responsáveis pela criação do som, não é necessário uma caixa de ressonância, assim seu corpo é de pouca espessura. Logo, um simples friso de box de banheiro já é suficiente para a lateral do instrumento. Apesar do formato de guitarra, o instrumento se assemelha mais a uma bateria eletrônica, somente com pads, sem muitas possibilidades de programação e com poucos timbres. Tais pads são feitos com pinos, como os de gaitas e sanfonas

---

2 Adaptação da letra de *Meu Nome é Tony.*

e estão ergonomicamente instalados de forma a serem tocados tanto com a mão esquerda, no braço do instrumento, como com a mão direita, no corpo do instrumento. Por um capricho do criador, os pads tocados com a mão direita são teclas de computador. Em uma das gatorras que construiu, teve o cuidado de colocar todas as letras do nome da cantora Lovefoxx, do grupo Cansei de Ser Sexy, que lhe encomendou o instrumento, servindo como uma assinatura para ela. Para a minha, ele não teve o mesmo cuidado, colocou as teclas * / + # & 6 K, talvez por serem as únicas disponíveis enquanto a construía. Além dessas teclas e pinos, o instrumento possui outros controles e filtros sempre com peças de aparelhos caseiros, como pedaços de antenas, botões de volume e sintonia de rádios e assim por diante. Pode-se ainda ajustar cada um dos timbres (a minha versão possui doze, além de dois ritmos pré-programados) com seletores de canais de antigas TVs coloridas. Um pequeno painel eletrônico indica o número de fabricação do instrumento. A gatorra vem ainda com um pré-amplificador, onde se pode ligar também um microfone, e um pedal que reproduz um dos timbres. Uma faixa de estilo hippie para amarrar na testa, igual a que Tony usa em seus shows, vem como brinde extra para quem encomenda o instrumento. Sua clientela conta com alguns músicos ilustres: além da cantora Lovefoxx, um dos integrantes do grupo escocês Franz Ferdinand e o guitarrista Gruff Rhys, da banda galesa Super Furry Animals, também encomendaram suas gatorras. Após se apresentar por bares em Porto Alegre, Tony vendeu sua motocicleta para produzir um CD demo com canções de protesto, baseado em ideais libertários do movimento hippie. O trabalho acabou nas mãos do selo Slag Records, de São Paulo e, com isso, atingiu um status de artista "cult" no pequeno circuito de shows alternativos em São Paulo. A partir de então sua carreira deu um salto: em 2010 se apresentou na abertura dos shows da turnê europeia do grupo Franz Ferdinand, além de gravar um álbum em parceria com Gruff Rhys, The Terror of Cosmic Loneliness (OVNI001), e também excursionar para a divulgação desse trabalho. No princípio do século XX, os futuristas introduziram o ruído na música com os instrumentos criados por Luigi Russolo, trazendo então o axioma de que uma nova música precisava de novos instrumentos. A partir disso, toda uma indústria se desenvolveu em torno da pesquisa e desenvolvimento de uma nova *lutheria*. Mas nomes como Leon Theremim, na Rússia, ou Reed Ghazala, nos EUA, mantiveram-se à margem dessa indústria, preservando e reforçando a tradição "outsider" de Russolo. Theremim era um inventor às voltas com eletricidade e campos magnéticos, criador de um instrumento absolutamente etéreo, a partir de uma descoberta acidental, e que é tocado pelos gestos da mão no ar. Já Ghazala, considerado o pai dos instrumentos "circuit bending", desenvolvidos por ele em 1966, possui um espírito renascentista com inúmeros interesses que vão da fotografia ao ilusionismo, passando pela criação de cogumelos. Outros nomes que poderiam ser incluídos nesse seleto clube são os de Don Buchla ou Robert Moog, cujas criações até atingiram escalas industriais, mas, na origem, eram inventores solitários. Apesar de a gatorra possuir poucos recursos e seu projeto eletrônico merecer uma revisão, Tony, no entanto, pertence a essa linhagem, que é nobre a meu ver. São artistas que criaram seus inventos sozinhos, geralmente em casa, sem um projeto definido com auxílio de equipes de pesquisas, recombinando tecnologias a partir da subversão de seus usos. Em geral, são instrumentos que se constituem como obras de arte autônomas, independente de suas qualidades sonoras. A riqueza da gatorra, além de ser um instrumento único, pois Tony não constrói duas cópias iguais, está no seu processo de criação, em sua bricolagem. Uma autêntica gambiarra, com o acréscimo que o instrumento tem se prestado, tanto para seu criador como para quem o possui, muito mais ao papel de um objeto relacional sonoro do que um instrumento propriamente dito.

II

0'0" – 2'00"
(Um disco de vinil chega ao seu final, mas o toca-discos não desliga automaticamente e o braço do aparelho bate e volta criando um padrão rítmico de

estalos e cliques. O leitor laser do CD player esbarra em um sulco na superfície do disco, gerando um ataque repetitivo rápido e contínuo, quase um *tremolo*. Em um antigo gravador de rolo, a fita magnética chegou ao seu final e, solta de um dos carretéis, roda em falso no outro carretel, chicoteando o cabeçote de leitura do aparelho. Um videocassete começa a rebobinar uma fita e a velocidade do motor cria um glissando ascendente e quando a fita retornar ao ponto de início comece a ler o texto abaixo)

O desenvolvimento histórico da música ocidental foi possível graças à aquisição e domínio da escrita musical, o que permitiu o surgimento de uma criação reflexiva, planejada como plantas arquitetônicas em que cada elemento de uma construção é detalhado e pensado em função da estrutura de toda a obra. Consequentemente, o ensino musical se baseou na apreensão dessas mesmas formas de notação, como condição para a reprodução do discurso musical e de suas práticas. Porém, em ambientes mais conservadores, essa pedagogia gerou o perverso efeito da criação propriamente dita acabar vindo sempre depois da escrita e séculos de invenção se desperdiçando em práticas repetitivas sem consciência crítica e questionamentos de seus valores e pressupostos.

À medida que manifestações populares foram crescendo de importância nos ambientes cultos, com o surgimento das escolas nacionalistas, o repertório oriundo dessas expressões foi sendo codificado em partituras por inúmeros viajantes e naturalistas musicais, enquanto os praticantes dessas manifestações tradicionalmente aprendiam suas técnicas e repertório com os músicos mais velhos, sem a reflexão que o ato da escrita traz, sendo transmitido oralmente através de gerações. Mas aqui a criação sempre veio antes da escrita.

Apesar do papel fundamental que a notação musical exerceu para a preservação e estudo desse material, se levarmos em consideração a relativa imprecisão rítmica e melódica dessas práticas, as sutis diferenças que surgiam a cada geração ou de cada praticante, tais registros acabaram servindo como uma higienização tonal dessas criações. Com a relativa tensão entre essas duas práticas, julgou-se por bem distingui-las para que não se misturassem: uma seria a culta e refinada, baseada na tradição escrita, que se desenvolveria em um perene progresso linear; outra, inculta e primitiva, seria a da tradição oral, que permaneceria estagnada e fadada a ser executada eternamente da mesma maneira como ancestrais já o faziam, em respeito ao conhecimento embutido em suas formas.

Ambas, porém, acabaram sendo registradas em gravações, se embaralharam e não mais se distinguiram; pelo menos na forma como passaram a ser ouvidas com o advento do registro e da transmissão sonora. Pois, se para que pudéssemos ouvir alguma música tínhamos que nos dirigir até o espaço em que ela era produzida para assistirmos seus intérpretes em performance, com o surgimento dessas invenções não foi mais necessário ir às ruas para se escutar a música produzida nas festas e as ladainhas das procissões ou aos teatros para apreciarmos os gêneros nobres.

E a profecia de François Rabelais, presente no seu livro Pantagruel, se concretizou: nele, Rabelais nos conta que em um barco que navegava por mares glaciais, os passageiros e tripulantes podiam ouvir os sons de uma batalha, travada tempos atrás, e que se perpetuaram congelados nas geleiras. O autor lembra ainda que o grego Antífanes já alertava para os lugares frios em que as palavras se congelavam antes de serem ouvidas. Pois, todo o repertório ocidental, escrito ou oral, foi congelado na frieza midiática e encontra-se encapsulado nas geladeiras de som e imagem, programados para se repetirem eternamente, aguardando alguém que o escute, ou a sua liberdade, quando degelarem e adquirirem significado. Mais que uma tragédia midiática ou uma regressão da audição, nós estamos no meio de um fono-drama, em que o som se tornou mais importante que a música, o texto cedeu seu lugar para a textura e com a materialização do discurso sonoro nos mais diversos suportes de emissão/gravação, uma terceira tradição de prática e transmissão musical se instalou: a tradição auricular. Diante dessa frente fria, caberá a quem se aventurar em criar algo relevante, no meio desse nevoeiro sonoro eletromagnético que cobre nossas mentes, esculpir esse espaço sonoro, desbastar esses monólitos latentes de significado, criando um novo texto a partir desses icebergs. Para a criação de uma nova música, já se pregou que seriam necessários novos instrumentos; agora precisamos também de novas práticas.

Há muito as gravações deixaram de servir apenas como registro de uma obra para se transformar na própria obra. Não vamos nos esquecer o quanto elas contribuíram para a definição da canção urbana ocidental. Ao menos, com relação ao formato temporal, os primeiros registros fonográficos conformaram o tempo de duração de cada música ao tempo de duração que os discos comportavam. Isso coloca em cheque o seu papel de mero registro de uma obra já existente, já em sua primeira infância. A criação através das mídias de gravação ainda é uma prática nova em aberto para o surgimento de obras significativas e expressivas. Para tanto, basta equalizarmos nosso discurso ou corremos o risco do mascaramento.

*Improviso Livre para Violão Monocórdio
e Canto no Dialeto Lammês*
(Ad libitum)

O crítico de arte e militante político Mário Pedrosa propôs uma reformulação do MAM/RJ, quando do incêndio deste no final dos anos de 1970. Tendo em mente apresentar uma visão ampla da civilização brasileira através das artes, propunha a criação do Museu das Origens. Ele seria composto por cinco módulos interligados: Museu do Índio, Museu do Negro, Museu das Artes Populares, Museu de Arte Moderna e o Museu do Inconsciente. Este último, dedicado à arte dos internos de hospitais psiquiátricos, era inspirado na experiência pioneira da médica psiquiatra, e discípula de Carl Jung, Nise da Silveira. Em 1952, Nise funda o Museu de Imagens do Inconsciente, dedicado ao estudo, pesquisa e preservação dos trabalhos plásticos criados por internos das instituições por onde clinicou, aos quais tratava através de suas experiências com arte terapia. É nesse ambiente que se descobre e se valoriza a produção de um artista como Arthur Bispo do Rosário, apontada como uma obra de vanguarda, detentora de um pensamento visual ricamente elaborado e de forte carga expressiva. Apesar do estabelecimento da musicoterapia, não encontramos registros de pesquisas semelhantes à de Nise da Silveira nos estudos musicais, ou que fossem capazes de nos revelar algum compositor que se aproxime de Bispo do Rosário. Talvez Damião Experiença possa representar esse papel, mas aqui não temos registros oficiais de seu diagnóstico e se sofre realmente dos mesmos males, além de coincidentemente ter sido marinheiro como Rosário. Porém, mais importante para nós deve ser sua obra, que merece ser observada sob a luz das produções de "*art brut*" e não dos cânones musicais hegemônicos. Nascido no sertão baiano, Damião Ferreira da Cruz teve infância paupérrima, trabalhando na lavoura e sofrendo de maus tratos paternos, segundo seus próprios relatos ou suas letras de música. Cansado de apanhar e com medo de seu pai, foge para Salvador aos treze anos, e de lá parte para o Rio de Janeiro escondido no porão de um navio. Passa a viver na zona do meretrício junto com as prostitutas e, para não passar fome, se alista na marinha. Por deserção, fica um período no Presídio Naval onde diz aprender música e pintura. Depois de sair da cadeia, presta concurso e assume o cargo de operador de radar da marinha. Ao subir em um mastro para consertar uma antena, cai e bate violentamente a cabeça, sendo a seguir aposentado por invalidez. Volta a viver na zona e com o dinheiro da aposentadoria passa a pintar quadros e fazer música. Já em um de seus primeiros quadros, surge o Planeta Lamma, mundo mítico que permeia toda sua obra, que é o planeta aonde todos iremos após a morte. Além de pintar e criar suas próprias roupas, mais parecidas com trapos sobrepostos dos mendigos de rua, Damião começa a compor suas músicas e registrá-las freneticamente em discos. Ele ainda afirmou, em uma das raras entrevistas que concedeu, que após sua vida como marinheiro tornou-se também cafetão das mulheres com quem vivia e que produziu todos os discos de sua carreira com dinheiro de cafetinagem. Sua maior produção se concentra no período entre 1974 e 1992. Após um hiato de quinze anos, em que teve seu paradeiro desconhecido e até sob suspeita de viver nas ruas como mendigo, Damião retornou aos estúdios em 2007 para gravar mais dois discos. Ao todo, afirma ter gravado 36 álbuns, vários deles perdidos. Na primeira fase de seu trabalho, Damião toca todos os instrumentos: um violão com uma corda, gaita e um chocalho pendurado no braço do instrumento, e canta no dialeto lammês, criado pelo próprio músico. No segundo disco, toca em um violão de duas cordas; o terceiro foi gravado com um instrumento de três cordas e assim até o quinto disco. Não há nenhuma informação adicional sobre o local das gravações e créditos sobre técnicos e engenheiros de gravação. Em uma segunda fase, são acrescentados uma pequena percussão e um glockenspiel fazendo contrapontos à voz e gaita, mas sem nenhuma identificação se é o próprio Damião ou um músico convidado que o executa. Nesse período canta apenas em português, contando a história de sua vida, falando sobre João Cândido, marinheiro negro líder da Revolta da Chibata e sua estranha tese de que a mulher, para evitar aborto, deve fazer amor com outra mulher, assunto recorrente em suas letras. Na terceira fase, a mais experimental, sobrepõe várias gravações pré-existentes, acumulando até cinco vozes, cinco violões, cinco glockenspiel tocados simultaneamente e, mesmo quando canta em português, o acúmulo de vozes acaba criando uma verdadeira glossolalia. Nos anos de 1980, passa a gravar com uma banda, também sem nenhuma informação sobre seus integrantes. A temática não se altera: continua girando em torno do Planeta Lamma, letras surrealistas a respeito de mendigos, negros, mulheres e sexo. Há cortes bruscos na edição das faixas encerrando os temas e às vezes se ouve o próprio músico interrompendo a música dizendo-se cansado ou que sua palheta quebrou. Apenas os dois primeiros álbuns têm capas para identificá-los. Para os restantes, Damião apenas prensou o disco e não imprimiu capas; logo, eles foram embalados em quaisquer capas ou embalagens. As canções ora não têm nenhum título, ora possuem nomes como: "Mamãe Sarafina e Papai Amorzinho, seu filho Damião Ferreira da Cruz gravou treze discos com dinheiro próprio porque sou filho de cubano com russo e não de americano". Às vezes trata-se das mesmas músicas com diferentes letras, ou das mesmas letras cantadas sobre bases instrumentais diferentes. Mesmo com todos os elementos primitivos presentes em sua música e com sua capacidade de articular a linguagem musical de uma forma extremamente particular e fora dos cânones, Damião se expressa com todos os meios midiáticos. A iniciativa de gravar é sua, assim como a arte das capas. Mais que em apresentações, foi através do meio fonográfico que se comunicou com o mundo. Meio esse reservado ao mercado profissional e aos artistas consolidados. Mas é somente dessa maneira que sua música faz sentido e é nisso que reside o seu brilho. Figura reclusa, Damião continua a viver no Rio de Janeiro e raramente se apresenta em shows ou permite ser filmado e entrevistado. Apenas alguns poucos admiradores e fãs abnegados do artista mantêm um site (<http://www.damiaoexperienca.net/>) onde são disponibilizados seus trabalhos, à medida que seus discos são descobertos e digitalizados, além de livros e textos escritos por Damião. Um tesouro a espera de estudos e análises, ou mesmo que venha ser degelado. Hamalai![3]

III

0'00 – 20'00"
(Um quadro de Paul Klee está exposto no centro de uma grande parede branca. Encostado na parede, à direita, um televisor tem suas imagens alteradas pelos ruídos captados pelo microfone que está conectado a ela. Na outra parede, à esquerda, uma série de gravuras criadas com recortes de projetos de circuitos eletrônicos. Na parede oposta uma grande janela permite visualizar o horizonte da cidade, com seus prédios, mas sem que ouçamos qualquer ruído externo. No centro da sala, um piano completamente embalado em feltro repousa mudo. Assim que conseguir ouvir a música desses elementos, inicie a leitura do texto abaixo)

As formas midiáticas, como o rádio e as gravações, trouxeram a música exclusivamente para a esfera auditiva. A mecanização da interpretação musical eliminou a experiência sinestésica de ouvirmos o discurso sonoro enquanto vemos a sua execução,

---

3 Saudação em lammês, usada por Damião em algumas de suas músicas.

privando-nos de toda a carga significante que a gestualidade interpretativa possui[4].

No entanto, essa mecanização ao mesmo tempo acabou abrindo outros significados para o ato da escuta e para o próprio discurso musical. As imagens, assim como o som, por sua vez também passaram por processos semelhantes de registro, sendo colocadas em movimento através das mais diversas tecnologias que as eternizaram através de uma repetição sem fim. A migração das duas mídias acabou colocando-as juntas na mesma bitola, estabelecendo campos de relações entre si das mais diversas ordens, além dos discursos gestuais dos intérpretes.

Se nas produções audiovisuais hegemônicas as sonoridades ficam subordinadas ao discurso imagético, há toda uma produção em que a sobreposição dos discursos estabelecem campos de significados ricos, em que sons geram imagens, imagens geram sons ou em que ambas se atritam, gerando terceiras formas, o que faz com que a música possa ser registrada visualmente, em outros suportes, trazendo novas formas de escrita musical. Formas que se multiplicaram por todo o século xx, em obras e experiências diversas, como os primeiros experimentos de videoarte (vale reforçar que pioneiros dessa linguagem como Nam June Paik e John Whitney eram músicos de formação) ou o cinema de animação de Norman McLaren, entre outros exemplos. Tal possibilidade expressiva ganha maior complexidade que a simples representação mútua de som e imagem. O que temos, na verdade, é uma ampliação inaudita de probabilidades criativas quando as estruturas de cada discurso se imbricam gerando novos gêneros. Tomando como base a análise que Pierre Boulez fez a respeito da existência de um pensamento musical na obra plástica do pintor Paul Klee (1879-1940), Arlindo Machado construiu todo um raciocínio a respeito das questões sinestésicas musicais. Machado aponta a capacidade de Klee em "fazer música com o pincel e os tubos de tinta, como a demonstrar, desta vez com a eloquência de uma obra tida como uma das

---

4 Arlindo Machado trata dessa questão em dois de seus livros: *Pré-cinema & Pós-cinemas*, Campinas: Papirus, 1997; e *A Televisão Levada a Sério*, São Paulo: Senac, 2005.

referências mais importantes da arte contemporânea, que música é uma questão de conceitos e estruturas e não de meios materiais ou de sensações fisiológicas"[5].

Experiência mais radical nesse sentido, a operar nas relações entre escrita, expressões visuais e música é a obra *Mo-No: Music To Read*, livro-música do compositor alemão Dieter Schnebel, publicado em 1969. Trata-se de uma composição que se realiza somente na mente do leitor, durante o ato de sua leitura em um estímulo a uma escuta internalizada. Como um fonograma que fosse tocado somente por nossos olhos e o sinal sonoro fosse transmitido diretamente aos nossos neurônios. Música que se apresenta como pensamento manifesto em obra plástica e literária, como a de Paul Klee.

Uma das consequências do processo de virtualização midiática é a explosão da noção de livro como suporte. Schnebel teria hoje inúmeras novas bases para criação de sua música-texto-imagem, assim como essa mesma música poderia ser escrita em um livro-pele, como se no filme *O Livro de Cabeceira*, de Peter Greenaway, a jovem personagem não tivesse um livro impresso em seu corpo, mas sim uma composição musicalmente latente enquanto estivesse disposta a uma leitura, mas que também se manifestasse sonoramente quando algum tipo de leitor traduzisse o que estivesse impresso em sua pele, transformando em música o que ainda não conseguimos ouvir. Ou, para utilizar uma imagem criada por Vilém Flusser, poderíamos criar uma música a partir de "um tecido que vibra com informações que pulsam"[6]. Essa analogia aparece em um texto em que Flusser aborda a natureza dos códigos e sua fundação, e as condições e dificuldades para o surgimento de novos códigos. Ela é útil para refletirmos sobre a criação musical contemporânea.

Além dos experimentos de Schnebel e de outros criadores mencionados acima, o universo mítico do povo Yanomami também apresenta uma forte relação sinestésica de som e imagem, que nos traz elementos para pensarmos em uma nova música. De acordo com relatos de Davi Kopenawa, líder dessa nação, ao antropólogo Bruce

---

5 *A Televisão Levada a Sério*, p. 167.

6 *Ficções Filosóficas*, São Paulo: Edusp, 1998, p.129

Albert[7], é da natureza que nascem os cantos de seu povo. As falas infinitas vivem nas árvores *amoahiki*, as árvores do canto, que não cessam de emitir música a quem se aproxima delas. Nessa cultura, os xamãs aprendem os cantos *amoahiki* com os espíritos *xapiripë*. Estes se aproximam das árvores e as escutam, olhando-as atentamente para que os sons penetrem em seus pensamentos como se captados por um microfone. Ainda de acordo com a visão Yanomami, o homem branco também adquire os cantos nas mesmas árvores *amoahiki*, mas através dos espíritos melros que fornecem folhas cobertas com desenhos de cantos. Folhas essas que a tecnologia dos brancos transforma em peles de papel, onde os cantores leem e reproduzem o canto, imitando os espíritos e apropriando-se de sua música. De onde se deduz que não há uma criação humana da música, mas sim que os cantos já estavam presentes nas árvores de onde se origina o papel que usamos em nossas partituras. Ao contrário dos homens brancos, porém, os xamãs não se valem desses papéis de canto; a eles, só interessa guardar a fala dos *xapiripës* em seus pensamentos.

Ao abordar o processo sinestésico em um ritual xamânico[8], onde esteve presente acompanhando-o, Laymert aponta que, em um dado momento, um dos xamãs afirmara que baixaria em seu peito, como um *download* audiovisual, a imagem do canto-palavra de um pássaro apreendido do mundo dos espíritos durante seu transe, mas que o traduziu aos presentes cantando e dançando a imagem. Nas palavras de Bruce Albert, "os sons-cantos dos *xapiripë* vêm primeiro: as imagens mentais induzidas pela *yãkohana* [alucinógeno usado nos rituais] tomam forma a partir de alucinações sonoras; o que significa um devir imagem do som"[9].

Presentes mesmo em culturas ancestrais, as relações entre som e imagem são estabelecidas mais como fenômeno dos sentidos, que se atualizam aos meios disponíveis de cada época e cultura, do

---

7 Cf. Laymert Garcia dos Santos, Roteiro para uma Ópera sobre a Amazônia e o Futuro da Floresta, *R@U – Revista de Antropologia Social dos Alunos do PPGAS-Ufscar*, v. 1, n. 2, jul.-dez. 2009, p. 12-19.

8 L. G. dos Santos, Sons, Imagens e a Dimensão Virtual da Realidade, *Amazônia Teatro Música em Três Partes*, 2010, (programa de concerto).

9 Idem, ibidem.

que como uma construção histórica. Assim, para o surgimento de uma nova música, além de novos instrumentos e novas práticas, precisamos que sejam criados outros sistemas de leitura, captura e rastreamento de informações em tecidos diversos. Precisamos ainda de novas formas de representação imagética e novas formas de codificação sonora para uma dada imagem-texto. Enquanto as geleiras de Rabelais aprisionavam as vozes dos mortos, as árvores *amoahiki* e os tecidos de Flusser permanecem incessantemente vibrando e produzindo sons, plenos de significados ainda não descobertos. Eles continuam aguardando que algum *xapiripë* os capture em seu pensamento e tragam ao nosso mundo esse devir musical.

Improviso Livre para Violão
de Brinquedo e Silêncio
(Ad libitum)

O Paseo Ahumada é uma das artérias comerciais do centro de Santiago do Chile, onde surgiram os primeiros *cafes con piernas*, invenção chilena, onde garçonetes servem cafés com microssaias ou vestidas apenas com lingerie. É nesse ponto da cidade que se concentra o maior número de artistas de rua. Em fevereiro de 2010, encontrei vários músicos atuando sozinhos, acompanhados apenas por *soundsystems* e CD *players*, através dos quais disparavam as bases eletrônicas de suas músicas, numa atualização da mecanização dos realejos. E foi em uma das esquinas do Paseo Ahumada que encontrei o curioso músico que aparece nas fotos presentes neste texto. Próximo a ele, uma cantora lírica apresentava suas canções, também com um CD instrumental como *playback* e atraía toda a atenção dos passantes, que não prestavam atenção ao velho músico, além de encobrir toda a sutileza sonora de sua performance. Este senhor demonstrava estar muito debilitado, com problemas neurológicos ou sequelas de alguma doença mais grave. Como se nota nas imagens, ele usava uma pequena guitarra de brinquedo e suas cordas eram simples fios de nylon sem nenhuma afinação. Se ele de fato chegou a ser músico quando mais novo, perdeu a agilidade de sua mão esquerda, pois mal conseguia modular as cordas. Com isso, o seu toque era todo desarticulado, agravado pela baixa sonoridade e pelas características do seu instrumento. Completando a performance, ele não conseguia emitir uma única nota enquanto cantava, ou mesmo qualquer balbucio, mais uma vez talvez em decorrência de seu estado de saúde. Seu canto era afásico. No entanto, observando com mais cuidado e por um tempo maior, podia-se ouvir os ruídos produzidos pelos lábios, e com os gestos largos e forte expressão de seu rosto, era possível intuir as suas frases musicais, pontuadas pelos ataques às cordas da guitarra que ganhavam então um novo significado. Ele deve ter passado todo o dia na rua, com sua estranha performance. Enquanto o assistia, poucos paravam para observá-lo, apenas se interessavam pela jovem cantora ao lado, e não vi ninguém depositar dinheiro em sua latinha além de mim mesmo. Uma semana após essa viagem, o Chile sofreu um grande terremoto que atingiu Santiago e não sei se esse velho músico sofreu algo e se continua a apresentar sua performance pelas ruas da cidade. John Cage, em sua obra 4'33", em que o intérprete deve permanecer em silêncio durante toda a peça, conduzia o público para que ouvissem o ambiente ao seu redor, que notassem a existência do mundo, manifesto em suas sonoridades. Esse velho músico invertia a operação de Cage, como um negativo fotográfico. Em meio aos sons do centro de Santiago e dos músicos de rua, ele nos conduzia a ouvir o seu silêncio, abstraindo o ruído intenso ao seu redor e a imaginar a música que estava apenas em sua mente, como se, no meio da emissão de ruído branco, pudéssemos apagar as frequências de seu canto, ouvindo sua ausência, sua não emissão, ou como se o percebêssemos como uma escultura construída apenas no vazio da pedra. Em *Music For Solo Performer*, do compositor norte-americano Alvin Lucier, encontramos uma outra possibilidade de ouvirmos a música desse senhor. Nessa obra, Lucier propõe o uso de eletrodos empregados em exames de eletroencefalografia, como um sistema de varredura e leitura das informações em um cérebro transformado em partitura. Os eletrodos são instalados na cabeça do intérprete, como espíritos *xapiripë* em contato com xamãs e captam as ondas

FOTOS DE BETH BARONE.

cerebrais, amplificando-as durante o estado meditativo do intérprete. Dessa forma, Lucier dá vazão para uma música articulada a partir dessas ondas, tratando o cérebro como o tecido pulsante de Flusser ou como o livro-pele de Greenaway, possível graças ao sistema de rastreamento. Essa experiência poderia ser feita com qualquer um de nós, assim como nosso velho músico de Santiago. Porém, mais do que um intérprete perfeito para essa peça, ele se assemelhava, em sua performance, a uma árvore *amoahiki* transmitindo sua música incessantemente, a espera de olhos e ouvidos que libertassem o seu canto-fala.

Escutas e Reescritas

Silvio Ferraz

1.

O que se passa quando um compositor escreve música?

É difícil dizer, e muito menos escrever sobre, pois sempre as palavras vêm se intrometer e fazer suas cadeias de pensamento quase "*prêt-à-porter*" que acabam levando as ideias para onde elas bem querem. Mas mesmo assim, mesmo tentando defrontar-me com as palavras e seu modo de juntar as coisas, o máximo que poderia tentar neste texto é expor algumas das forças que se fazem presentes quando escrevo música.

2.

Poderia dizer que escrever música corresponde a fazer passar em um só momento, em um punhado de espaço-tempo sonoro, um tanto de vida, de pessoas e de lugares. Do mesmo modo, ao se escrever música estamos tecendo um lugar sonoro de encontro de coisas, vidas e sonoridades, aproximando e afastando coisas, pessoas e lugares e momentos.

3.

No jogo de fazer cruzar coisas, escrever música pode ser também um modo de tornar presente e sonoramente concretas forças que aparentemente perderam seus corpos: alguém que não está mais, um povo que desapareceu, um povo que nunca existiu, um lugar que ficou longe.

4.

Podendo parecer paradoxal, fazer música é também dar espaço ao silêncio. Criar pequenos nichos para a morada do silêncio, pequenos Tokonoma – estes nichos de silêncio que os japoneses reservam aos seus objetos de contemplação. Não o silêncio do não ruído, mas o silenciar dos códigos, o silenciar da linguagem cotidiana e da comunicação exagerada. Silenciar os significados, quase como quem diz: "chega de tudo ter significado, deixem um espaço em branco, um canto vazio para que se possa respirar".

5.

No ocidente nos aferramos à ideia de arte, e arte confunde-se com belo, com útil, com importante, com nobre, com revolucionário, e com um tanto de outros atributos (conforme época, lugar e pessoas). Arte é, assim, no senso comum, o lugar de códigos e mais códigos – a coitada da *Mona Lisa* de Leonardo atropelada pelas fotografias de casais de namorados. Mas o problema não é algo significar isto ou aquilo, o problema é algo significar apenas aquilo que for autorizado.

É nesse sentido que é necessário silenciar os códigos e retirar os nomes autorizados, imaginar a música como lugar do silêncio.

Mas que silêncio é este? Um silêncio povoado. Quando se escreve uma música pode-se pensar que ela é a criação de um lugar de ressonâncias, um lugar para se viver desde o som (a tactilidade do som), ou o tempo, ou ainda as linhas mais distantes que a música faça cruzar. E para que essa máquina funcione é preciso silenciar todas aquelas máquinas afoitas que a toda hora refazem conexões aprovadas e excludentes.

6.

O som é o espaço-tempo em que a música se dá. Com ele desenhamos um espaço-tempo. E quase como a cobra que morde o próprio rabo, o som é e está no espaço-tempo que ele mesmo desenha.

Então escrever música é dar espaço, através do som, para que certas coisas se conectem com outras, para que algumas coisas não se conectem com outras, para que as coisas se conectem rápido ou lentamente, para que coisas próximas ou coisas distantes se conectem. Um jogo que pede um jogador, o qual chamamos de ouvinte. E esse jogo desenha e se insere em um espaço-tempo.

7.

O compositor brinca de delimitar um espaço mas sabendo que logo à primeira escuta esse lugar poderá deixar passar linhas que ele sequer imaginava. Pode-se compor uma música com dados aleatórios e ser surpreendido por uma escuta marcada por referências de história. Pode-se escrever música com referências de uma história específica, coletiva, e produzir um cruzamento de histórias individuais, pessoais, particulares.

8.

A profusão de cruzamentos de linhas que se dá ao escrever e ao se ouvir dá-se simplesmente porque a escuta musical livre é da ordem do encontro inusitado. O ouvinte é carregado por esse lugar específico, de sonoridades específicas delimitadas pelo compositor, e é com esse lugar que ele realiza conexões inusitadas de pontos que talvez estivessem totalmente desconectados em seu cotidiano. Na música, o compositor conecta extremos em pouquíssimo tempo ou mesmo afasta pontos próximos valendo-se justamente do tempo.

9.

Talvez caiba retomar a ideia nietzschiana de uma gradação do que chamamos poder: do poder corriqueiro à potência. Ao se escrever música, o compositor está sempre tanto face a uma prática de poder corriqueiro (em que afasta ou aproxima mais poder corriqueiro e cotidiano) como a uma potência, uma força, o que no caso da música vem a se compartilhar como uma força que ganha corpo no som.

Compartilhar potências, aproximar e afastar linhas e coisas, por meio da criação de um espaço-tempo sonoro. Todo esse jogo da criação musical pode estar ou não aliado a um grupo, uma comunidade, um coletivo, mesmo que tal coletivo não ultrapasse o limite de um simples corpo humano.

10.

A força de conectar da música é tal que, de todas as artes, é sempre ela que primeiro serve aos hinos militares e religiosos, aos hinos de grupos de adolescentes e velhos cantores de bar. A música afasta e aproxima, acalenta e amedronta com grande facilidade. E toda música que, estranha ao cotidiano, é música associada ao terror, ao menos assim sobrevive no que há de mais simplório no cinema contemporâneo. E talvez de todas as artes seja justamente aquela à qual o público menos aprova suas inovações mais radicais.

11.

Nem todo compositor basta-se em um coletivo, nem todo compositor pretende-se um fazedor de hinos, canções, nem mesmo de marchas, ou de danças (que não passam de marchas). Alguns compositores, ou melhor, alguns seres humanos não se bastam em um mundo de coletivos amalgamados em torno de um hino. Se os coletivos são aquilo que nos dá uma força cotidiana de sobrevida, por vezes é necessário uma pequena ilha de silêncio: proporcionar-se uma pequena ilha de silêncio, uma pequena ilha de não coletivo, de indizível.

12.

Um coletivo é sempre determinado por um código, que ele determina e que simultaneamente o determina. Um coletivo tem o seu som ou seus sons. Tem sua música, cuja variedade depende da complexidade de atividades desse coletivo. Se eles dançam, têm uma música de dança; se rezam, uma música de reza; se caçam, uma música de caça; se contemplam o final do dia, uma música para o final do dia; se ficam sozinhos, uma música para ficar sozinho.

13.

É importante lembrar que quando alguém se faz em um determinado coletivo afasta todos aqueles outros coletivos dos quais o seu coletivo de origem também mantém distância. Nunca o jogo de afastar e aproximar faz-se apenas em um vetor, há sempre os dois sentidos: afastar e aproximar.

14.

No jogo de escrever música talvez o mais difícil seja manter-se como potência livre, como linha solta que conecta mais de um coletivo, que delimita um espaço ao mesmo tempo em que abre-se para outros. E é nesse sentido que nasce uma arte musical. Uma arte musical, diferente de um artesanato (aquele que estaria na base de qualquer arte musical, mas que distingue-se desta não por grau, mas por natureza), uma arte que permite inventar um mundo sonoro que faça proliferar linhas sem, no entanto, deixar de determinar-se, de delimitar seus domínios.

15.

Mesmo uma música dita experimental tem seu coletivo, mesmo essa música acaba encontrando seu grupo e lhe definindo contornos.

Não podemos pensar um coletivo como algo rígido e impermeável. Um coletivo é quase como um enxame da abelhas. No centro, as abelhas são mais lentas. Um simples movimento dessas abelhas do centro e todo o enxame muda de sentido. Na borda, as abelhas ficam mais soltas, em maior velocidade, entrando e saindo do enxame. Se uma abelha da borda muda de movimento, dificilmente essa mudança é sentida no centro, no entanto essa abelha tem a importância de permitir ou impedir a entrada de corpos estranhos ao enxame. Mas sua grande velocidade a impede de trabalhar como simples protetora do coletivo. A velocidade das abelhas das bordas torna o enxame poroso a qualquer invasor – mas seu mecanismo entrevê um modo de destruir o invasor exatamente quando este estiver chegando próximo ao meio do enxame, lá onde a velocidade é menor e as forças mais pregnantes.

16.

Como um coletivo-enxame, a arte de um compositor está em ora encontrar o centro e perder sua velocidade de invenção, ora colocar-se na borda e livrar-se dos códigos determinantes do coletivo. É paradoxal, pois ao mesmo tempo em que o compositor está feliz por ter seu trabalho aceito, ele questiona-se dessa aceitação, ele reconhece que perdeu a força que lhe dava velocidade.

O paradoxo da borda e do centro é constante. Pois ficar à borda constantemente implica em não adquirir permanência, nenhuma técnica, nenhum estrato, nenhum artesanato. Essa é a razão pela qual é difícil permanecer à borda, a borda também exige sua técnica – já que toda permanência implica uma técnica de permanência.

17.

A personagem que vive na borda migra facilmente de um ponto a outro, e também de um enxame a outro, de um coletivo a outro, trazendo de fora novos hábitos, novas técnicas, escancarando muitas vezes o próprio coletivo – mas isso é raro. Também se desfaz facilmente, perde sua força.

18.

Mais ou menos assim imagino o ofício de compositor. Uns compositores buscam parcerias, outros isolam-se em buscas cada vez mais solitárias. Nascem daí os mais diversos discursos para, ora dar permanência, ora dar movimento. Para dar permanência: a moral, a estética, as mais diversas noções de belo e a utilidade. Para dar movimento não há exatamente um discurso, há apenas movimento: o movimento imprime um processo constante de desfazimento dos códigos. Poderia dizer que a poética – esta que muitas vezes os puritanos dizem ser da ordem do individual – seria aquele elemento que vincula-se ao movimento (poética entendida aqui como invenção).

19.

Quando começamos a escrever música nos associamos, ora às vanguardas, ora às tradições, ou ainda ao que é popular e povoado. Passado o tempo, muitas vezes o conforto da receptividade de um coletivo é mais do que reconfortante, ele é sufocante. Nesse ponto nasce o compositor, aquele que inventa modos de fazer entrar o oxigênio, aquele que inventa as portas para fazer passar o movimento, e acaba por dirigir-se à borda. Mas aqui me vem uma imagem que talvez seja interessante: estar na borda em baixa velocidade.

20.

Estar na borda em baixa velocidade talvez seja a coisa mais difícil que existe, pois a borda exige velocidade, assim como o centro exige lentidão. Estar na borda em alta velocidade é o que seria o normal, sair e entrar sem deixar que o coletivo deixe marcas. Mas o que dizer daquele que traz marcas do coletivo e que assim mesmo pretende a borda, pretende estar livre para conectar-se a outros coletivos? Este talvez seja aquele que está na borda em baixa velocidade.

21.

Compor é, de certo modo, estar sempre se conectando com e através de um mundo sonoro. Conectando coisas as mais próximas e as mais distantes. Como se fosse uma grande conversa na qual os interlocutores podem estar em qualquer lugar, vivos ou mortos, perto ou longe. De certo modo, muitos compositores conversam com o mundo de sons que está no seu entorno. Conversar com a música de um país, conversar com a música de uma pessoa, conversar com as imagens não necessariamente sonoras de qualquer um.

22.

Se vemos a música como uma grande conversa, não cabe mais uma discussão estética. O que existe é uma força poética de aproximar e afastar uns e outros. Uma música feita em um determinado país conecta-se àquele país ou simplesmente conecta-se a outro país. Um compositor traça assim seus universos de conversas, encontra assim seus interlocutores. Mas é difícil travar tais conversações, é preciso fazer com que as palavras estejam claras, que sejamos compreendidos, ou ao menos que consigamos nos manter próximos àqueles que queremos aproximar. Talvez a música vista assim não seja muito mais do que um canto de pássaro.

23.

O que chamávamos outrora de nacionalismo não era mais do que compositores procurando uma via de conversação com o lugar em que viviam. O que chamamos de tendências musicais também não passa de compositores falando a língua do lugar e momento em que vivem. Um lugar qualquer acaba fazendo com que aqueles que ali circulam falem aquela língua e não outra.

24.

A diferença que existe entre os lugares está em que alguns, mais estratificados, acabam por autorizar mais a invenção, a busca, a procura por saídas. Outros, menos estruturados, acabam repetindo a fórmula do ignorante que proíbe sua prole de práticas as mais arrojadas, simplesmente por desconhecer suas consequências.

Estar na borda em baixa velocidade é poder transitar entre estes lugares distintos encontrando línguas diferentes e se exercitando nelas. Nada nos impede de empregarmos em nossa música elementos que caracterizam um ou outro lugar de nosso país, mas o interessante é que, quando um compositor como Villa-Lobos fala a música de seu país, ele praticamente a inventa. O mesmo pode ser dito de um Camargo Guarnieri, mas quase dificilmente pode ser dito daqueles que fizeram dessa forma de música um centro rígido de pouco movimento.

25.

Se estamos falando de uma língua e de uma fala, e consequentemente das conversas por elas engendradas, nos perguntamos o que esta língua torna sensível, que sonoridades, que formas de diálogo. Uma língua guarda uma série de detalhes: uma ou demais sonoridades, um tempo, uma cadência rítmica, as diversas coleções de palavras e suas ocasiões, as possibilidades várias de variação de entoação, o peso da intensidade – da força ou leveza com que certas coisas são faladas.

26.

Escrevo música como quem procura uma conversa. De certo modo, sempre que escrevo música estou em conversa com alguém. Alguns destes interlocutores sequer são vivos, alguns eu conheci realmente, outros nunca vi e nem sequer vivi na época deles. Adhemar Campos Filho, Álvaro Guimarães, Alberto Giacometti, Gilles Deleuze, Willy Correa de Oliveira, Manoel Dias de Oliveira, para citar apenas alguns. Também tenho para mim que nem sempre converso com pessoas as quais me interessam, por vezes conversamos com aqueles que poderiam ser nossos inimigos: as personagens de um diálogo têm sua importância independente das posições que tomam face o interlocutor principal.

27.

É no sentido de conversa que entra um projeto recente que venho desenvolvendo, o das reescrituras: a vontade de reescrever músicas que já existem e que de certo modo me agradam, ou mesmo de reescrever não músicas. É possível assim escrever a música de uma escultura ou desenho de Giacometti, de um desenho de Klee. Reescrever um canto de pássaro, ou reescrever o cantar da roda do carro de boi. E tudo isso pode vir misturado à um coral de Manoel Dias de Oliveira, ou a um ritmo mais forte de uma música Burundi. O projeto de reescritura se cruza com a ideia das conversas. Uma reescritura retoma jogos de língua e de fala de alguém com quem se está conversando, como quem imita um jeito de outro falar, ou se esforça em falar na língua alheia, mas sem esquecer a própria.

28.

Pensando a música como conversas: compor música é engendrar uma conversa de sons, e não uma simples conversa com sons. Ou seja, na conversa musical os sons emergem como sendo as próprias personagens da conversa. E os sons têm, para nós, os sentidos os mais diversos. Uns são mais soltos – puras presenças ou silêncios – outros mais cheios de significados – simbólicos, indiciais, carregados de relações. Ainda nesta conversa, sons podem conversar com linhas, pontos, texturas, fatos, personagens.

29.

Fazendo um parêntese breve ao que venho tratando aqui, talvez valha distinguir três maneiras com que nos conectamos e conectamos os sons. Essa longa cadeia não tem ponto de partida, um primeiro momento, mas talvez um momento simples, um ponto, em que simultâneos nascem nas mais diversas conexões. Primeiro distinguiria o Objeto Sonoro, o som tal qual ele se dá à percepção, com todos seus desdobramentos, do som-textura ao som-símbolo[1]. Em

---

1 Devemos ao compositor Pierre Schaeffer a noção de Objeto-sonoro, no entanto neste artigo emprego o termo de forma livre.

segundo, a Matéria Sonora, imagem extensiva do som que dialoga com nossos sistemas de medidas. Por fim o Material Sonoro, o som quando investido da escuta de um compositor (ou intérprete)[2], um som extremamente maleável, de conexões livres, que tanto propõe como se entrega a relações as mais inusitadas.

30.

Em seu livro *Écoute, une histoire de nos oreilles*, Peter Szendy se propõe a seguinte questão: "se eu fosse músico, mais músico que um simples ouvinte ou tocador de discos e de palavras, eu começaria sem dúvida a reescrever. A adaptar, a arranjar [...] para inserir minha escuta na obra de uma outra pessoa". Esta frase faz pensar um pouco na ideia de reescritura, de reescrever uma música que já existe, não só arranjando e realçando passagens que nos interessam, mas também reunindo uma música, uma passagem, um fragmento, com uma outra, o som que vem de um lugar com aquele que vem de outro, reunindo assim, em um só fluxo, a música de Manoel Dias de Oliveira e o rangido de um carro de boi. Transformando assim o Objeto Sonoro e sua materialidade em um material investido de uma descoberta composicional.

31.

Mais ou menos assim é que imagino o ofício de compositor. Uns movimentos de escrita buscam parcerias, outros o reconhecimento, outros se lançam em buscas solitárias, em que reconhecimento e parcerias não são a questão.

No movimento mais solitário todo e qualquer discurso estético, moral, sociológico, funcional ou escolástico, perde a razão.

---

2 A matéria investida de um tipo específico de relação humana, para lembrar aqui a leitura que Deleuze faz desta ideia formulada por François Châtelet.

32.

Funda-se um ato de composição quando o músico que escreve música abandona seu ouvido absoluto em prol daquele que Gilles Deleuze chamou de um ouvido impossível. Aquele ouvido que ouve conexões inusitadas entre som e som, som e imagem, sons e movimentos, sons e nomes, fatos, lugares.

33.

Certa vez conheci um compositor que vivia em um pequeno vilarejo, cidade com dois mil habitantes. Nesse vilarejo, ele se encarregava de todas as atividades musicais. Como todo mestre de música de pequenos vilarejos, tocava todos os instrumentos, menos piano. Vivia com um único paletó, fizesse sol ou chuva. Seu paletó era uma espécie de escrivaninha: em cada bolso uma surpresa, como os lápis de cor em número suficiente para que escrevesse música dodecafônica. Tinha uma caligrafia impecável com a qual escrevia tanto orquestrações de Pixinguinha, versões de obras do passado, quanto escrevia suas próprias música, estas atonais. Conversava com outros compositores, através de seu atonalismo, e, com suas orquestrações e versões, mantinha-se próximo ao povo de seu vilarejo. Em sua escuta impossível reunia o passado, o presente, o coletivo e o livre pensamento musical.

34.

Tendo em vista que os sons se conectam por si, que não dependem de uma música para fazê-los se conectarem e que também conectam coisas pelo simples fato de sua reiteração, toda e qualquer teoria musical não é mais do que um descrédito nesta potência dos sons. Talvez possamos sim propiciar momentos de maior ou menor ressonância entre os sons, sobretudo quando deles conhecemos seus dados extensivos, as estruturas acústicas da Matéria Sonora. Também podemos nos valer do fato de que um compositor sempre transforma o som em um Material Composicional, ou seja, uma relação em que o próprio som delimita algumas conexões e o compositor lhe propõe outras. Como se o som já viesse sempre impregnado de medidas e significados. Nesse sentido, tenho escrito música cada vez mais pensando apenas em ciclos. São pacotes de sons que vão e vêm, que desenham ciclos como quem respira, e que sobrepostos acabam por desenhar uma música. O que relaciona os pacotes entre si é o simples fato de estarem juntos, como os cantos de pássaros sobrepostos em uma mata.

35.

Interessante pensarmos na música de um compositor como Villa--Lobos. Sua música é como que uma floresta tropical, sobreposição de cantos, de linhas melódicas, de texturas diversas, quase que todas desconectadas a não ser pelo fato de que cada uma cria seu pequeno ritornelo, seu pequeno vai-e-vem. Distingue-se facilmente da música europeia, que, mesmo ao sobrepor, não consegue abrir mão de suas medidas justas de contraponto. Villa não precisa tão fortemente dessas medidas já que o que sustenta a arquitetura de sua música de diversidades sobrepostas são os ciclos (regulares ou quase) de sonoridades.

36.

Compor uma música por ciclos permite ao compositor estar um tanto quando livre das relações – medidas ou simbólicas – entre sons. A coerência cede lugar à consistência. O rigor abstrato cede espaço à ressonância e às distâncias concretas entre os sons. O que interessa ao compositor é manter a música respirando, fazendo com que se ouçam os ciclos.

37.

Fazer a recorrência em uma música não é necessariamente voltar sempre ao mesmo ponto, como no ritornelo barroco-clássico. A recorrência pode ser notada apenas pelo simples fato de que algo, não interessa o quê, vem preencher o ponto de fechamento de um ciclo. Podemos falar de ciclos de ataques, de ciclos de acontecimentos distintos, e não necessariamente de ciclos de coisas, de sons, de melodias, de harmonias. Apenas ciclos de *Onsets*. Nascem daí diversas estratégias composicionais, e podemos imaginar as mais diversas combinações entre regularidade, irregularidade, semelhanças, disparates.

38.

A fórmula dos ciclos não é necessariamente sonora, e o pensamento musical também não se restringe ao som. Muito embora o som seja a paixão de um grande número de compositores, entre os quais me coloco. O elo entre o pensamento musical e a sonoridade muitas vezes pode estar naquilo que o compositor Salvatore Sciarrino chama de uma visibilidade audível.

39.

Duas práticas distintas: a do artesão e a do artista. Remontando ao nascimento do artista, ainda confundindo-se com o artesão, no Renascimento, não é difícil notar que Giotto não tem a resposta para os problemas que enfrenta, e o mesmo pode ser dito de Tintoreto. O que eles têm é uma profusão de problemas que são inventados no próprio ato de pintar. A questão não está, como para o artesão, em reproduzir o que se vê ou tateia, mas em produzir um efeito tátil e visual. Em Leonardo, séculos depois, a diferença entre os dois domínios fica mais forte. Chamamos de Leonardo da Vinci a uma série de amostras, de desenhos, quadros inacabados, uns poucos trabalhos terminados, projetos de máquinas. Distante do artesão-artista Michelangelo, grande parte dos projetos de Leonardo repousam como problemas sem solução. Leonardo produz problemas no campo da arte e busca soluções, ou simples indícios de soluções, para os problemas que cria. Na música, o cânone invertido ou retrogradado, os jogos de proporção numéricos, são problemas que os compositores criaram. É com isso que escaparam do simples artesanato de reproduzir um canto funcional já oficializado. O compositor artista distingue-se do bom ou mau artesão. Um compositor é sempre um campo problemático, compor é buscar solucionar tais problemas. Valeria assim pensarmos agora no compositor no século XX e na distância que ganha a cada momento daqueles que escrevem exercícios musicais (para uso ou simplesmente para deleite pessoal).

40.

Compor é inventar um campo de problemas. Paul Klee nos lembra que não se trata de representar o visível, ou seja, de transcrever uma forma já existente, mas de tornar visível o não visível, de fazer com que uma força ganhe uma forma e assim se apresente à percepção. É nesse sentido que se inventa um campo problemático. O artista defronta-se com um campo de forças e procura dar-lhe um corpo – um corpo sonoro para um campo de forças não sonoro. Não são poucos os exemplos: Messiaen defrontou-se com o campo de forças Tempo e deu-lhe forma no som; Xenakis, entrevisto em sua prancheta de arquiteto, defrontou-se com um campo de forças numérico e buscou fazer com que o ouvíssemos como a um enxame sonoro. Tanto para Messiaen quanto para Xenakis, a solução não estava dada, não tratava-se de um simples exercício de cópia ou de treinamento de destreza. É aqui que distingue-se o artista do artesão. O artesão copia e faz manifestar sua destreza em realizar o mais próximo daquilo que acredita-se ser um original, o artista não necessariamente chega a algum lugar – como não se cansava de dizer Alberto Giacometti – e ele não tem um original formado ao qual se reportar, ele está sozinho face a forças que nem sabe exatamente o que são, mas sabe o quão forte são e precisa dar-lhes um corpo.

41.

Villa-Lobos deu forma sonora à profusão, ao hibridismo, à sobreposição difusa que podemos ver em uma boca de mato (*Bachiana 7*), em uma multidão de centro de cidade (*Choros 8*), em uma conversa entre duas pessoas (*Choros 3*), ou mesmo no olhar distante do caboclo (*Lenda do Caboclo*). Não se tratava de realizar um arranjo para melhor divulgar – ou fazer entrar no teatro municipal – a melodia do cancioneiro popular, mas de dar corpo sonoro a uma força de um povo, de uma só pessoa, de um lugar, de muitos lugares; a força metálica-tátil-móvel dos brinquedos de uma criança (*Prole do Bebê 2*).

42.

Mas volto mais uma vez à questão do enxame de abelhas e do lugar do compositor à borda deste enxame, mas em baixa velocidade e livre para transitar de um enxame a outro. Por vezes é necessário escancarar as formas, fazê-las aparecer mais e mais, mas as coisas funcionam em um movimento de conversa, a conversa do compositor com o mundo que o envolve, e por vezes é necessário ficar quieto, fazer silêncio. Chamar a atenção para o silêncio, esta pode também ser a posição do compositor. Dar forma às forças do silêncio, às forças de baixa velocidade, às forças da calmaria. Se a arte dos anos modernos deu forma às forças do ruído, do som das ruas, das máquinas, se a arte dos anos da Guerra Fria deu forma às forças de resistência ao mercado imediato, fica um lugar para que uma arte agora dê lugar às forças do silêncio face ao ruidoso mundo de trocas e mercados da atualidade capitalista. Resistir à troca fácil, ao "*bon marché*", propondo não o ruído, a saturação ou a alta velocidade, mas o contrário: a baixa velocidade. O descampado, em vez do parque de diversões. Não se trata de proposta estética, mas de uma política a qual está ligada a um mundo específico e a um modo de viver neste mundo. O sino da igreja à distância ao invés do ritmo frenético do DJ estourando em um fone de ouvido.

43.

Dar forma às forças não sonoras. Reescrever os sons do passado ou do presente como um ladrão, falsário, que não se contém em apenas realizar a cópia. Realizar conversas entre artes, pessoas, épocas e lugares. Manter-se à baixa velocidade, longe do burburinho ruidoso e veloz da música *fast-food*. Todas estas são ideias que no entanto falam pouco de como dar o salto para transformar tais forças em formas sonoras.

44.

Para falar de reescritura talvez valha citar uma composição que realizei recentemente: a reescritura das procissões Do Encontro e Do Enterro. Para reescrever estes dois dias de procissão, me vali de diversos elementos. Primeiro, da música de Manoel Dias de Oliveira. Em segundo lugar, de todos os ruídos que percorrem a procissão e o ciclo dos eventos na procissão do enterro. Em terceiro lugar, das pessoas que envolvem o que para mim é esta procissão. Uma reescritura não é apenas uma transcrição de notas de uma partitura em outra. É bem mais do que isto, é como Giacometti (ou Bacon), procurando definir um rosto em ensaios e mais ensaios que rasuram e reescrevem um traço de rosto sobre outro. Não há como trazer de volta um momento, então talvez valha apenas tentar refazer uma sensação, dar forma sonora a uma sensação. De fato, uma sensação é algo que plana fora do tempo, e quando tentamos trazer uma sensação para nosso mundo perceptivo temos de colocá-la no tempo, estendê-la, mas sem perder a força de sua contração. Está aí um segredo da reescritura o qual persigo.

45.

Em 1978 acompanhei pela primeira vez as procissões de uma Semana Santa, do Domingo de Ramos ao Sábado de Aleluia. Em Prados, pequena cidade da região do Rio das Mortes, a Semana Santa é marcada pela presença da música do compositor Manoel Dias de Oliveira (1734?-1813). São pequenas peças corais a quatro vozes, vez ou outra dobradas por instrumentos – conforme prática local para amplificação do coro em meio ao povo que acompanha a procissão. No ano de 1978 quem cantava a *Verônica* na procissão de Sexta-feira da Paixão (procissão do enterro) era Nadir Ladeira. Em sua voz, o *Canto de Verônica – O vos omnes qui transiti*, atribuído a Manoel Dias de Oliveira – soava como um canto moçárabe. A voz de Nadir não seguia os padrões do canto ocidental, mas um canto metálico, cheio de volteios, com mudanças súbitas de timbre, um grito no meio da rua. O canto era entremeado passo a passo pelo toque forte das matracas em meio ao silêncio de uma multidão de pessoas e velas. Outro som que rodeava o canto era o ruído surdo do arrastar de pés da procissão.

46.

Toda experiência sonora que temos é sempre um cruzamento de sons. Nenhum som vem sem seu entorno. O *Canto de Verônica* na Semana Santa vem sempre rodeado de vozes murmurando, de arrastar de pés da procissão, de vozes gritadas, das matracas, do sino da igreja que soa algum tempo antes, das crianças que correm e brincam o tempo todo. Vem também entremeado com pequenos motetos para coro a quatro vozes, que são cantados logo após o corte súbito realizado pelo *Canto de Verônica*. Em meio a tudo isso, o sino da igreja que toca logo no início das procissões. Estendidos no tempo da procissão, no tempo da sensação, todos esses sons vêm como que de todos os lados, praticamente desenham um espaço. Trazer tais forças para a composição musical, para o lugar da forma, consiste antes em se desfazer o tempo cronológico, o tempo dos fatos.

47.

A composição de *Verônica Nadir*, obra para violoncelo solo, orquestra de cordas e quatro matracas, foi uma encomenda do violoncelista Fabio Presgrave e da escola de música de São Brás do Suaçuí, localizada nesta pequena cidade que conta com não mais que quatro mil habitantes, com sua principal igreja encravada em meio a uma estrada que cresceu desordenadamente cindindo a cidade. Para essa peça, diversas coisas tinham de ser levadas em conta: emparelhar a técnica avançada de violoncelo (para o solista) junto à simplicidade de escrita para as cordas e a importância de realizar uma peça de retórica fácil e acessível ao público da pequena São Brás.

48.

A forma de *Verônica Nadir* é bastante simples, é a forma da revelação: do difuso e indefinido à presença final do *O vos Omnes* de Manoel Dias de Oliveira em versão para violoncelo solo. Toda a peça é bastante difusa e a ideia é justamente a reescrita de diversos *Motetos de Passos* de Manoel Dias de Oliveira. A reescritura é também bastante simples, uma técnica quase simplória de reescrever as notas originais fazendo com que escorreguem no tempo, com que se sobreponham de modo desigual, e que se prolonguem muito e se tornem quase que grandes pedais sonoros, mesclando o som do *Moteto* ao rangido de uma roda de um carro de boi. As primeiras notas deslizantes provêm do moteto *Bajulans*, uma peça que fica entre uma escrita tonal e modal, com o violoncelo tecendo um timbre mais turbulento em meio a uma escrita que desenha círculos com o vaivém das notas quase paradas.

49.

Verônica Nadir talvez sintetize esta ideia de ouvir um lugar, ouvir um mundo, e posteriormente tentar reescrevê-lo. Guardar deste lugar a riqueza e a força de suas sonoridades, mesmo que impossíveis de serem retomadas. Dialogar com esse lugar, dialogar com pessoas e coletivos. Aproximar-se de um mundo silencioso, de um mundo de lentidão, quase como resistência às altas velocidades do mundo das trocas imediatas. Esse jogo entre escutar e reescrever abre-se para duas questões: o que escutar? Como reescrever?

50.

A escuta de cada pessoa é ímpar, assim como cada pessoa tem escutas que lhe são ímpares. A reescritura também é um ato que acaba sendo ímpar. No entanto, talvez haja, no trabalho composicional que persigo, uma escuta específica e uma reescritura também específica. Há muito sabemos da riqueza da música dos coletivos sociais tradicionais. Cada rangido de rabeca tem um timbre específico, cada rouco de voz de cantador tem sua riqueza, o som gritado de um vaqueiro, o ranger da roda do carro de boi, as vozes anasaladas das Verônicas de cidades pequenas, o som dos acordes "semitonados" dos corais cantando obras do repertório do Brasil colônia. Todas estas sonoridades têm em comum o fato de não serem a sonoridade que vigora nas rádios e televisões, nem mesmo nas salas de concerto, das grandes cidades brasileiras. Têm em comum também o fato de pouco a pouco desaparecerem, mas de renascerem onde e quando menos se espera. Ainda têm um terceiro aspecto em comum que é o de sua forte referencialidade. Poucos compositores brasileiros se deram conta de que o interessante em nossa música não são nossas melodias, em modos Eclesiásticos, mas a sonoridade que as carrega. Talvez Villa-Lobos seja o único a ter notado essa riqueza e a tenha trabalhado de modo detalhado, embora ainda lançada como textura de fundo em sua obra – talvez por não ter naquele momento um público (leigo ou mesmo especializado) que pudesse ouvir o que ele ouvia.

51.

Creio que aqui este pequeno texto encontra seu ponto final fechando um grande ciclo. Voltamos ao ponto dos sons soltos de conexões livres pois, quando mergulhamos no som, nas sonoridades, encontramos aquele lugar em que o som exerce sua potência de conexão livre. Um som se liga a qualquer outro. E assim a música do carro de boi liga-se a uma *Sinfonia* a três vozes de J. S. Bach. A voz da *Verônica* a um canto de Muecim. Os acordes cantados por um coro leigo conecta-se a um envelope espectral de grande interesse. É o lugar em que a dimensão regional se desfaz em uma dimensão cósmica, para empregar aqui esta terminologia de Deleuze e Guattari em seus *Mil Platôs*. Do som da música e do modo de cantar-tocar do mais escondido interior brasileiro, a Terra, traça-se uma série de linhas que vão direto a outros interiores, que se ligam a imagens visuais, a pontos distantes na história, a lugares que talvez sequer existam, conexões entre a Terra e o Cosmo. É nesse ponto que a música passa a ser um lugar de invenção de relações, invenção de conexões. Este é talvez o jogo de Guimarães Rosa, que faz a literatura mergulhar no dizer do homem do sertão, para ligar o homem à onça, a onça ao som, como se uma língua estivesse nascendo enquanto estamos lendo. Talvez seja este ponto que a música deva buscar, o ponto em que se inventa uma língua, que se desdobra e se inventa ao mesmo tempo em que é escutada, sempre pela primeira vez.

Tom Zé e o Ato de Criação

Silvio Gallo

> Você já parou pra pensar
> Que você nunca parou pra pensar
> Que pensar é fazer música?
> Pensar é fazer música.
>
> PAULINHO MOSKA,
> Pensar é Fazer Música, *Pensar é Fazer Música*[1]

> Todo compositor brasileiro é um complexado.
> Ai, meu Deus do céu,
> vai ser sério assim no inferno!
>
> TOM ZÉ,
> Complexo de Épico, *Todos os Olhos*

Não, eu nunca havia parado para pensar que pensar é fazer música, até ser capturado por esta canção-vinheta de Paulinho Moska. Filósofo de formação, professor de filosofia e filósofo da educação de profissão, o pensamento é minha matéria de trabalho. Mas música, para mim, é diversão, é fruição, é encantamento estético. Moska me fez parar para pensar: pensar é fazer música… e fazer música, então, também pode ser pensar.

Este é o mote que utilizarei neste ensaio sobre um dos mais provocadores, se não o mais provocador compositor da música brasileira: o baiano Tom Zé. Para Tom Zé, certamente pensar é fazer música. E sua música carrega essa provocação ao pensamento: ouvir Tom Zé é, necessariamente, parar para pensar. Não dá para ouvi-lo com a suave despretensão com que ouvimos a "música de elevador". Se há algo que a música desta controversa figura não carrega é a indiferença.

---

1 Com um agradecimento especial ao amigo Américo Grisotto que, anos atrás, presenteou-me com o disco belo, intrigante e instigador de Paulinho Moska.

A música de Tom Zé nos *afeta*, positiva ou negativamente, mas nos afeta. Sua música nos *incomoda* – de novo, de forma positiva ou negativa. É impossível ouvi-la sem reagir. E a afecção e o incômodo são exatamente os motores do pensamento. Ouvir Tom Zé é pensar.

Neste ensaio, transitarei pela obra de Tom Zé e por alguns de seus escritos e entrevistas, procurando desvendar seu processo criativo. E o farei tomando como fio de Ariadne – neste labirinto que é a produção de Tom Zé – a abordagem filosófica ao ato de criação produzida por um filósofo do século XX que deu muita atenção para o pensamento e a criação: o francês Gilles Deleuze (1925-1995).

Rasgar o Céu:
Pensamento e Criação no Registro da Filosofia

Filósofo preocupado com a arte, Deleuze escreveu sobre literatura e cinema, também um pouco sobre música. Preocupou-se com o pensamento e a criação e defendeu que arte, ciência e filosofia são, cada uma a sua maneira, disciplinas criativas. Segundo ele, a criação só é possível através de um mergulho no caos, que nos dá o princípio criativo, mas com o necessário retorno, uma vez que a obra produzida nunca é puro caos, mas o ordenamento de uma série de elementos num conjunto inteligível, passível de fruição ou compreensão.

É uma bela imagem a que o filósofo utiliza, no último livro que escreveu em parceria com Félix Guattari, para falar desse mergulho no caos: o filósofo, o cientista e o artista parecem retornar do país dos mortos! Essas três personagens lutam contra um inimigo comum, a opinião, que deseja nos proteger do caos, de modo a não corrermos riscos. Mas o preço a pagar pela segurança da opinião é justamente a perda da criatividade, ceder ao pensamento único, a uma opinião universal com a qual nos pomos todos de acordo, celebrando o pacto consensuado da mediocridade.

Nossas opiniões são feitas de tudo isso. Mas a arte, a ciência, a filosofia exigem mais: traçam planos sobre o caos. Essas três disciplinas não são como as religiões, que invocam dinastias de deuses, ou a epifania de um deus único, para pintar sobre o guarda-sol um firmamento, como as figuras de uma Urdoxa de onde derivariam nossas opiniões. A filosofia, a ciência e a arte querem que rasguemos o firmamento e que mergulhemos no caos. Só o venceremos a este preço. Atravessei três vezes o Aqueronte como vencedor. O filósofo, o cientista, o artista parecem retornar do país dos mortos[2].

Rasgar o firmamento da opinião ou, dizendo de outro modo, com Tom Zé, na canção/cena final de sua "opereta inacabada" Segregamulher e Amor, de *Estudando o Pagode*: "espalhar no céu, Beatles a granel, em sonhos de papel, porque na vida amar é fel e mel". A vida é fel e mel; a vida é caos e ordem. A vida é incômodo, constante ir e vir, altos e baixos, sem o alento da opinião. Não há consenso possível, não há tranquilidade definitiva. Criar para seguir vivo; viver para criar. Pouco adiante, no texto de Deleuze e Guattari, podemos ler:

As três disciplinas procedem por crises ou abalos, de maneira diferente, e é a sucessão que permite falar de "progresso" em cada caso. Diríamos que a luta *contra o caos* implica em afinidade com o inimigo, porque uma outra luta se desenvolve e toma mais importância, *contra a opinião* que, no entanto, pretendia nos proteger do próprio caos[3].

A música de Tom Zé é o emblema desta inquietude que é a luta contra a opinião. Por isso sua música faz pensar. Por isso escolho, neste ensaio, colocar em diálogo Tom Zé e Gilles Deleuze, que disseram coisas similares em linguagens muito distintas, um pela escrita da filosofia, outro pela escrita da música.

A defesa da arte, da ciência, da filosofia como disciplinas criativas, Deleuze a faria em *O Que É a Filosofia?*, publicado na França em 1991. Porém, em uma conferência apresentada em 17 de março de 1987 na Fémis[4], intitulada "O Que é o Ato de Criação?", podemos

---

2 Gilles Deleuze; Félix Guattari, *O Que É a Filosofia?*, Rio de Janeiro: Editora 34, 1992, p. 260.

3 Idem, p. 261.

4 Trata-se da Fémis, École Nationale Supérieure des Métiers de l'Image et du Son (Escola Nacional Superior das Atividades da Imagem e do Som), principal centro francês de formação nas artes

ver o germe desta produção do filósofo sobre a criação nos domínios da arte, da ciência, da filosofia. Como se tratava de uma conferência para cineastas, o cinema é a referência principal, mas outras artes são mencionadas, bem como a ciência e a filosofia.

Deleuze começa por comparar sua atividade de filósofo com a atividade do cineasta, afirmando que ambas são atividades criadoras. Tanto na filosofia como no cinema tudo se trata de ter uma ideia. Ter uma ideia, diz ele, não é algo geral, as ideias são sempre específicas, localizadas, singulares. E ter uma ideia é um acontecimento, algo raro, a ser comemorado, "uma espécie de festa". Uma ideia está sempre ligada a um certo domínio de criação:

> Não temos uma ideia em geral. Uma ideia – assim como este que tem a ideia – está já dedicada a este ou aquele domínio. Seja uma ideia em pintura, uma ideia para um romance, uma ideia em filosofia, uma ideia em ciência. As ideias, devemos tratá-las como já engajadas neste ou naquele modo de expressão, tanto que não posso dizer que tenho uma ideia em geral. Em função das técnicas que conheço, posso ter uma ideia neste ou naquele domínio, uma ideia em cinema ou então uma ideia em filosofia[5].

Não criamos, em qualquer domínio, porque queremos. Criamos porque temos necessidade. "Um criador não é um padre que trabalha por prazer. Um criador não faz senão aquilo de que tem absoluta necessidade"[6], afirmou Deleuze na mesma conferência. Pensando no ato de criação, Deleuze retoma algo que já havia trabalhado no final da década de 1960, em sua tese de doutorado, publicada sob o título *Diferença e Repetição*. Nesta obra, desenvolveu a ideia de que o pensamento não é algo natural do ser humano, como pensa boa parte da tradição filosófica, desde que Aristóteles afirmou, no terceiro século antes de cristo, que o humano é um "animal portador da palavra"

---

cinematográficas. A conferência foi filmada, apresentada na televisão pelo canal France 3 em 1989 e sua transcrição foi publicada. A versão que cito aqui está no livro organizado por David Lapoujade, *Deux régimes de fous: textes et entretiens 1975-1995*, Paris: Minuit, 2003.

5 *Deux régimes de fous*, p. 291.

6 Idem, ibidem.

(*zoon logon echon*) e, portanto, um ser pensante, racional, sendo esta a principal característica que o distingue dos outros animais. Pensar demanda coragem. Nos comentários introduzidos no DVD do show *Pirulito da Ciência*, ao falar sobre sua experiência na prisão durante a ditadura militar, Tom Zé diz que só conseguiu não enlouquecer na cela por conta da criação no pensamento, e emenda: "A coragem de pensar é a coragem mais interessante".

Para Deleuze, pensamos não porque isso é natural do ser humano, mas porque somos *forçados* a pensar. O pensamento é resultado da violência de um encontro: o encontro com um *problema*. Pensar é enfrentar um problema. Criar é ter uma ideia a partir de um problema. A criação – como o pensamento – é o enfrentamento de um problema. De acordo com o filósofo, o problema é pré-racional, está mais para o lado da sensibilidade. O problema é algo que sentimos, antes de torná-lo inteligível. Quando equacionamos, racionalizamos um problema, de certo modo ele já deixou de ser um problema, este acontecimento que nos move a pensar.

Há no mundo alguma coisa que força a pensar. Este algo é objeto de um *encontro* fundamental e não de uma recognição. O que é encontrado pode ser Sócrates, o templo ou o demônio. Pode ser apreendido sob tonalidades afetivas diversas, admiração, amor, ódio, dor. Mas, em sua primeira característica, e sob qualquer tonalidade, ele só pode ser sentido. É assim que ele se opõe à recognição, pois o sensível, na recognição, nunca é o que só pode ser sentido, mas o que se relaciona diretamente com os sentidos num objeto que pode ser lembrado, imaginado, concebido. [...] Aquilo que só de ser sentido (o *sentiendum* ou o ser do sensível) sensibiliza a alma, torna-a "perplexa", isto é, força-a a colocar um problema, como se o objeto do encontro, o signo, fosse portador de problema – como se ele suscitasse problema[7].

Na entrevista do DVD *Jogos de Armar*, Tom Zé discorre sobre aquilo que o faz criar. Narra de forma emocionada um dia de sua infância, sem precisar exatamente a idade, em que viveu sua "experiência originária" com a música. Em termos deleuzianos, o

---

7 *Diferença e Repetição*, Rio de Janeiro: Graal, 2006, p. 203-204.

problema sensível que o força a produzir música. Conta ele que foi até a Fonte da Nação, em Irará, o lugar em que se buscava água e se lavava roupa e que ficava no declive de um terreno, de modo que ele se aproximou pelo alto e viu toda uma cena descortinar-se aos seus olhos. As bicas d'água; os aguadeiros e aguadeiras a ir e vir; o movimento das lavadeiras. Ao lado da fonte, um imenso campo gramado verde, como um campo de futebol. Sobre o gramado, roupas e panos estendidos, das mais diversas cores, como "uma imensa colcha de retalhos colorida". Diz ele que tudo isso, as cores, os tons, o movimento das pessoas, somado à luz clara, à grande claridade do nordeste, produziu nele uma sensação indescritível de prazer estético. Mas, para além do visual, a inocência da criança percebeu que todo aquele quadro tinha som, possuía uma "trilha sonora": o canto das lavadeiras, o canto popular nordestino.

Assim como Deleuze fala da dimensão sensível do problema, Tom Zé afirma que aquela experiência causou uma perturbação e um encanto, uma sensação que entrou nele não pelo nome, não com mediação racional, mas pelos nervos, pelo corpo, e daí sua intensidade. É como se aquele momento fosse a eternidade condensada numa cápsula de tempo. E é essa experiência marcante que ele segue perseguindo com sua criação; é isso que o move a criar. Sigamos seu relato pela sua própria voz:

> Eu vivo fazendo música para tentar fazer *aquela* música. Nunca consegui. Por isso que sempre eu vou fazer outra. Nunca é igual... vou fazendo, fazendo, fazendo. Então, se um dia eu fizer essa música, eu paro. Todo mundo não para com a idade? Eu também vou ter que parar um dia, com alguma idade. E esse dia vai ser o dia em que eu fizer essa música que eu ouvi lá, ou então que seja tão encapsuladamente proteinada quanto o que eu senti nos nervos e não tinha palavra para chamar de emoção.

O ato de criação, feito por necessidade, embora solitário, traz alguma coisa a ser dita a alguém. Deleuze procura, porém, demonstrar que a arte e a criação nada têm a ver com a informação, com a comunicação, uma vez que "informar é fazer circular palavras de ordem"[8], fazendo com que a informação e a comunicação nada mais sejam do que peças num sistema de controle. Não podemos deixar de apontar aqui a ideia corrente de que a imprensa age como "formadora de opinião"; é exatamente o que desvenda o filósofo: formar opiniões através da comunicação significa estabelecer um controle, construir e impor uma opinião geral que nos traga o conforto e a segurança, o reconhecimento no contexto de um pensamento único.

Mas o papel da arte é totalmente outro. Em sua conferência Deleuze retoma a ideia de Malraux de que a arte é a única coisa que resiste à morte, para afirmar que o papel da arte é o ato de resistência: "Nem todo ato de resistência é uma obra de arte, ainda que, de certa maneira, o seja. Nem toda obra de arte é um ato de resistência e, no entanto, de uma certa maneira, ela o é"[9].

A criação, seja na arte, seja na filosofia, consiste em ter uma ideia, tomada pela inspiração do caos, desenvolvê-la, levá-la às últimas consequências, criando uma obra de arte ou um conceito filosófico, que significam não um tributo à opinião, mas um ato de resistência, resistência à morte do pensamento, à negação da singularidade, ao império da mesmice. Criação de uma obra, de um objeto, de um conceito, que afetarão a outros em suas singularidades, possibilitando encontros, acontecimentos, outras criações. Por isso a criação é resistência. Novamente, nas palavras do filósofo: "Apenas o ato de resistência resiste à morte, seja sob a forma de uma obra de arte, seja sob a forma de uma luta dos homens"[10].

Deleuze conclui a conferência justamente se interrogando sobre a relação entre a obra de arte e a luta dos homens, para afirmar:

A relação mais estreita e para mim a mais misteriosa. Exatamente aquilo que Paul Klee queria dizer quando falava: "Você sabe, falta o povo". O povo falta, e, ao mesmo tempo, não falta. O povo falta, o que quer dizer que esta afinidade fundamental entre a obra de arte e um povo que ainda não

---

8 *Deux régimes de fous*, p. 293.

9 Idem, p. 301.

10 Idem, ibidem.

existe não é e nem será jamais clara. Não há obra de arte que não faça apelo a um povo que ainda não existe[11].

A criação é resistência e não informação porque pressupõe um povo que ainda não existe; o criador parte de sua necessidade, de seu problema, constrói sua forma de expressão, para a qual ainda falta um povo que a possa fruir. Talvez o exemplo mais conhecido seja o de Van Gogh que criou um estilo e uma forma de expressão completamente fora de seu tempo, tendo morrido pobre e sem reconhecimento para, depois de décadas, encontrar o povo que lhes faltava, um povo para fruí-las e apreciá-las. Mas para também, em seguida, ter suas obras capturadas pelo mercado das artes plásticas, transformando-as em valores econômicos excepcionais, em larga medida já não maistendo a força de obras de arte, apenas, mas de peças de mercadoria, capturadas pelos fluxos do capital.

Conforme veremos ao longo deste ensaio, também a Tom Zé parece ter faltado um povo para apreciar sua criação. E talvez ainda o falte... ouvir suas obras certamente não é para o gosto de qualquer um, é ser transportado para um outro tempo, para uma outra harmonia, para uma fruição de uma outra ordem. Ouvir Tom Zé é entrar em um fluxo de resistência contra a mesmice comercial do *mainstream* da música brasileira. É resistir à morte e entregar-se à luta.

Mas, antes de mergulhar em Tom Zé, demoro-me só um pouquinho mais no diálogo com a filosofia de Deleuze. No livro escrito com Guattari, eles caracterizaram a obra de arte como "*um bloco de sensações, isto é, um composto de perceptos e afectos*"[12]. O que faz o artista, em qualquer domínio da arte, é, a partir de suas percepções e afecções do mundo, construir um bloco de sensações capaz de mobilizar a sensibilidade do outro, provocando nele suas próprias afecções e percepções que nunca são as mesmas do artista. É por essa razão que a arte não comunica, não informa; ela produz sensações, afecções, ela resiste e produz efeitos de resistência. Uma referência direta à música, nesse jogo de sensações: "Os acordes são afectos.

---

11 Idem, p. 302.

12 Op. cit., p. 213.

Consoantes e dissonantes, os acordes de tons ou de cores são os afectos de música ou de pintura"[13]. E, pouco mais adiante: "Pintamos, esculpimos, compomos, escrevemos com sensações. Pintamos, esculpimos, compomos, escrevemos sensações"[14].

Na canção que compôs em homenagem à criação da bossa nova ("Vaia de Bêbado Não Vale", 1999), Tom Zé afirma que, no início de 1958, o Brasil era um exportador de matéria-prima, "o grau mais baixo da capacidade humana", visto pelo mundo como um "povo atrasado, um povinho retardado". Mas, ao final daquele mesmo ano, a magia de João Gilberto com a bossa nova encantava o mundo, e então o Brasil exportava arte, "o grau mais alto da capacidade humana", recebendo o reconhecimento do mundo: "que povo civilizado, que povinho audacioso". O que Tom Zé afirma de João Gilberto poderia também ser dito dele próprio, com o reconhecimento internacional que recebeu a partir da década de 1990. Na contracapa do disco *The Hips of Tradition: The Return of Tom Zé*, segunda coletânea do compositor que David Byrne lançou nos Estados Unidos em 1992, podemos ler: "Tom Zé. Associação livre, uma fusão de culturas, estranha e divertida. Ajustado para ser inajustável", o que evidencia o reconhecimento de sua criatividade. Tom Zé arranca dos sons novos acordes, criando novas paisagens sonoras, como afirmam Deleuze e Guattari acerca da função do artista: "Precisamente, é a tarefa de toda arte: e a pintura, a música não arrancam menos das cores e dos sons acordes novos, paisagens plásticas ou melódicas, personagens rítmicos, que os elevam até o canto da terra e o grito dos homens – o que constitui o tom, a saúde, o devir, um bloco visual e sonoro"[15].

Não tenho referências de que os filósofos franceses tenham conhecido a obra de Tom Zé, mas nessa passagem parecem estar apontando justamente para aquilo que faz nosso baiano paulistano: arrancar novos acordes, criar personagens rítmicos que evidenciam

---

13 Idem, p. 214.
14 Idem, p. 216.
15 Idem, p. 229.

o grito dos homens, o canto da terra[16]. Os blocos sonoros criados por Tom Zé produzem essa saúde e essa alegria que é fruto da arte, convidando a fruir e a criar. Nosso criativo compositor evidencia perfeitamente aquilo que Deleuze e Guattari caracterizam como sendo o artista: "É de toda a arte que seria preciso dizer: o artista é mostrador de afectos, inventor de afectos, criador de afectos, em relação com os perceptos ou as visões que nos dá"[17].

Finalizando esta exploração do ato de criação pela perspectiva da filosofia contemporânea, uma última afirmação emblemática de Deleuze e Guattari: "*Os afectos são precisamente estes devires não humanos do homem*, como os perceptos (entre eles a cidade) são *as paisagens não humanas da natureza*"[18]. Embora a arte seja, como afirma Tom Zé, "o grau mais alto da capacidade humana", ela lida exatamente com o não humano. Os perceptos não são as percepções – essas sim, humanas – mas paisagens da natureza. Nós humanizamos os perceptos quando, a partir deles, produzimos nossas percepções. Se um bloco de sensações – a obra de arte, uma canção, por exemplo – é um composto de perceptos e afectos, ela é uma criação humana, mas deixa de ser humana; é justamente aquilo que escapa ao humano no homem. Os afectos estão para além dos humanos e é em razão disso que Deleuze afirma que a arte começa com o animal, quando reconhece o mundo por afecções. O que faz o humano é justamente tomar tais afecções para produzir blocos de sensações que venham a provocar novas afecções – devires outros – naqueles que entram em contato com esta obra.

Que afecções, que percepções provocam as canções de Tom Zé? Depende absolutamente de quem as ouve. Gênio para uns, chato para outros. Amores e ódios, alegrias indescritíveis e incômodo com seu *non sense*. Mas, para além de amores e ódios, afinidades eletivas ou

---

16 Félix Guattari, que esteve várias vezes no Brasil e era bastante interessado por nossa cultura, pode ter conhecido a obra de Tom Zé, mas não encontrei referências a respeito. É bem verdade, porém, que a maioria das vindas de Guattari ao Brasil deu-se no período do "esquecimento" de Tom Zé pela mídia e pelo mercado fonográfico, o que o levou a um certo "ostracismo". Quando do "ressurgimento" de Tom Zé para o mundo, depois do lançamento das coletâneas elaboradas por David Byrne, Guattari já estava enfrentando a pesada depressão e a doença que o levariam à morte, em 1993.

17 Op. cit., p. 227.

18 Idem, p. 220.

não, novas paisagens sonoras se descortinam, lufada de ar fresco sobre os ares mofados da repetição imposta pelos mercados. Eis aí a marca do artista.

Tomzécontrapontocom

Antônio José Santana Martins nasceu (em 11 de outubro de 1936) e cresceu em Irará, interior da Bahia. Na adolescência, foi estudar em Salvador, onde fez o ginásio e depois formou-se na Escola de Música da Universidade Federal da Bahia, onde chegou também a ensinar. Na Escola de Música teve como professores figuras de expressão na música contemporânea, como Ernst Widmer, Walter Smetak e Hans Joachim Koellreutter. Apesar de sua formação clássica e mesmo vanguardista, jamais deixou de perseguir sua experiência originária com a música das lavadeiras da Fonte da Nação em Irará, dedicando-se à música popular[19].

Após participar de programas de calouros na televisão em Salvador, junta-se ao grupo de Caetano Veloso, Gilberto Gil, Gal Costa e Maria Bethânia para a realização do espetáculo *Nós, Por Exemplo nº 2*, no Teatro Castro Alves, em Salvador. Em seguida, com o mesmo grupo, vai a São Paulo encenar o espetáculo *Arena Canta Bahia*, sob a direção de Augusto Boal. Em 1968, ainda com o grupo baiano, mais Os Mutantes, grava o emblemático LP *Tropicália ou Panis et Circencis*, com arranjos e regência de Rogério Duprat. Neste disco, aparece uma canção sua, "Parque Industrial", emblema do movimento tropicalista,com seu ato antropofágico de assimilação de referências e recriação, com a crítica ao cotidiano e ao mercado[20].

---

19 Em que pese sua filiação à MPB, Tom Zé não é sequer citado, por exemplo, numa obra como a de José Ramos Tinhorão, *História Social da Música Popular Brasileira*, São Paulo: Editora 34, 1998. Esta obra abrangente, que varre a música produzida no Brasil do século XVI ao final do século XX, tem seu último capítulo dedicado ao período pós-64, "O Movimento Tropicalista e o 'Rock Brasileiro'". A ênfase é dada à Jovem Guarda e a Roberto Carlos. Há referências ao tropicalismo, centrado nas figuras de Caetano Veloso e de Gilberto Gil, mas sem qualquer referência a Tom Zé.

20 Uma visão detalhada e analítica do movimento tropicalista pode ser encontrada no livro de Celso Favaretto, *Tropicália Alegoria Alegria*, 3. ed., São Paulo: Ateliê, 2000.

O que representa este disco na cultura brasileira é demarcado de forma bastante interessante por Celso Favaretto:

> *Panis et Circencis* é um ritual propiciatório, mas dessacralizador: oficia o sacrifício do Brasil, designado pelas imagens que significam suas indeterminações. Propõe-se como o oswaldiano "conhecimento do Brasil", em que a parodização dos primeiros cronistas trazia à tona o reprimido da história. Este disco compõe, com *Tropicália, Manifestação Ambiental*, de Hélio Oiticica (1967), a montagem de *O Rei da Vela*, do Teatro Oficina (1967), e *Macunaíma*, de Joaquim Pedro de Andrade (1969), a melhor exposição crítica dos mitos culturais brasileiros. Estas produções estilhaçam pelo deboche, as indeterminações do passado-presente brasileiro, em sua modalidade de linguagem do dominado. É ao que visa a carnavalização: a cena grotesca, montada na colisão de certas constantes – frases, trocadilhos, gozações, discursos avacalhados –, desmonta, cínica e ambiguamente, a ideologia oficial, que fixa tais indeterminações como uma "natureza perpetuamente em festa"[21].

Se tomarmos o tropicalismo como um movimento de renovação da música popular brasileira, especialmente marcado pelo princípio antropofágico de Oswald de Andrade[22], segundo o qual a criatividade consiste em assimilar o estrangeiro, devorá-lo, para criar uma cultura própria a partir dos elementos obtidos por esse devorar o estrangeiro, então provavelmente Tom Zé tenha sido o mais tropicalista dos tropicalistas[23], ainda que tenha sido deixado para trás em sua experimentação radical, sem concessões ao mercado fonográfico brasileiro, o que lhe custou bastante. O princípio da assimilação

---

21 Idem, p. 84-85.

22 Há diversas obras sobre a antropofagia oswaldiana, mas ao leitor interessado recomendo ver os textos do próprio Oswald de Andrade, no volume publicado pela Civilização Brasileira reunindo seus textos teóricos, ensaios e manifestos, sob o título *Do Pau-Brasil à Antropofagia e às Utopias* (2. ed., 1978). Em 1991 foi lançada uma nova edição pela editora Globo, com outro título: *A Utopia Antropofágica*.

23 Isto, especialmente, se levarmos em conta que o verdadeiro tropicalista é aquele que não segue os cânones de um suposto movimento tropicalista… Na entrevista publicada em *Tropicalista Lenta Luta*, Luiz Tatit levanta a hipótese de que o tropicalismo foi contingente na trajetória de Tom Zé; que seu projeto sempre consistiu na construção de uma estética do cotidiano, calcada nas deficiências, nos defeitos, que encontraria sua melhor tradução nos discos *Com Defeito de Fabricação* e *Jogos de Armar*. Ver Tom Zé, *Tropicalista Lenta Luta*. São Paulo: Publifolha, 2003, p. 223-226.

criativa antropofágica parece estar em suas veias. Destaco um trecho da longa entrevista que Tom Zé concedeu a Luiz Tatit e Arthur Nestrovski, em 22 de agosto de 2003, quando ele comenta sobre sua relação com a poesia, em que isso fica claro:

AN: Tem uma coisa importante que Tom Zé não comentou ainda. Não falou ainda de onde vem a poesia que ele escreve. As letras. Tanto mais que ele diz que não lê poesia.

TZ: Ah, não, agora estou lendo. Até não sou uma pessoa assim... Eu leio muito. Desde criança li muito, com aquela proibição de não ler quadrinho, você acaba lendo outras coisas. E tendo livros à mão e sendo tímido... Eu não ia para a rua, lia alguma coisa. De noite, teve tempo que não ia mais para a rua em Irará, ficava dentro de casa e ia à biblioteca de meu avô, ficava lá lendo.

Muito bem, mas poesia, é verdade, eu não tinha hábito. Aí a Neusa acabou me habituando. Comecei a ler muito com ela aqui. Como ela sabia que eu não sabia poesia, imediatamente eu começava, porque essa coisa de nordestino... Nordestino é engraçado, tem um negócio completamente diferente na maneira de apanhar cultura. Quando aprende uma coisa, mesmo superficialmente, presta tanta atenção que já pode citar aquilo depois. Neusa ficava admirada quando eu começava a falar. Por exemplo, uma citação de Shelley e uma citação de Robert Browning, a "Torre Sombria". De repente, já usei. E Neusa: "Isso não é possível, que você imediatamente tenha onde botar."

LT: Já digeriu e já produziu[24].

Essa passagem mostra que aquilo que Oswald de Andrade, em sua erudição, defendeu ser um programa criativo para o brasileiro, Tom Zé afirma estar "no sangue" do nordestino. Incorporar as referências culturais; tomar contato com elas, assimilá-las, transformá-las em suas próprias, criando coisas novas. E isto que aqui é exemplificado com a poesia e as letras de música, em outro momento veremos que também está presente na composição, na criação melódica.

---

24 *Tropicalista Lenta Luta*, p. 262-263.

Mas voltemos ao início da carreira de Tom Zé, para tentar compreender a singularidade de seu projeto criativo.

Há dois elementos que penso devam ser destacados. Um diz respeito ao Tom Zé compositor: a importância do contraponto em sua composição. Outro, diz respeito ao Tom Zé performático: sua relação com o palco e com a apresentação pública. Começarei falando do segundo aspecto, de forma mais breve, porque o retomarei adiante, sob outro prisma.

Em várias oportunidades, Tom Zé evidenciou os artifícios que criou e segue criando para enfrentar o público e o "medo do palco", bem como suas deficiências de cantor. Por exemplo, nos comentários que aparecem no DVD do show *Pirulito da Ciência* (2010), ele comenta que aprendeu a enfrentar o palco com uma figura popular do interior baiano, o "homem da mala". Trata-se daqueles vendedores ou artistas populares, que chegam de ônibus a uma cidade do interior, vão à praça central com sua mala e a transformam em seu mundo e em seu palco, para fazer sua apresentação ou vender seus produtos. Tom Zé comenta que isso é muito mais difícil do que enfrentar um palco, pois neste caso os papéis já estão definidos: há o palco, lugar do artista, e há a plateia, lugar do público. Mas para o homem da mala, a primeira ação é justamente a demarcação dos espaços, transformar a praça em palco e plateia a um só tempo. Ora, se essas figuras eram capazes de fazer parte da praça tornar-se palco, como animal que demarca seu território, ali habitar e dar seu recado, por que razão não seria ele capaz de ocupar um palco e fazer sua apresentação?

Tom Zé narra como se iniciou na música. Maravilhado por ver um amigo tocar violão, resolve aprender a tocar o instrumento. Mas não bastava tocar, era preciso fazer canções. Quando a namorada descobre, pede a ele que cante suas canções para ela. Ele passa toda uma tarde com o violão e a namorada e simplesmente não consegue tocar nem cantar nada. Saiu frustrado. "Naquele dia desisti de música. Minha carreira entrou em crise antes de nascer. Abandonar foi o que resolvi. Nunca mais fiz uma canção"[25].

---

25 Idem, p. 16.

Mas, assim como o medo do palco, este fracasso gerou nele uma vontade de poder[26], uma força de vida que o fez seguir adiante:

A queda com a namorada provocou forças gigantescas que a vida em mim insistia. Não era vocação para a arte. Nunca tive vocação para a arte. Era simplesmente vida. Podiam até emudecer os gozos da beleza, do canto e do cantar. Contanto que, mesmo espartana, a respiração continuasse. Entra o halo de ar, oxigena, bota sol nas células, recolhe miasmas venenosos e, ao voltar, ainda assopra o canto. A vida[27].

Mas é justamente esse tipo de fracasso e de medo que o moveu, sempre, a criar. Já que não tinha os dotes de instrumentista exímio ou a bela voz de um cantor de samba canção, era preciso improvisar. Vencer o medo do público, a timidez que já se manifestava frente à namorada, para poder ser "artista". E a música se torna, então, parte de algo maior, de uma composição que não é só letra, ritmo, harmonia, mas também representação, uma *mise-en-scène*. Uma produção de show e de palco que transcende em muito a criação musical, gerando uma peça estética bastante complexa. Isso está presente nos shows de Tom Zé até hoje, com seus múltiplos figurinos, maquiagem, construção de posturas de interpretação das músicas e mesmo a criação de instrumentos inusitados, com grande efeito de palco, como tocar esmeris, num ambiente totalmente escuro, que acaba iluminado pelas fagulhas, enquanto os sons invadem o ambiente.

Toda esta performática está relacionada com o "reconhecimento de seus defeitos", com a necessidade de construir uma relação com o público que faça superar o fato de ser um mau cantor:

No princípio, o que mais me movia mesmo a procurar outra coisa era a incapacidade de me mostrar cantando. Aquilo de eu não ser cantor, de

---

26 Utilizo aqui o conceito do filósofo alemão Friedrich Wilhelm Nietzsche (1844-1900), que parte do embate de força com força, aquilo que anima a vida; a vontade de poder consiste em criar e dar, é ela que mobiliza as forças criativas nos seres humanos.

27 *Tropicalista Lenta Luta*, p. 25.

dizer claramente: "Isso aqui *não* é música", mesmo quando eu maquiava um canto, isso era vital.

[...]

Também fui treinando outra coisa, que era o seguinte: quando entro no palco, imediatamente convoco na plateia o cognitivo. Sem me dar conta, passei a vida treinando essa ligação direta[28].

No palco, Tom Zé transforma-se em homem da mala e abre seu arsenal, montando seu espaço criativo para enfrentar esse outro sempre-lá-presente e a ser convencido, conquistado: o público. Seus shows, mais do que apresentações musicais, são performances.

Passemos agora ao contraponto. Em termos de composição, a obra de Tom Zé é marcada por esta técnica, que consiste em sobrepor uma melodia à outra, em exercitar a polifonia. Uma vez mais, ele atribui o uso desta técnica a suas deficiências como músico. O uso da técnica, ele aprendeu com seus professores na Escola de Música da Bahia e o aprimorou ao longo de muitas experimentações em suas composições, nos estúdios, em casa. Pincemos novamente alguns trechos de sua entrevista a Nestrovski e Tatit, em que tal processo é esclarecido.

Eu tinha *amor* por contraponto. Deve-se creditar metade disso não a meu gosto estético, mas ao meu analfabetismo. Como não sabia solfejar bem, fiz exercícios de harmonia, de contraponto, de tudo mais, sem saber o que estava escrevendo. Todos os meus colegas eram bons para cantar. Eu não. Eu fazia cálculos. Não sei se existem compositores assim na história; acho até que sim.

[...]

Eu amava aquele negócio matemático do contraponto. Amava a escola. Meus professores me incentivavam muito. Eram gente tão séria, nossa! Widmer. Koellreutter.

[...]

O fato é que eu amava contraponto. Porque podia resolver tudo com cálculo: aquele negócio de fugir das paralelas, de planejar o ponto culminante

---

28 Idem, p. 227-229.

antes de começar o exercício. Eu ia para o clube de Irará com exercício de contraponto na mão! Ficava lá, o pessoal dançando, eu bebendo um pouquinho e fazendo exercício; ninguém sabia o que era, então não dava problema.

Mas depois eu encontrei ele [o contraponto] de um jeito completamente diferente, não é? Porque o jeito que eu trabalho não tem nada a ver com o que a escola ensina. Começa que não tem regras – só o gosto musical. Mas há os arrastões: Bach, o barroco: as entradas da fuga. Aquela coisa de plagiário, que eu sempre me confesso: confesso que *aquilo* é tirado *daquilo*[29].

O compositor encontrou então, na técnica do contraponto, sua forma de fazer música. Recolher elementos, blocos melódicos, organizá-los, reordená-los, experimentar, tentar, até conseguir um efeito interessante, um resultado que valha a pena. Vê-se, assim, que o processo de composição para Tom Zé não é exatamente o mesmo que o do compositor popular, que tem uma ideia e a desenvolve, ou então sabe a "fórmula do sucesso" e a reproduz, à exaustão. É um processo de experimentação, de busca. Quando há uma ideia, ela precisa ser desenvolvida, burilada, trabalhada. Talvez isso explique porque Tom Zé retoma tanto suas canções, propondo novos arranjos, novas instrumentações, novas letras, outras linhas melódicas: a composição quase nunca está pronta; é preciso voltar a uma boa ideia, retomá-la por outro ângulo, refazer, reexperimentar, encontrar possibilidades outras. Esse tipo de composição, elaborada, refinada, ainda que sob uma roupagem popular, evidentemente não encontra o "gosto comum" do grande público. Ainda que Tom Zé tenha vencido festivais de MPB no final da década de 1960 e se tornado bastante conhecido, nunca cedeu à fórmula do sucesso. Fazia e faz suas músicas; se elas caem no gosto do público, ótimo. Se não caem, se não são cantadas na rua, que pena, mas não há o que fazer. Se o contraponto é sua técnica básica de composição, permitam-me um trocadilho, ao afirmar que nesta época de comércio pela Internet, marcada pela expressão "pontocom" (.com), a designar os sites de origem e destinação comercial, Tom Zé é um músico que exercita o "contrapontocom", sem ceder aos apelos

29 Idem, p. 218-219.

do mercado, sem se preocupar em fazer a música voltada para o gosto ditado pelo mercado. A música de Tom Zé, em relação ao mercado musical, exercita aquela espécie de resistência que é típica da arte, que víamos anteriormente ao comentar a filosofia de Deleuze.

Um Cronista do Cotidiano

No tocante à produção das letras de suas músicas, em boa parte delas podemos ver Tom Zé como uma espécie de "cronista do cotidiano". Um bom exemplo disto é "A Briga do Edifício Itália e do Hilton Hotel", gravada no LP *Se o Caso é Chorar* (1972). Na melhor tradição do cordel nordestino, a letra é a crônica da cidade de São Paulo que cresce a olhos vistos, com novos edifícios disputando o espaço urbano e a atenção da população. Destaco a primeira estrofe: "O Edifício Itália/era o rei da Avenida Ipiranga:/alto, majestoso e belo,/ninguém chegava perto/da sua grandeza./Mas apareceu agora/o prédio do Hilton Hotel/gracioso, moderno e charmoso/roubando as atenções pra sua beleza" e, a partir daí, a música segue narrando a luta dos dois edifícios, como se fossem duas pessoas vaidosas se enfrentando. E, na luta das duas personagens, vemos desfilar o panorama urbano de uma São Paulo nos primeiros anos da década de 1970.

Mas o exemplo emblemático é, penso, a canção "São, São Paulo", que venceu o festival de MPB da TV Record em 1968. O compositor narra, na entrevista do programa *Ensaio* da TV Cultura, em 1991, que morava então na rua Conselheiro Brotero e que gostava, nas manhãs de domingo, de sair caminhando pelo bairro, como forma de enfrentar a fossa e a tristeza das manhãs de domingo. Numa destas andanças, viu exposto um jornal na banca de revistas com a seguinte manchete: "Prostitutas invadem o centro da cidade". Ficou paralisado frente à beleza daquela manchete e resolveu fazer a música, uma crônica da cidade de São Paulo.

Acompanhemos a letra, para apreciar o que o compositor fez a partir daquela manchete de jornal e de elementos outros do cotidiano da cidade, para compor sua crônica:

São, São Paulo quanta dor
São, São Paulo meu amor
São oito milhões de habitantes
De todo canto em ação
Que se agridem cortesmente
Correndo a todo vapor
E amando com todo ódio
Se odeiam com todo amor
São oito milhões de habitantes
Aglomerada solidão
Por mil chaminés e carros
Gaseados à prestação
Porém com todo defeito
Te carrego no meu peito
São, São Paulo quanta dor
São, São Paulo meu amor
Salvai-nos por caridade
Pecadoras invadiram
Todo centro da cidade
Armadas de rouge e batom
Dando vivas ao bom humor
Num atentado contra o pudor
A família protegida
Um palavrão reprimido
Um pregador que condena
(um festival por quinzena)
Porém com todo defeito
Te carrego no meu peito
São, São Paulo quanta dor
São, São Paulo meu amor
Santo Antonio foi demitido
E os ministros de Cupido
Armados da eletrônica
Casam pela TV
Crescem flores de concreto

Céu aberto ninguém vê
Em Brasília é veraneio
No Rio é banho de mar
O país todo de férias
E aqui é só trabalhar
Porém com todo defeito
Te carrego no meu peito
São, São Paulo quanta dor
São, São Paulo meu amor

A letra já abre com um contraponto literário: a mesma São Paulo amada é a São Paulo da dor; é um hino de amor, mas que não escamoteia a dor que a grande cidade provoca em seus habitantes. Vemos desfilar depois as características da cidade em 1968: os oito milhões de habitantes que "agridem cortesmente" e "se odeiam com todo amor"; as inúmeras chaminés e milhares de carros, comprados a prestação, a transformar o trânsito em um inferno; as "pecadoras" que invadiram o centro da cidade, estampadas na manchete de jornal que motivou a canção, dando seus vivas ao bom humor, embora a família esteja protegida e o pregador as condene; as flores de concreto da metrópole e os casamentos pela TV; a vocação paulistana para o trabalho, enquanto o resto do país está em férias. São os defeitos da cidade que, porém, a fazem amada por seu habitante. Na entrevista do programa *Ensaio*, Tom Zé diz que quer corrigir um erro: afirma que ao ver a gravação de sua apresentação no festival a multidão cantava apenas "São, São Paulo, meu amor", esquecendo-se de que o amor narrado era também composto pela dor.

Mas esta tática de espantar-se com manchetes de jornal e transformá-las em canções não foi uma invenção daquele momento. Tom Zé narra que essa foi a forma que encontrou para sua primeira apresentação na televisão, o programa *Escada para o Sucesso*. Um parente conseguiu uma vaga para Tom cantar no programa e quando ele soube, com duas semanas de antecipação, entrou em pânico. Sabia que seu repertório estava fora de questão, pois não seria capaz de entreter o público da televisão, assim como não se sentia um cantor.

Resolveu que insistiria na técnica de cantar atropelando o ritmo dos compassos diferentes; isso seria arriscado, mas menos arriscado do que tentar cantar respeitando os tempos da música, pois aí não teria chance alguma de manter o público atento. Mas ainda faltava o assunto. Decidiu, então, recorrer aos jornais. Sigamos sua narrativa:

Na TV, na hora e no momento da luta para manter o ouvinte atento, precisaria de mais agilidade e uma clareza batia como martelo na minha cabeça: o auditório, o público da TV era maior e mais amplo e o assunto precisaria ser mais geral, capaz de pairar sobre o dia a dia de toda a classe média de Salvador que, então, era quem tinha TV e a assistia.

Em Irará, só os jornais da capital poderiam me socorrer nesta situação de urgência. [...]

Eu precisava de jornais! Procurei na casa de tio Elísio, em Irará não havia banca de revista. No mesmo dia os três jornais que achei estavam abertos pelo chão e pelas cadeiras do meu quarto, alfinetados, pregados, pendurados, recortados. As datas atrasadas não criavam problema, porque os assuntos de interesse público não morrem do dia para a noite. [...]

As manchetes saltavam diretamente dos jornais para a letra da música, mas numa colagem orientada por um enredamento, sugerindo segmentos lógicos. Lógicos? Matei-me nesta dúvida até a hora de cantar. Eu tentava me convencer; "É uma montagem racional, tudo tem sentido e continuidade. Tá na cara, meu Deus. Um bloco de manchetes é a reafirmação ou a antítese do outro bloco..." E, treinando no espelho – os reduzidos movimentos possíveis quando se está sentado com o violão, mas que, se executados com intensa concentração, podem significar um mundão de coisas –, eu estudava amarrar os assuntos ou separá-los, dar ênfase ou esvaziar uma afirmação[30].

Embora a música não tenha sido bem recebida em Irará, teve algum sucesso na TV Itapoã e foi bem comentada pelo júri, que destacou a criatividade e personalidade do candidato. Embora Tom Zé comente[31] que não entendeu sua produção como criatividade, uma vez

30 Idem, p. 39-40.
31 Idem, p. 45.

que foi necessária muita procura para encontrar o resultado desejado (e diz que o mais correto seria falar em "procuratividade" que em criatividade…) e muito menos como personalidade, pois se tratava mais de falta dela, o fato é que essa experiência parece ter sido marcante. Uma vez que o resultado de compor uma letra com manchetes de jornais organizadas como peças de um jogo de quebra-cabeças, inventando relações, encaixes, produzindo sentidos, surtiu seus efeitos, Tom voltaria a essa técnica diversas vezes ao longo da carreira.

Esta técnica de composição culmina com a ideia de uma "imprensa cantada". Em 1999, a Trama lançou um CD com três versões de uma mesma música, que Tom Zé compôs em homenagem à bossa nova e a seu impacto cultural no Brasil. O título do disco: *Imprensa Cantada*. A primeira das três faixas, "Vaia de Bêbado Não Vale", fazendo alusão a uma frase de João Gilberto. A segunda, uma versão instrumental da mesma canção, evidenciando a linha melódica da bossa nova entrecortada pelos amados contrapontos de Tom Zé. Por fim, na última faixa, a versão demo desta canção, com o título "No Dia em Que a Bossa-Nova Pariu o Brasil", enviada em 1992 para a Luaka Bop para o disco *The Hips of Tratidion*, mas que acabou ficando de fora. Em 1999, Tom Zé altera estrofes da letra, faz ajustes no arranjo e instrumentação e grava a "versão definitiva" da canção.

A música é composta como uma notícia de jornal, em três versões: a da primeira edição, a da segunda e a da terceira edições, isto é, as três partes da música, entrecortadas pelo refrão: "vaia de bebo não vale, de bebo vaia não vale…", repetindo sincopadamente a frase de João Gilberto ao ser vaiado em seu perfeccionismo. Na pauta, o que na visão de Tom Zé significou para o Brasil a invenção da bossa nova: a elevação ao nível de país exportador de arte, como já assinalado aqui.

A expressão imprensa cantada voltaria a ser título de disco anos depois: *Imprensa Cantada 2003*, também lançado pela Trama. Nessa produção, a ideia de compor canções com ou como notícias de jornal atravessa todo o disco. Tom Zé resgata canções que havia composto apenas para voz e violão, no tempo em que sobrevivia fazendo shows para universitários, assim como canções escritas com fins específicos.

Vemos assim desfilar pérolas como: "Dona Divergência", "Urgente, pela Paz" e "Companheiro Bush", compostas para shows e atos públicos pela paz; "Requerimento à Censura" e "Sem Saia, Sem Cera e Censura", tratando da censura nos tempos da ditadura e das artimanhas dos artistas para driblar as normas rígidas e burras; um comentário sobre os acordos de unificação da língua brasileira, em "Língua Brasileira"; o impacto dos grandes festivais, como o Rock in Rio, em "DesenRock-se"; uma crônica da Fórmula 1, em "Interlagos F1"; e, dentre outras canções, uma belíssima regravação de "São, São Paulo", a pedido da produção de uma telenovela da qual a música seria tema, que em termos de instrumentação e coro atualiza magnificamente a cena urbana da cidade para os anos 2000.

Dessa longa lista, faço dois destaques que são exemplares da imprensa cantada como crônica do cotidiano, da composição de canções a partir de descrições de fatos menores do dia a dia, perdidos no esquecimento da correria moderna.

De um lado temos "Interlagos F1", segundo o encarte do disco "sugerida pelo pessoal da imprensa esportiva no Grande Prêmio de Fórmula 1 de 2003", na qual vemos a descrição de uma corrida em Interlagos: a concentração, as luzes da largada, as dificuldades dos pilotos na curva do S, a reta oposta, a descida do lago, os vários pontos da pista. Um trecho reproduz à perfeição a emoção da corrida: "E o inimigo colado/Fungando pra todo lado/Quem freia cedo se arrisca/Quem freia tarde acaba a pista/(Lá vai o moleque pra grama outra vez)". Alguém havia alguma vez imaginado que uma corrida de Fórmula 1 poderia converter-se numa canção?

De outro lado, a crônica política, com "Companheiro Bush": ainda antes da invasão do Iraque, frente à geopolítica mundial, Tom Zé provocava: "Se você já sabe/Quem vendeu/Aquela bomba pro Iraque/Desembuche/Eu desconfio que foi o Bush". E o refrão, irresistível em sua simplicidade e denúncia: "Foi o Bush/Foi o Bush/Foi o Bush". E a irreverência vai mais longe. Quando a música é apresentada ao vivo – um exemplo é o show *Pirulito da Ciência*, gravado em 2009 e disponibilizado em DVD em 2010 – Tom desafia: "Vamos começar com o hino da guerra!" e acordes de guitarra tocam o hino dos Estados Unidos, enquanto ele empunha o violão como uma metralhadora e dispara: ratatatatatata!, para engatar com o arranjo alegre e debochado de "Companheiro Bush".

Em 2008, um novo disco, a partir de um show no Nordeste Plaza em Niterói: *Estudando a Bossa*. Uma crônica dos cinquenta anos da bossa nova, amalgamando a constante admiração de Tom pela bossa nova e a renovação cultural brasileira, a "feminilização" da música, que ele afirma que esse gênero produz, ao cantar devagar, baixinho e com voz suave, o poder feminino, que ele já havia cantado em disco anterior (*Estudando o Pagode*, 2005), e a superação da engenharia brasileira ao construir a ponte Rio-Niterói. Nesse disco, novo exercício de produzir uma imprensa cantada, a crônica da história e a crônica do cotidiano.

O Roubo Criativo e uma Estética do Plágio

Fazendo um pequeno parêntese, quero trazer uma outra contribuição de Gilles Deleuze e sua preocupação filosófica com o pensamento e a criação. Para ele, a criação nunca é feita a partir do nada, como numa "imaculada concepção", sem referências prévias. No campo da produção filosófica, da criação de conceitos, ele afirma que a criação é muitas vezes uma recriação, que a retirada de um conceito de um certo filósofo e sua aplicação num contexto diferente é já uma nova criação, na medida em que aquele conceito já não é o mesmo, visto que, pelo deslocamento operado, ele muda completamente. De outro modo, a produção do filósofo pode ser uma reorganização de elementos que compõem um conceito criado por outro filósofo, ou mesmo a tomada de elementos de diferentes conceitos, do mesmo ou de diferentes filósofos, e seu rearranjo, o que produz um conceito totalmente novo. É o que ele chama de captura, de roubo criativo.

Encontrar é achar, é capturar, é roubar, mas não há método para achar, nada além de uma longa preparação. Roubar é o contrário de plagiar, de copiar, de imitar ou de fazer como. A captura é sempre uma dupla-captura, o roubo, um duplo-roubo, e é isso que faz, não algo de mútuo, mas um bloco assimétrico, uma evolução a-paralela, núpcias, sempre "fora" e "entre"[32].

Pensar, criar, é valer-se daquilo que já foi feito por outros, não imitando, não fazendo como, mas fazendo diferente com os mesmos elementos, uma vez que os problemas que forçam alguém a pensar nunca são os mesmos dos outros. E se partimos de problemas diferentes, os conceitos, resultantes do pensamento, serão outros, serão singulares, ainda que usemos elementos repetidos, elementos já utilizados. Continua Deleuze: "ter um saco onde coloco tudo o que encontro, com a condição que me coloquem também em um saco. Achar, encontrar, roubar, ao invés de regular, reconhecer e julgar"[33]. O roubo criativo, segundo o filósofo, é diferente do plágio, que é roubar para imitar o outro, para fazer como o outro, mas também é diferente da criação de um modelo a ser reproduzido. No roubo criativo há sempre uma *autoria* envolvida e, portanto, há criação. E a criação não se repete nunca, pois se há, de fato, criação, temos sempre algo novo como produto.

Não posso deixar de afirmar que Tom Zé parece dizer exatamente o mesmo, quando fala de seu processo de criação musical. A questão do plágio apareceu cedo em sua carreira. Na entrevista ao programa *Ensaio*, já citada aqui, ele narra de modo hilário que, quando a bela canção "Silêncio de Nós Dois" venceu um festival, já no programa de Hebe Camargo, no dia seguinte um jornal publicou uma carta de um leitor que afirmava que a música era um plágio de Gabriel García Márquez. Ele conta que correu ao livro, na página indicada, para conferir, mas não tinha nada a ver, não era plágio coisa nenhuma. Motivado, porém, pelo acontecimento, resolveu compor para o próximo festival uma canção que fosse toda ela plágio, e assim fez "Se o Caso É Chorar", que acabou também saindo vencedora.

Segundo ele, o primeiro plágio é a harmonia, que é retirada do *Estudo #2*, de Chopin; a forma foi "plagiada" de Antônio Carlos e Jocafi, que ditavam as regras do mercado: uma canção tinha que falar de amor e de dor de cotovelo, não precisava dizer nada com nada, e

---

32 Gilles Deleuze e Claire Parnet, *Diálogos*, São Paulo: Escuta, 1998, p. 15.
33 Idem, p. 16.

assim a letra foi escrita; a segunda parte da letra é composta toda por frases retiradas de canções conhecidas da música brasileira, de Nelson Gonçalves, Lupicínio Rodrigues, Caetano Veloso, Ari Barroso, Adelino Moreira e Jair Amorim. Na entrevista, ele vai se divertindo, ao cantar cada frase e revelar sua origem.

O que Tom Zé chama de plágio, porém, não é o plágio como cópia de uma outra autoria, mas exatamente aquilo que Deleuze denomina "roubo criativo". Ele retira elementos de outras canções, clássicas ou populares, mas cria com eles uma música completamente nova, carregada de autoria. Se nos pusermos de acordo com Deleuze, teremos que admitir que em qualquer campo do pensamento e da criação, como na filosofia e na música, dificilmente a originalidade de um autor está em fazer algo absolutamente novo, que ninguém nunca fez. Ao contrário, a originalidade consiste em produzir algo muito singular e muito autoral a partir de uma multiplicidade de referências. A questão é que praticamente ninguém confessa isso, a não ser Tom Zé, que escancara suas referências e sua forma de compor.

Essa técnica foi levada às últimas consequências no primeiro disco que ele produziu depois de seu período de "ostracismo" e sua redescoberta por Byrne: *Com Defeito de Fabricação* (lançado nos EUA em 1998 e no Brasil em 1999). No encarte do CD ele apresenta o que chama de uma "Estética do Plágio":

A Estética de *Com Defeito de Fabricação* re-utiliza a sinfonia cotidiana do lixo civilizado, orquestrada por instrumentos convencionais ou não: brinquedos, carros, apitos, serras, orquestra de Hertz, ruído das ruas etc., junto com um alfabeto sonoro de emoções contidas nas canções e símbolos musicais que marcaram cada passo da nossa vida afetiva. A forma é dançável, rítmica, quase sempre A-B-A. Com coros, refrões e dentro dos parâmetros da música popular. O aproveitamento desse alfabeto se dá em pequenas "células", citações e plágios deslavados.

Hoje, também pelo esgotamento das combinações com os sete graus da escala diatônica (mesmo acrescentando alterações e tons vizinhos) esta prática desencadeia sobre o universo da música tradicional uma estética do plágio, uma estética do arrastão.

Podemos concluir, portanto, que terminou a era do compositor, a era autoral, inaugurando-se a Era do Plagicombinador, processando-se uma entropia acelerada.

E explica, como se para gringo entender, uma vez que o disco foi lançado primeiro nos Estados Unidos: "Arrastão: Técnica de roubo urbano, inaugurada em praias do Rio de Janeiro. Um pequeno grupo corre violentamente através de uma multidão e 'varre' dinheiro, anéis, bolsas, às vezes até as roupas das pessoas".

Ainda no encarte, após a letra de cada canção, seguem as referências utilizadas: "Arrastão de Santo Agostinho"; "Arrastão de Jorge Luis Borges, de Caetano Veloso e Gilberto Gil", apenas para pinçar dois exemplos. Mas, na grande maioria das vezes, como na canção do final da década de 1960, a criação é tão original e autoral que as referências mal podem ser identificadas.

E a questão da autoria, da singularidade criativa é a base de tudo. Explicando o título do disco, ele afirma:

O Terceiro Mundo tem uma crescente população. A maioria se transforma em uma espécie de "androide", quase sempre analfabetos e com escassa especialização para o trabalho.

Isso acontece aqui nas favelas do Rio, São Paulo e do Nordeste do país. E em toda a periferia da civilização. Esses androides são mais baratos que o robô operário fabricado em Alemanha e Japão. Mas revelam alguns "defeitos" inatos, como criar, pensar, dançar, sonhar; são defeitos muito perigosos para o Patrão Primeiro Mundo.

Aos olhos dele, nós, quando praticamos essas coisas por aqui, somos "androides" COM DEFEITO DE FABRICAÇÃO. Pensar sempre será uma afronta.

Ter ideias, compor, por exemplo, é ousar. No umbral da História, o projeto de juntar fibras vegetais e criar a arte de tecer foi uma grande ousadia. Pensar sempre será.

Pensar sempre será uma grande ousadia, e é essa ousadia que Tom Zé quis mostrar aos gringos, escancarando os defeitos de fabricação destes androides que somos. E é a partir de nossos defeitos que criamos e exportamos arte.

A estética do plágio, porém, não se limita a um processo de composição através da colagem de uma multiplicidade de elementos que o compositor recolhe pelo mundo e pela vida. Tom Zé também exercita um trabalho de revisão e recriação de suas próprias composições. Ouvindo o conjunto de sua obra, nos deparamos com muitas canções que foram retrabalhadas, às vezes na letra, às vezes na melodia, às vezes na instrumentação, às vezes em tudo isso junto. Dois desses casos já foram citados aqui: "Vaia de Bêbado Não Vale", composta em 1992, recriada em 1999 e retomada em 2008, no disco *Estudando a Bossa*, prolifera nessas várias criações; "São, São Paulo", de 1968, foi regravada em 2003, e os oito milhões de habitantes que da letra foram atualizados para vinte milhões. Mas, no caso desta canção, o que mais chama a atenção é que uma nova instrumentalização nos faz sentir um ritmo urbano completamente outro. A primeira versão expressa a urbanidade dos anos de 1960; a segunda, reflete o novo padrão urbano da atualidade.

Esses são alguns exemplos do que poderíamos chamar de um "autoplágio", um constante processo de recriação de si mesmo e de suas criações, como que a buscar melhorar uma ideia que ainda não tinha dado tudo de si, ainda não tinha sido explorada a contento. Em *Com Defeito de Fabricação* a primeira faixa, "Defeito 1: O Gene", é identificada como um "arrastão de Santo Agostinho": "A gente já mente no gene/A mente do gene da gente/Faça suas orações/Uma vez por dia/Depois mande a consciência/Junto com os lençóis/Pra lavanderia". Mas é um arrastão também do próprio Tom Zé. É uma recriação a partir de frases da letra e frases melódicas de "O Sândalo", canção completamente diferente que aparece no LP *Se O Caso É Chorar*. Ainda mais emblemático é o caso de "Dor e Dor", do mesmo LP, que ganha nova instrumentação e uma outra letra e torna-se, em *Jogos de Armar* a canção "Jimi Renda-se", apresentada como um "arrastão do falar sofisticado".

O Jogo da Criação

Abordemos agora um outro aspecto do processo criativo de Tom Zé, que penso poder denominar como o jogo da criação. Ele relata que até tentou adaptar-se ao padrão de composição da MPB:

De 68 a 73 foi uma luta, para me adaptar à forma A-B-A simples de música popular, isto é, 1ª parte, 2ª parte, 1ª parte. Depois de 1961, só voltei a praticar o que chamo realmente de composição em 1973, com *TomZéTodososOlhos*, da Continental, quando esquentei as baterias para *Estudando o Samba*, de 1976[34].

O que será isso que o compositor chama de "realmente composição"? Trata-se de um processo que ele denomina "linha de montagem"[35]: assim como Deleuze afirmava que seria interessante ter um saco onde colocasse tudo o que encontra para que pudesse utilizar em algum momento na criação de um conceito a partir de uma ideia, Tom Zé diz ter um enorme arquivo de fitas cassete, do qual tira os elementos para suas composições. A partir de uma bateria de samba, que pode ser tocada em ritmo mais lento ou mais rápido, ele vai experimentando acordes com o violão, criando motivos de base a serem repetidos. Foi percebendo que os bons resultados apareciam quando modificava, mesmo que ligeiramente, a batida do samba. Podemos falar, penso, em uma "desconstrução" do samba; uma desconstrução de um gênero conhecido para, a partir de seus próprios elementos, criar algo absolutamente novo. A linha de montagem consiste exatamente na produção a partir desses elementos, desses blocos de sensação, para usar a expressão de Deleuze e Guattari, inventando obras – canções – absolutamente novas.

Em seu processo criativo, Tom Zé diz que primeiro brinca muito com esses elementos, esses blocos, até produzir uma longa sequência, que começa a constituir uma canção. Só então vai se ocupar em produzir uma melodia, em encontrar algo para dizer e fazer uma

---

34 *Tropicalista Lenta Luta*, p. 50.
35 Idem, p. 215 e s.

letra para a música. "Enfim: é uma linha de montagem. Tenho vários desses acha... – desses *procurados*. Não são achados, não é?, são procurados – tenho vários desses, iniciados. Quando um já está bastante interessante, elevo ao *status* de futura música. É promovido."[36]

Como já evidenciado, esse processo criativo Tom Zé começou a experimentá-lo desde o início de sua vida de compositor, intuitivamente. Após o intervalo de 1968 a 1973, retomou esse processo de composição, melhor explorado na produção do emblemático *Estudando o Samba*, de 1976, em que o gênero é desconstruído para a reorganização dos elementos, dos blocos de sensação em algo novo. Mas esse processo seria escancarado no CD lançado em 2000, *Jogos de Armar*, com o sugestivo subtítulo: *Faça Você Mesmo*.

Na entrevista a Luiz Tatit e Arthur Nestrovki, Tom Zé afirma que boa parte das músicas do disco saíram do seu arquivo de fitas cassete e também de um outro disco seu, *Nave Maria*, de 1984, que ele considera como uma linha de montagem que chegou a disco, mas não foi suficientemente desenvolvida, permanecendo como uma fonte para novas composições[37]. O exemplo que cita diretamente é que o baixo da música "Passagem de Som", "um baixo muito longo, que não é comum, algo tão longo e repetitivo"[38], é o mesmo baixo da canção "Acalanto Nuclear", do disco de 1984.

O mais revolucionário, porém, está no fato de que Tom Zé escancara em *Jogos de Armar* seu processo criativo, colocando no pacote um segundo CD, que contém os blocos de sensação utilizados na composição, com o convite a quem quiser tomá-los e fazer novas composições. Vejamos como ele lança este convite no encarte do disco:

Música do Século Passado

Não é um CD Duplo

Em 17 de maio de 78 esses instrumentos, ideias e canções subiram ao palco da GV – Teatro da Fundação Getúlio Vargas – S. Paulo. Na pág. 2, notícias desse show nos jornais do dia.

---

36 Idem, p. 216.
37 Idem, ibidem.
38 Idem, ibidem.

Lá, o embrião de células musicais que podem ser manejadas, remontadas: um tipo de canção-módulo, aberta a inúmeras versões, receptiva à interferência de amadores ou profissionais, proporcionando jogos de armar nos quais qualquer interessado possa fazer por si mesmo:

a. uma nova versão da música, pela remontagem de suas unidades constituintes;

b. aproveitamento de partes do arranjo que foram abandonadas;

c. reaproveitamento de trechos de letra não usados nas canções, para completá-las ou refazê-las;

d. construção de composições inteiramente novas, com células recolhidas à vontade, de qualquer das canções do disco-mãe.

Acompanha o cedê auxiliar (não é um cedê duplo!), *Cartilha de Parceiros*. Neste, cada célula ou entrecho é apresentado separadamente, para permitir reelaborações e remontagens.

As bandas de garagens podem naturalmente fazer arranjos ou recomposições ao vivo – até fora da garagem.

Segue uma sucinta instrução da Editora Irará/Trama, para o caso de trabalhos que queiram assumir compleição profissional: Qualquer utilização comercial, reprodução ou publicação de peças derivadas de alterações das obras originais do artista Tom Zé, independentemente de suporte ou meio – digital ou analógico – deverá ser regularizada na Editora Irará/Trama.

Assim, para além de um processo criativo aberto, de uma linha de montagem que retoma e recupera fragmentos, blocos, partes de outras composições e de composições novas, cuja organização significa a construção de uma canção, Tom Zé ainda abre sua caixa de "procurados" e a coloca à disposição de quem quiser ser parceiro e construir suas próprias canções, a partir destes mesmos blocos. Fica patente aqui que a alegria da criação é similar à alegria da criança que brinca com seus jogos de montar, construindo novos cenários e paisagens a partir de seus blocos de plástico. E sempre pode convidar um amigo para brincar junto, para construir outras paisagens com seus blocos.

Na entrevista contida no DVD *Jogos de Armar*, Tom Zé declara-se aberto ao *acontecimento*. Relata que certa vez deu uma entrevista a um jornalista do *The New York Times* e afirmou que, quando entra em seu quarto, não sabe em que vai se transformar, não vai de cabeça pensada, mas para o que der. Se ali houver água, vira peixe; se encontrar um lamaçal, vira cobra; se encontrar fogo, vira salamandra. E completa: "não quero saber; o que me ocorrer, eu estou nessa. E isso é interessante, por que você muitas vezes é carregado para um lugar que não conhece. A experiência da criação é a coragem de se jogar nos abismos".

Isso me dá vontade de uma vez mais trazer Deleuze para a conversa. Em seu livro *Lógica do Sentido*, publicado em 1969, ele ocupa-se de uma filosofia do acontecimento, recorrendo aos filósofos estoicos antigos. Afirma que esses filósofos desenvolveram uma "moral do acontecimento", que consiste em querer o acontecimento. O que significa isso? Ora, o acontecimento é exatamente aquilo que nos ocorre, e sobre o que não temos qualquer controle. Querer controlar o acontecimento é fonte de infelicidade, porque nunca o conseguimos. A sabedoria de uma vida feliz está, ao contrário, em colocar-se no fluxo dos acontecimentos[39]. Como diz Tom Zé, "estar para o que der"; moldar-se àquilo que nos acontece: devir-peixe, devir-cobra, devir-salamandra, ao sabor do acontecimento. Aproveitar o acontecimento em nosso favor, tornando-o nosso, incorporando-o, para produzir a partir dele. Deixar-se carregar para estes lugares que não conhecemos, mas, ali estando, habitá-los como se fossem nossos, como se os houvéssemos desejado desde sempre. Apenas lançando-se aos abismos, jogando-se ao acaso e ao imprevisto do acontecimento, a criação é possível.

A abertura de Tom Zé ao acontecimento não se dá apenas no ato de criação, na composição, mas também em seus shows, em suas apresentações. Como já foi destacado aqui, ele é um artista performático, que procura prender o público pela cognição. Seu show não é uma apresentação do artista no palco, esperando que a plateia fique passiva, fruindo e desfrutando do espetáculo. Ao contrário, ele procura ser sempre interativo, fazer da plateia uma parceira na construção do show, que é um acontecimento. Tom Zé e a banda planejam

---

39 *Lógica do Sentido*, 4. ed., São Paulo: Perspectiva, 1998. Especialmente a vigésima série: "Sobre o Problema Moral dos Estóicos" e a vigésima primeira série: "Do Acontecimento", p. 151-165.

o show, ensaiam, mas membros da banda relatam, no *making of* do filme *Fabricando Tom Zé*, de Décio Matos Jr., que não é raro que, ao entrar no palco e olhar a plateia, Tom comece a cantar algo que não estava planejado e o show acaba sendo algo completamente diferente do que fora pensado.

Essa estratégia, porém, nem sempre funciona. O filme *Fabricando Tom Zé*, que acompanhou sua turnê pela Europa em 2005, mostra vários sucessos, mas também o fracasso do show na cidade francesa de Vienne. O artista fica impressionado com a cidade, com o anfiteatro antigo em que seria o show. Buscando sua interação com o público, resolve compor uma canção em francês, brincando com o nome da cidade. O público, porém, não reage bem, permanecendo apático, com conversas e mesmo vaias… O show acabou sendo um fiasco. O show feito em Paris, dias depois, foi, porém, um imenso sucesso, com a plateia cantando e dançando e com Tom voltando ao palco diversas vezes, depois do encerramento "oficial" do show. Acontecimentos imprevisíveis; interações não programadas.

Eu mesmo presenciei algo similar. Final dos anos de 1990, 1997 ou 1998, não me lembro bem da data, assisti a um show memorável de Tom Zé numa casa de shows alternativa de Campinas, a Cooperativa Brasil. Casa cheia, público universitário que conhecia Tom Zé e acompanhava sua carreira, cantava junto as músicas, dançava e pedia canções aos berros, e o show "pegou fogo". Tom Zé pulava no palco como uma criança de cinco anos, extasiado. Lá pelas tantas, como o palco era baixo, resolveu subir num banquinho e cantar lá de cima, para que pudesse ver e ser visto melhor. Mas não parou de pular e dançar, mesmo em cima do banquinho; tanto gesticulou as mãos para o alto, que acabou quebrando uma lâmpada que estava logo acima de sua cabeça. Não se abalou: continuou cantando, mesmo à meia luz e com a mão um pouco machucada, para delírio absoluto da plateia. Algumas semanas depois fui assistir ao mesmo show, na cidade de Piracicaba. Um velho e lindo teatro. De novo, um público absolutamente de jovens universitários, mas que, dessa vez, em sua maioria, não conhecia Tom Zé. E o público reagia de forma apática àquela música estranha cantada por aquele senhor no palco. Conversas e zunzunzuns percorriam a plateia e Tom foi se irritando, acabando por terminar o show antes do previsto. Tive a chance de conversar brevemente com ele depois e falei sobre a diferença entre o show que acabara de apresentar e o de Campinas, e ele, simpático, comentou algo como: "Pois é, a coisa nem sempre acontece…". Acontecimentos outros, outros devires.

Um último elemento a ser destacado neste jogo da criação é que na sua busca por outros sons, por outras possibilidades acústicas, no final da década de 1970, depois da experimentação com *Estudando o Samba*, Tom Zé começou a criar instrumentos musicais, que depois ele chamaria de "instronzémentos". Conta ele na entrevista do DVD *Jogos de Armar* que sua esposa, Neusa, pediu-lhe que consertasse uma enceradeira com defeito; ao mexer no eletrodoméstico, que estava emperrado, foi percebendo as nuances de som que fazia e achou que podia fazer ritmo com aquilo. Pegou outra enceradeira velha, emperrou-a também e achou que o conjunto poderia dar em música. O resultado foi a criação do "enceroscópio". Depois viriam o "buzinório", uma composição de diferentes buzinas de automóveis; a "serroteria" e o "hertzé", ou orquestra de hertz, reconhecido como um precursor do *sampler*, mas com recursos muito mais abertos, uma vez que o *sampler* é digital e o hertzé usa um princípio analógico. Sem recursos financeiros na época, Tom vendeu uma casa de praia para poder construir os instrumentos, que só viriam a ser devidamente reconhecidos na década de 1990, com sua saída do ostracismo e a possibilidade de gravar novos discos, utilizando-se deles no estúdio e nos shows.

Uma vez mais, ao justificar a criação destes instrumentos, Tom Zé atribui essa inventividade a uma compensação dos seus defeitos, das suas deficiências como músico e cantor, que o empurram a buscar alternativas. Por ser alguém fora do *mainstream* da música popular brasileira, teve a liberdade necessária para quebrar barreiras e explorar outros territórios, construindo paisagens sonoras absolutamente novas e inovadoras. Uma última experiência dessa natureza vemos no CD *Estudando o Pagode*, no qual ele toca uma "orquestra de folhas de fícus". No encarte do CD, podemos ler:

Exercícios de Harmonia Induzida – Conjunto de Folhas de Fícus

O fícus tem uma folha maleável. Em Irará as crianças dobram essa folha e amassam uma das pontas do canudo resultante, de forma que fica igual a uma biqueira de oboé. Se a assopramos com cuidado conseguimos um som nasal e renitente. Em São Paulo, o Colégio Batista, em Perdizes, é cercado de fícus; um dia eu peguei algumas folhas e levei para o estúdio de Paulo Lepetit. Com ele e Gilberto Assis, passei um dia gravando tudo que eu conseguia com o incipiente instrumento. Interessava-me justamente a dificuldade de ele adaptar-se à escala diatônica, produzindo um som glissado e microtonal, para uma velha aspiração: tentar um canto popular com mais de um centro de referência tonal: um jogo de simultaneidades como aquele que a gente vê em algumas histórias em quadrinhos, filmes, e em outros brinquedos. Persigo isso também através de uma harmonia induzida, que acontece quando o acompanhamento fica parado na tônica, e o cantor, com a cumplicidade do ouvinte, canta o tempo todo "corrigindo" a harmonia.

Tudo aqui seria melhor jogar fora, não fosse uma tendência inata a praticar brincadeiras semelhantes àquelas que vi, ouvi e das quais participei na infância, com a música sertaneja. Aquela mais crua, que da própria insipiência tira soluções proveitosas. Essa insipiência é a veia do meu interesse.

Desconstrução e Criação

O processo criativo de Tom Zé, na medida em que trabalha com fragmentos e blocos de sensações, está também bastante centrado numa técnica que poderíamos chamar de "desconstrução", como já afirmei antes.

Uma vez mais, este procedimento está presente no "método tom zé de criação musical" desde muito cedo, como intuição e procura, e vai se delineando e se tornando cada vez mais claro ao longo de sua trajetória. O artista narra a primeira intuição nessa direção:

Formular o pensamento. Teorizar. Eta, defeito danado! Nisso sou réu confesso. Sempre gostei de me divertir detalhando cada passo de plano, elaborando um boneco-projeto. Não posso jurar que foi na revista *O Cruzeiro*, mas lá por dezembro de 55 encontrei num semanário um curso de fotografia. A aula daquele número se chamava "limpar o campo". A matéria me atraiu. A revista ficou aberta na página vários dias. Limpar o campo, limpar o campo.

Até que me ocorreu: era justamente o que eu queria fazer com a canção tradicional: limpar o campo. Conclusão que me induziu a organizar outras ideias que, até então, vinha praticando intuitiva e desorganizadamente[40].

E, mais adiante, emenda:

Era o que eu precisava fazer: fugir desse corpo-cancional e tentar uma cantiga feita de outra matéria, de outra substância. Percorria-me o sentimento de que nisso se continha o pecado e eu tinha medo dos olhos dos deuses. Mas se queria cantar e não podia, se não tinha o dom de cantar ao modo e ao gosto da época, eu tinha de correr qualquer risco[41].

Pois bem. O que na intuição originária Tom Zé busca, a ideia de "limpar o campo" da fotografia para denominar o que faz, penso que podemos chamar de uma desconstrução. Trata-se de desconstruir o corpo-cancional, transformar uma construção lógica num conjunto de blocos, de elementos, para então rearranjar esses elementos de outra maneira, retirando alguns, introduzindo outros. Limpar o campo é decompor a canção, desconstruí-la, de modo a poder ver de que ela é feita, como aquelas crianças que adoram desmontar um relógio, mas nem sempre conseguem colocar tudo de volta da maneira correta.

Tom Zé reinventa a música popular brasileira, mas o faz a partir dos próprios elementos desta música. Introduz elementos novos, mas sem desprezar muitos dos elementos tradicionais, que seguem aparecendo em suas composições, embora não da forma tradicional.

Penso que tal procedimento fica patente em sua série de estudos. *Estudando o Samba* (1976); *Estudando o Pagode* (2005); *Estudando a Bossa* (2008) constituem-se em álbuns em que esses gêneros musicais

---

40 *Tropicalista Lenta Luta*, p. 21.
41 Idem, p. 24.

são desconstruídos, atomizados em seus blocos de sensação básicos, que são em seguida utilizados na criação de composições que não seguem os protocolos de composição destes gêneros, criando canções novas, com outros ritmos, muitas vezes inclassificáveis, ou classificáveis apenas segundo um sistema absolutamente outro. Em *Estudando o Pagode*, Tom Zé brinca de nomear os gêneros de composição; e vemos então desfilar coisas como: "pagode apandeirado"; "pagó-dueto"; "pagode-choro"; "pagó-denúncia"; "pagode simples"; "pagode alienado"; "pagode-chá-chá-chá"; "pagode-enredo"; "pagode metafísico"; "pagode-exaltação"; "pagode à Adoniran". Haverá alguém a segui-lo nestes novos "gêneros"?

A melhor explicação para este procedimento de desconstrução do gênero em blocos de sensação e reconstrução melódica em criações completamente outras é um convite ao leitor para ouvir ou ouvir novamente estes discos de Tom Zé. Aquilo que talvez gastasse páginas cheias de palavras pode ser substituído por uma escuta direta de suas canções nestes álbuns.

Mas quero dar um exemplo, e escolho o "pagode à Adoniram" em *Estudando o Pagode*, com a canção "A Volta do Trem das Onze (8,5 milhões de km^2)". Vemos, nesta música, Tom Zé desconstruir as criações de Adoniran Barbosa, tanto em seu universo melódico e rítmico, quanto em seu universo conceitual e de personagens. Na música, estão presentes os elementos melódicos dos sambas de Adoniran, suas instrumentações, com percussão, violão e cavaquinho, seus breques, mas tudo recriado com os contrapontos de Tom Zé. É algo que soa estranhamente familiar, sem que consigamos, porém, dizer que é Adoniran. É Adoniran, mas é, antes de tudo, Tom Zé. Na letra, a mesma sensação. Estão lá as personagens do universo das músicas de Adoniran: Iracema, Mato Grosso, Joca, Arnesto. Estão os lugares de Adoniran: Jaçanã, Mooca, Belém, a maloca. Mas, ao mesmo tempo, nada tem de Adoniran: é o protesto de Tom Zé contra a retirada progressiva do trem no Brasil, este transporte capaz de impulsionar o progresso, concluindo com a ideia de deixar um bilhete na porta dos políticos de todos os níveis. Os elementos conceituais e os blocos de sensação são tomados de Adoniran, mas trata-se de uma música de Tom Zé, sem sombra de dúvida. Exemplo paradigmático de roubo criativo, de desconstrução e nova composição, novo arranjo dos elementos.

Mas haveria, ainda, mais um degrau a galgar com a desconstrução. Se Tom Zé começou, ainda nos anos de 1950, a procurar "limpar o campo" para fugir do campo-cancional tradicional, ele não poderia chegar em outro lugar que não o da completa desconstrução da canção. É o que ele realiza num disco de 2006 e suas "sete caymianas para o fim da canção", *Danç-Êh-Sá – Dança dos Herdeiros do Sacrifício*. Sua nova personagem-compositor, o dj Tão Zé, investe na pós-canção, retomando exercícios de suas composições para balé, com músicas que são cantadas sem palavras[42]. O disco é um grito de revolta e, uma vez mais, de resistência contra o propalado pela mídia e pelos modismos, o "fim da canção". Escreve ele no encarte: "Estas danças, numeradas como 7, hegelianamente são 21. Pois cada uma se desdobra em 3 pró-posições que, como prevê o *Eclesiastes*, perfazem os tempos de VIVER – SOFRER – REVOLTAR". Resistir à opinião generalizada é afirmar a vida.

Enfim, para Por um Fim…

Luiz Tatit compôs uma bela canção para finalizar os shows do saudoso grupo Rumo, que dizia: "sempre foi difícil terminar/ sempre é um suplício este momento/ mas temos que acabar/ não adianta esta demora/ se tudo acaba um dia/ então porque não agora/ vamos entender esse momento/ vamos acabar enquanto é tempo…". É tempo, pois, de terminar este ensaio. Da multiplicidade que é a obra de Tom Zé, do rizoma[43] de suas canções e ideias, alguns fios foram escolhidos aqui para tratar de seu processo de criação. Para finalizar, uma

---

42 Tom Zé compôs duas trilhas para balé do Grupo Corpo: *Parabelo*, de 1997, com José Miguel Wisnik; e *Santagustin*, de 2002, com Gilberto Assis. Do primeiro, a composição "Emerê" reapareceu em *Com Defeito de Fabricação*. Do segundo, a composição "Bate-Boca" reapareceu em *Imprensa Cantada – 2003*.

43 Conceito criado por Deleuze e Guattari no livro *Mille plateaux* (Paris: Minuit, 1980), que procura designar um sistema aberto, sem centro e sem hierarquia. É uma profusão, um emaranhado de fios que se conectam e se desconectam, permitindo múltiplas entradas e saídas.

vez que não posso ficar eternamente escrevendo, escolhi comentar brevemente a afirmação de que Tom compreende sua música como engajada, mas não como música de protesto.

Referindo-se ainda ao início de sua carreira:

> Para compor, escolhia temas numa hierarquia que privilegiava inicialmente o humor, depois os paradoxos sociais. E um natural engajamento, já que eu nunca morei em Marte. No que se refere à música de protesto, considero-a uma trava no pensamento. É o método jesuítico, acrescentado do que o prof. Paulo Freire chama de *hospedar o opressor*[44].

Portanto, faz uma música engajada, com conteúdo social e político, calcada no humor. Em comentários inseridos no DVD do show *Pirulito da Ciência*, Tom comenta novamente que não faz música de protesto, um tipo de música que, para ele, não passa de um conjunto de palavras de ordem. E, vimos antes, com Deleuze, que as palavras de ordem não convidam ao pensamento, mas apenas à adesão. O que ele faz, por outro lado, é observar a sociedade e, quando ela "baixa a guarda", por descuido, ele fotografa o instantâneo daquele momento, para poder então evidenciar tudo aquilo de inconfessável que, por descuido, ficou a nu. E emenda: isto é importante, pois este tipo de música dá condições para aumentar a capacidade de discernimento da plateia. Isto é, é uma incitação ao pensamento. A chamada música de protesto, por sua vez, chama apenas ao convencimento, à reafirmação das mesmas palavras de ordem, ao fortalecimento da opinião.

Não música de protesto, música de resistência. A revista *Rolling Stone* batizou Tom Zé como "o pai da invenção"[45]; sua música é criação, é resultado de um processo de pensamento, de experimentação e invenção, que convoca também a plateia a pensar. Daí a afirmação de que sua música tem o intuito de aumentar a capacidade de discerni-

---

44 *Tropicalista Lenta Luta*, p. 48.

45 A edição de 26 de novembro de 1998 da publicação destaca: "The father of invention: drills, balloons, door buzzers – brazilian Tom Zé can turn anything into music" [O pai da invenção: broca, balões, campainha – o brasileiro Tom Zé é capaz de transformar qualquer coisa em música].

mento do público. E, se pensar sempre foi uma ousadia, uma afronta aos poderosos, a música de Tom Zé invoca as potências da arte para resistir à mesmice, ao pensamento único, ao não pensamento.

Cabe perfeitamente, em Tom Zé, o "parangolé" de Paulinho Moska: pensar é fazer música. E a música é um empurrão no pensamento, chacoalhando-o de seu comodismo. "Todo compositor brasileiro é um complexado". Tom Zé exorciza seus complexos e nos convida a pensar e dançar. Mandemos a seriedade ao inferno!

Discografia Utilizada

LUIZ TATIT. *O Meio*. CD Dabliú Discos/Eldorado Distribuidora, 2000.

PAULINHO MOSKA. *Pensar é Fazer Música*. CD EMI, 1995.

TOM ZÉ. *O Pirulito da Ciência* – Tom Zé & Banda ao vivo. CD Biscoito Fino, 2010.

_____. *Estudando a Bossa*. CD Biscoito Fino, 2008.

_____. *Danç-Êh-Sá: Dança dos Herdeiros do Sacrifício*. CD Trama/Tratore, 2006.

_____. *Estudando o Pagode: Na Opereta Segregamulher e Amor*. CD Trama, 2005.

_____. *20 Preferidas* – coletânea. CD Som Livre, 2002.

_____. *Jogos de Armar: Faça Você Mesmo*. CD Trama, 2000.

_____. *Enciclopédia Musical Brasileira* – coletânea. CD Warner Music do Brasil, 2000.

_____. *Imprensa Cantada* [2003]. CD Trama, 2003.

_____. *Com Defeito de Fabricação*. CD Luaka Bop/Trama, 1998.

_____. *No Jardim da Política* [1998]. CD Palavra Cantada, s/d.

_____. *The Hips of Tradition* – Brazil Classics v. 5 by David Byrne [1992]. CD Luaka Bop, 2001.

_____. *Nave Maria* [1984]. CD Som Livre, s/d.

_____. *Estudando o Samba* [1976] / *Correio da Estação do Brás* [1978]. Série Dois Momentos vol. 15. CD Warner Music do Brasil, 2000.

_____. *Se o Caso é Chorar* [1972/1984] / *Todos os Olhos* [1973]. Série Dois Momentos vol. 14. CD Warner Music do Brasil, 2000.

_____. *Imprensa Cantada 2003*. CD Trama, 1999.

_____. *Grande Liquidação* [1968]. CD Sony Music, s/d.

_____. *Postmodern Platos* – remixes. CD Luaka Bop/Trama, s/d.

VÁRIOS. *Tropicália ou Panis et Circencis* [1968] – arranjo e regência Rogério Duprat. CD Polygram, 1993.

Recursos Áudio-Visuais

MATOS JR., Décio (dir.). *Fabricando Tom Zé*. Documentário. Goiabada Productions; Spectra Mídia; Muiraquitã Filmes; Primo Filmes, 2006.

TOM ZÉ. *O Pirulito da Ciência*. Gravado ao Vivo no Teatro da Fecap. Show e entrevista. Direção e produção: Charles Gavin. DVD Trama/Canal Brasil, 2010.

_____. *Jogos de Armar*. Gravado ao vivo em São Paulo, no DirecTV Music Hall. Show e entrevista. Direção: Fernanda Telles. DVD Trama, 2003.

_____. *Programa Ensaio* – 1991. Direção: Fernando Faro. Produção: TV Cultura. DVD Trama, 2005.

A Arte e o Ofício

Tim Rescala

Muitos músicos costumam ainda se deparar com perguntas desconcertantes acerca de sua atividade, como se esta não fosse uma profissão como as outras. Ainda persistem alguns preconceitos, equívocos e mal-entendidos a respeito desse ofício, que, na verdade, já é bastante antigo, necessário e indispensável em diferentes sociedades e culturas.

Seja executante ou compositor, o músico continua tendo que explicar do que vive, de onde tira seu sustento, como se o seu ofício fosse alguma atividade diletante ou mesmo um *hobby* de fim de semana. A atividade de compositor, sobretudo, parece se revestir de uma aura ainda mais curiosa e exótica, embora implique também um certo "glamour".

O perfil do compositor do período romântico da música clássica ocidental que nos ficou de legado foi o de um sofredor incompreendido, sempre de saúde frágil e sujeito a uma morte prematura. Quase sempre a condenação ao anonimato foi uma sina dos grandes gênios da música.

Já o compositor do barroco ou do classicismo parece ter vivido à mercê da benevolência dos reis, das encomendas para comemorar datas importantes, fossem elas festivas ou fúnebres. O emprego fixo como organista ou mestre-capela era para poucos e devia ser disputadíssimo.

A atividade reflete então o que uma determinada sociedade ou cultura espera da música e o que acha sobre o que ela é capaz de fazer pela sociedade. Pode ser exclusivamente um alimento para o espírito, mas pode também adquirir um caráter absolutamente utilitário e funcional, sendo indispensável em inúmeras circunstâncias sociais.

O ofício do compositor hoje, principalmente na era da Internet, precisa então ser rediscutido, esclarecido ou mesmo revisto, pois novos paradigmas batem à nossa porta e nos levam a reavaliar vários conceitos.

Ser um Compositor no Brasil

Certa vez recebi um telefonema um tanto prosaico. Uma produtora de TV solicitava minha colaboração num programa sobre profissões. O tema a ser abordado, por mais incrível que pareça, era extremamente específico e surpreendente: compositor de operetas. Embora eu realmente pudesse contribuir para uma discussão sobre o tema, tendo escrito e encenado três obras no gênero, esclareci que essa profissão simplesmente não existia no Brasil. E talvez não exista mais em lugar nenhum.

O convite foi desconcertante, principalmente por demonstrar o total desconhecimento da produtora sobre a realidade de um compositor brasileiro, sobretudo quando se fala em música de concerto ou de cena. Posso dizer que minha atividade principal, e da qual realmente tiro meu sustento, é a composição. Mas tenho consciência de que esta é uma situação de exceção no Brasil e em muitos outros países, sobretudo do terceiro mundo. E se eu tivesse resolvido me dedicar exclusivamente à composição de operetas, aí sim eu precisaria mesmo ter uma atividade paralela para me dar sustento.

Ao que tudo indica, a maioria dos compositores brasileiros que se dedicam exclusivamente à música de concerto exerce também o magistério, seja ensinando propriamente composição ou matérias correlatas. A carreira acadêmica pode também dar ao compositor um acesso mais rápido e regular a intérpretes de bom nível que possam se interessar por suas obras.

Já o profissional que se aventura a viver da profissão sem ter o amparo da academia, se depara com desafios maiores em termos de sobrevivência. Por outro lado tem a chance, mesmo por força das consequências e não por opção própria, de se exercitar em diversos estilos e gêneros musicais. Isso, que aparentemente é um dado negativo, pode transformar-se, porém, num grande trunfo.

Poucos são os países do mundo, mesmo da Europa, cujos músicos transitem com desenvoltura pelos diversos gêneros musicais, mas isso acontece com boa parcela dos músicos brasileiros. Hoje já podemos ver excelentes músicos de orquestra atuando também de forma brilhante em rodas de choro, por exemplo. Não por questões circunstâncias, mas por opção estética.

A nossa música popular, aliás, tão aclamada no exterior, tem sido responsável por absorver um bom número de músicos de orquestra como mão de obra em shows e gravações. E o perfil multifacetado da nossa música, que se reflete também num mercado de trabalho bastante amplo e ativo, acaba por beneficiar profissionais que atuam mais amiúde na música de concerto. Se o compositor de concerto optar por ampliar sua gama de atuação, obviamente sentindo-se capaz e confortável como criador dentro do universo da música popular, terá certamente um retorno financeiro mais imediato e regular.

É evidente que ser um compositor no Brasil é tarefa complexa e requer, sobretudo, coragem. Sabemos que a tradição musical brasileira está muito mais voltada para a música popular, mas isso não quer dizer que a vida do compositor popular seja um mar de rosas. Muito pelo contrário. É tão ou mais competitiva e complexa que a do compositor clássico, principalmente pela extensão e complexidade de seu mercado.

Mas o mercado musical brasileiro, em que pese suas discrepâncias e desequilíbrios, refletindo o que é a própria sociedade brasileira, ainda é capaz de apontar algumas brechas interessantes para que o compositor exerça efetivamente o seu ofício, sem ter que se valer de uma outra atividade, que não a composição. Porém, obviamente, esta é uma opção estética e, por isso mesmo, bastante pessoal.

Mas o segredo para se chegar a isso talvez esteja numa postura mais aberta, mais abrangente, em que o compositor tenha que pensar um pouco mais no seu papel social, em sua interlocução com a sociedade e menos em sua autossatisfação como criador. Não se trata, de forma alguma, de fazer concessões estéticas, mas sim de manter um diálogo com o público de forma mais presente e abrangente. Agindo assim, o compositor correrá mais riscos, obviamente, no entanto, por outro lado, conseguindo levar esse diálogo adiante, certamente colherá frutos duradouros.

O diálogo que travará com a sociedade é que vai garantir a sua sobrevivência e a de seu ofício. Será cada vez mais solicitado pelo seu público a criar novos trabalhos, mantendo-se em atividade e, sobretudo, exercendo sua profissão.

Profissionalismo e Ecletismo

Se um compositor opta conscientemente por atuar em universos distintos, seja na música de concerto, na música popular ou na área do audiovisual, terá que se exercitar nos diferentes gêneros e estilos musicais que estes universos abarcam. Assim como um instrumentista que precisa se exercitar todos os dias, também o compositor precisa adquirir treinamento, dominando as técnicas e procedimentos característicos de cada tipo de música que praticar.

É evidente que aquele profissional que já transita por diferentes estilos, desde seu período de formação musical, terá mais facilidade para se inserir em diferentes fatias do mercado. Mas nada impede que um compositor de concerto se aventure a escrever canções populares, desde que esteja disposto a mudar um pouco seus critérios e sua abordagem do fato musical. Afinal, a música é um campo inesgotável, contudo cada estilo tem os seus elementos primordiais, suas idiossincrasias e suas regras. Cabe ao compositor conhecê-las, estudá-las e , finalmente, dominá-las.

No início, o profissional pode até ser acometido de certa esquizofrenia criativa, mas pouco a pouco saberá separar o joio do trigo, os alhos dos bugalhos. Afinal, enquanto uma música é funcional, utilitária ou programática, outra é apenas música pura, que existe por si só.

O segmento do audiovisual, por exemplo, é um campo que se renova e se amplia a cada dia. Não só através do cinema e da TV aberta, mas também na TV a cabo, a música original é cada vez mais valorizada e necessária. A competitividade na área é sempre crescente, o que estimula a evolução não só tecnológica mas estética e profissional do que é produzido no segmento.

O cinema brasileiro, como sabemos, sofreu um enorme baque na era Collor com o fim da Embrafilme. Interrompeu-se bruscamente uma evolução natural, colocando no limbo criativo profissionais que estavam consolidando suas carreiras. Mas o cinema brasileiro ressurgiu recentemente com toda força, trazendo com ele, inclusive, novas abordagens e novas questões estéticas.

Os compositores que atuam na área já estão mais abertos e dispostos a enfrentar desafios tecnológicos em comparação com aqueles que criaram a música brasileira para audiovisual até os anos de 1970.

A música para TV, assim como aquela feita para cinema, acompanha cotidianamente uma evolução tecnológica acelerada, muitas vezes em demasia. Na década de 1980, com a utilização crescente e excessiva dos sintetizadores, como uma descoberta da pólvora, quem sofreu mais foram os intérpretes. As orquestras formadas para atender a demanda de programas de TV foram desfeitas pouco a pouco, dando lugar aos tecladistas e programadores. Isso, obviamente, teve uma consequência cruel para a classe musical, não só diminuindo o nível de emprego na área, mas também afunilando as possibilidades criativas. Podemos até enxergar um lado positivo nisso, se considerarmos que a necessidade de vencer desafios provoca o surgimento de novas soluções estéticas, mas o fato é que o mercado sofreu um baque considerável, provocando a aposentadoria compulsória de grandes profissionais, não só compositores, mas também arranjadores e orquestradores de grande envergadura.

Hoje, porém, o perfil do compositor de música para audiovisual é o de um profissional eclético, que seja capaz de transitar com desenvoltura por diferentes universos sonoros. O mesmo acontece com o compositor de teatro, trabalhando com canções ou música incidental.

Quem trabalha com música incidental ou funcional precisa estar apto a praticar diversos estilos e gêneros musicais. Tanto precisa saber programar um computador e fazer edições de áudio, quanto escrever uma orquestração e reger uma orquestra. Quanto maior for seu leque de atuação, melhor se colocará no mercado.

O Desafio Estético

O ofício de compor cotidianamente, com prazos maiores ou menores, dependendo da natureza do pedido, implica, obviamente, enfrentar o fato musical de diferentes formas.

Escrever um quarteto de cordas num prazo de dois ou três meses para uma apresentação em concerto requer uma determinada postura e implica uma determinada expectativa, não só para quem escreve, mas também para quem ouvirá esta obra. Já uma música incidental que deve ser entregue no dia seguinte da encomenda, não dá ao compositor muito tempo para pesquisas de linguagem ou experiências sonoras.

O compositor de hoje se depara então com desafios estéticos extremamente variados. Dependendo da função que a música terá, se será destinada ao puro deleite auditivo numa sala de concerto ou se funcionará como complemento de uma obra audiovisual ou cênica, o compositor será um ou outro. Será sempre ele em termos de estilo, de visão do fato musical, mas será outro na medida em que se adaptará a uma circunstância nova, inusitada, inesperada.

O desafio maior então se apresenta no nível estético. Como fazer com que seu ofício vá além do simples ofício. Não podemos nos esquecer de que o compositor é um criador e, por isso, desempenha um papel social e está inserido num contexto histórico. Deve também corresponder a uma expectativa estética. Esse, talvez, seja o maior desafio desse ofício: saber equilibrar-se entre a linha tênue que sapara a atividade profissional da atividade criadora, que somam-se numa só.

Direito Autoral

Um compositor não é necessariamente um intérprete. Este, em que pese as dificuldades inerentes a sua atividade, trabalha sempre na expectativa de receber um cachê ou um salário, mesmo que eventuais. Mas o salário do compositor é o direito autoral, é aquilo que a obra gerará a partir do momento que é criada. Esses dividendos são muito mais incertos, irregularidades e dependem, sobretudo, da saúde do sistema existente para que o pagamento por seu trabalho seja efetivamente feito e de forma justa.

O sistema autoral brasileiro não é, infelizmente, dos melhores. Em termos de arrecadação ele tem comemorado recordes anualmente, principalmente a partir de meados da década de 1990. Porém, a distribuição desses direitos segue como o ponto negativo de todo o processo autoral.

Teoricamente aqui se pratica a gestão coletiva, sistema pelo qual apenas uma entidade arrecada e distribui o que é apurado na área autoral. Mas uma série de distorções, além de uma história extremamente confusa e peculiar na formação das sociedades brasileiras, gerou um sistema injusto e desequilibrado. As queixas dos compositores tornaram-se frequentes, gerando uma insatisfação profunda com o sistema vigente.

A atuação do Ecad, responsável pela arrecadação e distribuição de direitos autorais na área da música, é o principal alvo dessas críticas, bem como a lei autoral que lhe dá sustentação. Gestão cultural pressupõe monopólio, mas monopólio pressupõe também regulação e fiscalização por parte do Estado. É assim em todo o mundo, menos no Brasil.

Uma revisão equivocada da lei autoral em 1998 criou uma aberração, um órgão de perfil absolutamente *sui-generis* em todo o mundo. O Ecad, que lida com dinheiro de terceiros, atua sem qualquer fiscalização, o que gera distorções sérias e intransponíveis. Assim como extinguiu a Embrafilme, o governo Collor acabou também com o CNDA, órgão que regulava e fiscalizava o Ecad, criado pela mesma lei.

Por isso se faz necessária e urgente uma revisão da lei autoral, propondo a recriação de uma instância de mediação e arbitragem, bem como a fiscalização do Ecad por parte do Estado. A atualização da lei, principalmente no que diz respeito ao uso da Internet como meio de divulgação e comercialização da obra musical e a utilização de novas tecnologias, é vital para quem exerce a profissão de compositor.

Tudo nos leva a crer que um sistema autoral mais transparente, justo e eficiente, dê ao compositor as condições necessárias para que desempenhe seu ofício com segurança e tranquilidade.

Autores

CARLOS EDUARDO AMARAL: É jornalista, crítico de música clássica e mestre em comunicação pela UFPE. Produziu o programa *Audições Brasileiras: A Música Clássica Nacional em Seu Rádio*, o primeiro sobre compositores de música clássica brasileira transmitido via web, e mantém o *Audições Brasileiras Blog-clipping*. Colabora regularmente para as revistas *Continente* (PE) e *Concerto* (SP) e participa como jornalista convidado da Mostra Internacional de Música em Olinda (Mimo) e do Festival Internacional de Música de Pernambuco (Virtuosi). Organizou a *Coletânea de Crítica Musical: Alunos da* UFPE e recebeu distinções da Fundaj (Fundação Joaquim Nabuco) e da Funarte, em editais de âmbito nacional, pelos estudos sobre o ativismo político nas obras sinfônicas de Jorge Antunes. Eventualmente ministra cursos de iniciação à música clássica em Recife.

EDUARDO SEINCMAN: É compositor e doutor pela ECA-USP. Sua produção artística compreende mais de uma centena de obras que vão desde a música solista às sinfônicas e operísticas. Suas obras têm sido interpretadas por diversos grupos de música contemporânea do

Brasil e do exterior. De sua autoria: os livros *Estética da Comunicação Musical* (Via Lettera, 2008), *Sonata do Absoluto* (Edusp/Imprensa Oficial, 2007) e *Do Tempo Musical* (Via Lettera, 2001); os CDS *Histórias Fantásticas* (Petrobrás, 2009), *Em Movimento* (Cepeusp, 1996) e *A Dança dos Duplos* (ECA-MAC, 1995). O site <www.historiasfantasticas.mus.br> oferece downloads de suas partituras, músicas e a distribuição gratuita de CDS.

EMANUEL DIMAS DE MELO PIMENTA: Nasceu em São Paulo, em 1957, é arquiteto, urbanista, compositor de música erudita contemporânea e fotógrafo. Foi aluno de Hans Joachim Koellreutter, de Décio Pignatari, entre outros. Trabalhou com John Cage e, como compositor, para Merce Cunningham na cidade de Nova York, de 1986 a 1992. Continuou trabalhando como compositor para Merce Cunningham durante cerca de vinte e cinco anos, até o desaparecimento deste em 2009. Os seus trabalhos estão presentes em importantes museus e instituições de arte contemporânea como o Whitney Museum de Nova York, a Bienal de Veneza, o CyberArt Museum de Seattle, e o Museu de Arte Contemporânea ARS AEVI, de Sarajevo, entre muitos outros. É professor convidado por diversas universidades em todo o mundo, como a de Nova York, Washington, Lausanne, Tsukuba, Palermo, São Paulo, o Technion de Israel, entre outros. Os seus trabalhos são estruturados a partir de estudos de neurologia e de teoria do pensamento. É membro ativo da Academia de Ciências de Nova York, da Sociedade Americana para o Progresso da Ciência em Washington, e da Sociedade Americana de Fotógrafos de Media entre outros. No início dos anos de 1980 cunha o conceito de arquitetura virtual, mais tarde transformado em disciplina em diversas universidades em diferentes países. No final dos anos de 1970, começa a elaborar um novo tipo de notação musical dentro de ambientes virtuais. Já publicou cerca de cinquenta livros e mais de trinta CDS. Vive em Locarno, Suíça, sua residência principal, Nova York e Lisboa.

FLO MENEZES: Nasceu em São Paulo, em 1962. Estudou composição na USP com Willy Corrêa de Oliveira, música eletroacústica com Hans Humpert no Studio für elektronische Musik de Colônia, Alemanha, especializou-se junto ao Centro di Sonologia Computazionale de Pádua, Itália, e doutorou-se em 1992 na Bélgica, com tese premiada sobre Luciano Berio (orientador: Henri Pousseur). Foi aluno de P. Boulez (1988), L. Berio (1989), B. Ferneyhough (1995) e K. Stockhausen (1998), de quem tornou-se assistente pedagógico em 1999 e 2001. Obteve os principais prêmios internacionais e nacionais de composição (Unesco 1991; Trimalca 1993; Ars Electronica 1995; Luigi Russolo 1996; Sergio Motta 2002; Bolsa Vitae 2003; Giga-Hertz--Preis 2007). Autor de mais de sessenta obras em diversos gêneros musicais (orquestral, vocal, camerístico, eletroacústico) e de oito livros (dois dos quais publicados na Europa), é fundador e diretor do Studio PANaroma de Música Eletroacústica e professor-titular da Unesp.

IBANEY CHASIN: É professor de Estética Musical e Música de Câmara na UFPb. Graduado em música, mestre em filosofia, doutor em história, realizou curso de aperfeiçoamento em música renascentista junto ao Centro Studi Rinascimento Musicale. Traduziu e editou ensaios de pesquisadores e musicólogos tais como Enrico Fubini e Annibale Gianuario, bem como publicou, dentre outros textos, *O Canto dos Afetos* (2004) e *Música Serva D'Alma* (2009), ambos pela Perspectiva. Atualmente, também pela Perspectiva, prepara a edição do livro *Orquestra do Reich: A Orquestra Filarmônica de Berlim e o Nacional-Socialismo*, do pesquisador canadense Misha Aster. Dedicado ao chitarrone e à guitarra barroca, frente ao Camena, grupo musical que dirige, realizou concertos por várias capitais do país. Dentre as várias obras realizadas como continuísta, destaca-se *L'Orfeo*, de Claudio Monteverdi, ópera montada pelo Teatro Municipal de São Paulo em 2006, sob a direção de Mara Campos.

JORGE ANTUNES: Formou-se em violino, composição e regência na Escola de Música (UFRJ). Em 1961 se destacou como precursor, no Brasil, da música eletrônica, ao mesmo tempo em que ingressava no curso de física da Faculdade Nacional de Filosofia (FNFi). Realizou estudos pós-graduados em composição no Instituto Torcuato Di Tella de Buenos Aires. Estudou no Instituto de Sonologia da Universidade de Utrecht, com uma bolsa do governo holandês, e no Groupe de Recherches Musicales de l'ORTF, onde atuou como compositor-estagiário sob a orientação de Pierre Schaeffer. Fez o doutorado em Estética Musical na Sorbonne, Universidade de Paris VIII, tendo Daniel Charles como orientador. Em junho de 1973 ingressou como professor na Universidade de Brasília, onde atualmente é Pesquisador Associado Sênior. Obteve vários prêmios nacionais e internacionais. Tem vários CDs e livros publicados. É membro da Academia Brasileira de Música e presidente da Sociedade Brasileira de Música Eletroacústica. Suas obras são publicadas por importantes editoras europeias.

JOSÉ AUGUSTO MANNIS: Nascido em 1958, é compositor, performer eletroacústico, *sound designer*, professor universitário e pesquisador. Seu repertório abrange vários gêneros musicais: eletroacústica, instrumental, música para vídeo, teatro, radioarte, instalações multimeios. Sua música se caracteriza pelo trabalho sobre o material sonoro e pelo gesto musical. Como performer de música eletroacústica atuou no Ensemble L'Itineraire (França), Ensemble Antidogma (Turim), Grupo Círculo (Madrid), Duo-Diálogos (Brasil), tendo trabalhado no Groupe de Recherches Musicales INA-GRM. Fundou e dirigiu (1989-2005) o Centro de Documentação de Música Contemporânea (CDMC) na Universidade Estadual de Campinas (Unicamp) onde é docente em composição musical, contraponto e fuga. Suas pesquisas abrangem processos criativos em música, catalogação de documentação musical, acústica, conforto ambiental, bioacústica e engenharia de áudio.

LIVIO TRAGTENBERG: É de-compositor. Nasceu em São Paulo, SP. Autodidata, recebeu bolsas de composição da VITAE e da Guggenheim Foundation. Escreveu as óperas *Inferno de Wall Street* e *U-tupia* a partir de textos de Sousândrade. Compõe para cinema, teatro, dança, dança-teatro e cria instalações sonoras. Colaborou com o *Choreographishes Theater*, de Johann Kresnik, em diversos espetáculos na Alemanha, entre eles, OTHELLO, e *Garten der Lust*, em Berlim, Stuttgart, Colônia, Dresden, Hamburgo, entre outras cidades. Criou a Orquestra de Músicos das Ruas de São Paulo, Berlim, Rio de Janeiro e Miami. Criou a Blind Sound Orchestra com sanfoneiros de rua cegos tocando para cinema mudo. É curador musical da Jornada Brasileira de Cinema Silencioso da Cinemateca Brasileira. Autor dos livros *Artigos Musicais, Música de Cena* (Perspectiva) e *Contraponto* (Edusp). Colaborou por vários anos com o poeta Haroldo de Campos em projetos de música e poesia. Tem vários CDs editados.

MARCO SCARASSATTI: É artista sonoro e compositor. Desenvolve pesquisa e construção de esculturas, instalações e emblemas sonoros. Formado em Composição Musical pelo Instituto de Artes – Unicamp, foi aluno de José de Almeida Prado, de José Augusto Mannis e de Livio Tragtenberg. É professor da Universidade Federal de Minas Gerais – UFMG. Atualmente integra o grupo Sonax, organiza e participa de festivais de música experimental e improvisada. Criou e atuou no Stracs de Harampálaga, grupo de intervenção sonora em espaços públicos. É autor do livro *Walter Smetak, o Alquimista dos Sons*, pela editora Perspectiva/Sesc, publicado em 2008.

RODOLFO CAESAR: Compositor, professor, pesquisador, nascido no Rio de Janeiro em 1950. Estudou no Instituto Villa-Lobos da Fefieg (atual UniRio) com Marlene Fernandes, Bohumil Med e Reginaldo de Carvalho. Aperfeiçoou-se no GRM/Conservatório de Paris, França, com Pierre Schaeffer. Cursou mestrado de filosofia no Instituto de Filosofia e Ciências Sociais da UFRJ. Completou doutoramento na Inglaterra, como bolsista do CNPq. É um dos fundadores do Estúdio da Glória, principal estúdio de música eletroacústica no Brasil nos anos de 1980. Foi professor no Conservatório de Música e na Universidade Estácio de Sá, além de produtor de programas de rádio sobre música contemporânea na FM Eldo-Pop, em 1976, e na rádio Roquette Pinto, em 1977. É professor na Escola de Música da UFRJ, onde coordenou o Laboratório de Música e Tecnologia, sendo também pesquisador do CNPq. Suas obras têm recebido distinções nacionais e internacionais (Bolsa Vitae, Bolsa RioArte, Prêmio Sérgio Motta, Arts Council of England, Arts Council of Great Britain, Festival de

Bourges, Noroit-Arras e Composer's Desktop Project). Seu interesse central é a escuta, suas especificidades e vizinhanças com outros sentidos, sendo, por esse motivo, um dos criadores, no Brasil, da linha de pesquisa em sonologia.

SÉRGIO PINTO: Nascido em São Paulo, em 1961, é formado em composição e regência pelo Instituto de Artes/Unesp. Autor da monografia Instalações Sonoras: Imagens para os Ouvidos, Música para os Olhos, com a qual concluiu sua especialização em criação de imagem e som em meios eletrônicos, pelo Centro Universitário Senac, conseguida com a monografia. Obteve o 5º Prêmio Sergio Motta de Arte e Tecnologia (2004), categoria Bolsa Estímulo, em parceria com Wilson Sukorski, para a restauração de gravações realizadas nos anos de 1980 com o grupo oTaodoMinf, voltado à improvisação livre em meios eletrônicos. Vem desenvolvendo trabalhos de arte sonora, com projetos individuais de instalações e também em colaboração com o artista plástico Elias Muradi e com a fotógrafa Beth Barone. Um desses trabalhos, Amnésia 2, foi selecionado para o Prêmio Porto Seguro de Fotografia 2009. Atua desde os anos de 1990 no Sesc-SP, onde teve a oportunidade de se relacionar com um amplo leque da criação musical contemporânea. Nessa instituição, colaborou com H.J.Koellreutter, na produção do disco Koellreutter Plural (1995), por ocasião das comemorações de seus oitenta anos. Integrou as equipes de curadoria de diversos projetos institucionais, como Balaio Brasil (2000), Circulações (2007), Mostra Sesc de Artes 2008 e 2010. Foi ainda coordenador da produção no Brasil da ópera Amazônia – teatro musical em três partes, apresentado em Munique (maio de 2010) e São Paulo (Sesc Pompeia, julho de 2010). Foi também coordenador geral do Circuito Sesc de Artes, realizado em 88 cidades do estado de São Paulo, em 2010 e 2011.

SILVIO FERRAZ: Nasceu em São Paulo, em 1959. Estudou composição com Willy Corrêa de Oliveira, Oliver Toni e Gilberto Mendes, na Universidade de São Paulo. Posteriormente participou dos seminários de composição de Brian Ferneyhough, na Fundação Royaumont em

Paris, e de Gerard Grisey e Jonathan Harvey no Ircam, oportunidade em que completou sua formação de compositor. Desde 1985 participa de festivais brasileiros e internacionais de música contemporânea. É doutor em Comunicação e Semiótica, livre-docente pela Universidade de Campinas, autor dos livros *Música e Repetição, Livro das Sonoridades* e organizador de *Notas-Atos-Gestos*. Desde 2002 é professor de composição no departamento de música do Instituto de Artes da Unicamp, tendo obtido sua livre-docência em 2008. Em 2009 assumiu o cargo de diretor pedagógico da Tom Jobim – Escola de Música do Estado de São Paulo e do Festival Internacional de Inverno de Campos do Jordão, do qual foi também diretor artístico no ano 2010.

SÍLVIO GALLO: É professor-associado da Faculdade de Educação da Universidade Estadual de Campinas (Departamento de Filosofia e História da Educação) desde 1996. Graduado em Filosofia (PUC-Campinas, 1986), mestre em Educação (Unicamp, 1990), doutor em Educação (Unicamp, 1993), livre-docente em Filosofia da Educação (Unicamp, 2009). Pesquisador do anarquismo e da pedagogia libertária, desenvolve sua prática docente universitária segundo estes referenciais. Atualmente desenvolve pesquisas na área de filosofia francesa contemporânea e suas interfaces com a educação, estudando autores como Deleuze e Foucault. Sobre estes temas, publicou dezenas de artigos e alguns livros, sendo o mais recente *Subjetividade, Ideologia e Educação* (Alínea, 2009).

TIM RESCALA: É compositor, pianista, arranjador, autor teatral e ator. Estudou na Escola de Música da UFRJ e na Escola de Música Villa-Lobos. Com Hans-Joachim Koellreutter estudou composição, contraponto, arranjo e regência. Licenciou-se pela Uni-Rio em 1983. É compositor, autor e diretor musical de mais de sessenta peças de teatro, tendo recebido diversos prêmios (Mambembe, Shell e Coca-Cola). Trabalhou com os grupos Galpão e Giramundo e com Aberbal Freire-Filho, Amir Haddad e Domingos de Oliveira. Faz também música para cinema (tendo realizado vários trabalhos com Eduardo Coutinho) e televisão, trabalhando para a TV Globo desde 1989. Na

TV destaca-se seu trabalho para *Hoje É Dia de Maria* 1 e 2, de Luiz Fernando Carvalho. Participou como compositor e regente de diversos festivais de música contemporânea no Brasil e no exterior. É autor de óperas musicais, música de câmara e música eletroacústica. Sua peça *Pianíssimo* foi o primeiro texto infantil a ser apresentado na Comédie Française em seus mais de trezentos anos de existência. Com o selo Pianíssimo lançou diversos CDs para crianças e adultos. Recebeu as bolsas Vitae e Rio-Arte. Foi diretor da Sala Baden Powell, RJ, em 2005 e 2006. É sócio-fundador da Musimagem Brasil.

COLEÇÃO SIGNOS MÚSICA

Para Compreender as Músicas de Hoje	H. Barraud	[SM01]
Beethoven: Proprietário de um Cérebro	Willy Corrêa de Oliveira	[SM02]
Schoenberg	René Leibowitz	[SM03]
Apontamentos de Aprendiz	Pierre Boulez	[SM04]
Música de Invenção	Augusto de Campos	[SM05]
Música de Cena	Livio Tragtenberg	[SM06]
A Música Clássica da Índia	Alberto Marsicano	[SM07]
Shostakóvitch: Vida, Música, Tempo	Lauro Machado Coelho	[SM08]
O Pensamento Musical de Nietzsche	Fernando de Moraes Barros	[SM09]
Walter Smetak: O Alquimista dos Sons	Marco Scarassatti	[SM10]
Música e Mediação Tecnológica	Fernando Iazzetta	[SM11]
Música Grega	Théodor Reinach	[SM12]
Estética da Sonoridade	Didier Guigue	[SM13]
O Ofício do Compositor Hoje	Livio Tragtenberg (org.)	[SM14]

Este livro foi impresso
em São Paulo, nas oficinas
da Graphium Gráfica
e Editora, em abril de 2012,
para a Editora Perspectiva.